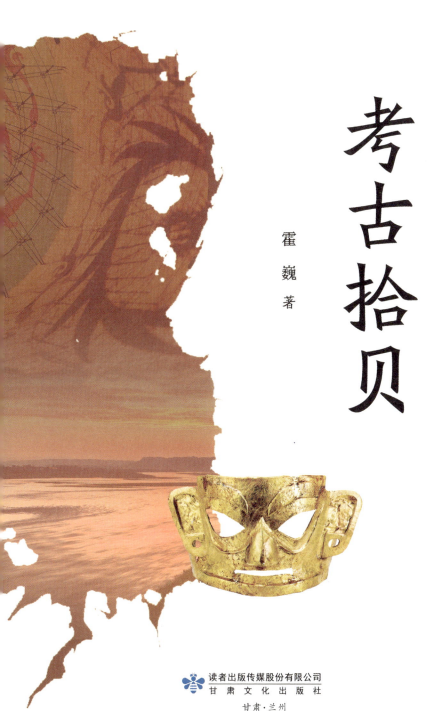

雅学堂 第二辑

丛书·刘进宝 主编

考古拾贝

霍巍 著

读者出版传媒股份有限公司

甘肃文化出版社

甘肃·兰州

图书在版编目（ＣＩＰ）数据

考古拾贝 / 霍巍著. -- 兰州 : 甘肃文化出版社，2024.6

（雅学堂丛书 / 刘进宝主编. 第二辑）

ISBN 978-7-5490-2979-2

Ⅰ. ①考… Ⅱ. ①霍… Ⅲ. ①考古学－中国－文集 Ⅳ. ①K870.4-53

中国国家版本馆CIP数据核字(2024)第107179号

考古拾贝

KAOGU SHI BEI

霍 巍 | 著

策　　　划 | 郧军涛　周乾隆　贾　莉
项目负责 | 鲁小娜
责任编辑 | 顾　彤
装帧设计 | 石　璞

出版发行 | 甘肃文化出版社
网　　　址 | http://www.gswenhua.cn
投稿邮箱 | gswenhuapress@163.com
地　　　址 | 兰州市城关区曹家巷1号 | 730030(邮编)

营销中心 | 贾　莉　　王　俊
电　　　话 | 0931-2131306

印　　　刷 | 兰州新华印刷厂
开　　　本 | 880毫米×1230毫米　1/32
字　　　数 | 220千
印　　　张 | 10.125
印　　　数 | 1~3000册
版　　　次 | 2024年6月第1版
印　　　次 | 2024年6月第1次
书　　　号 | ISBN 978-7-5490-2979-2
定　　　价 | 68.00元

学术的传承与人格的养成（代序）

　　甘肃文化出版社2023年7月出版的"雅学堂丛书"共10本，即方志远《坐井观天》、王子今《天马来：早期丝路交通》、孙继民《邯郸学步辑存》、王学典《当代中国学术走向观察》、荣新江《三升斋三笔》、刘进宝《从陇上到吴越》、卜宪群《悦己集》、李红岩《史学的光与影》、鲁西奇《拾草》、林文勋《东陆琐谈》。由于这套丛书兼具学术性、知识性和可读性，从而得到了学界和社会的认可。2023年7月27日，在济南举办的第31届全国图书博览会上，读者出版传媒股份有限公司举行了"雅学堂丛书"新书首发暨主题分享会。全套丛书入选"2023甘版年度好书"；丛书之一的《当代中国学术走向观察》入选2023年9月《中华读书报》月度好书榜，并被评为"2023年15种学术·新知好书"。《光明日报》《中华读书报》《中国新闻出版广电报》《中国出版传媒商报》《甘肃日报》等，都发表了书评或报道，认为"雅学堂丛书""直面一个时代的历史之思"，被誉为"系统呈现了一代学人的学术精神"，"真实反映了一代学人把个人前途与国家命运紧密联系在一起严谨治学的点滴，诠释了一代学人的使命与担当"。"雅学堂丛书""既是视角新颖的学术史，也是深刻生动的思想史，更是一代学人的心灵史"。"丛书坚持'大家小书'的基本思路，将我国人文社科领域学术大家的学术史、思想史、学术交流史及其最新成果，以学术随笔形式向大众传播，让大众了解学界大家的所思、所想、所悟。"

一

鉴于"雅学堂丛书"出版后的社会影响，以及在学术界引起的关注，出版社希望能够继续编辑出版第二辑。经过仔细考虑和筛选，我们又选了十家，即樊锦诗《敦煌石窟守护杂记》、史金波《杖朝拾穗集》、刘梦溪《东塾近思录》、郑欣淼《故宫缘》、陈锋《珞珈山下》、范金民《史林余纪》、霍巍《考古拾贝》、常建华《史学鸿泥》、赵声良《瀚海杂谈》、李锦绣《半枰小草》。这些作者都是有影响的人物，他们的研究成果分别代表了各自领域学术研究的前沿。

在考虑第二辑作者的人选时，我想既要与第一辑有衔接，又要有不同。在反映一个时代的学术走向时，还要看到学术的传承，乃至人格的养成。

已经出版的"雅学堂丛书"10位作者是以"新三级"学人为主，而"新三级"学人在进入学术场域的20世纪70年代末80年代初，随着"科学的春天"到来，大学及研究生招生和教学逐渐走上正轨，加上学位制度的实施，到处洋溢着积极向上的氛围。我们的老师中既有20世纪初出生的老先生，也有30年代出生的中年教师。

老一代学者，由于从小就受到比较严格的家学熏陶或私塾教育，在民国时期完成了系统的学业，他们都有比较宽广的视野，学术基础扎实，格局比较大，因此在学术方法、理念和格局上，无意中承传了一个良好传统。"新三级"学子与他们相处，可以得到学识、做人、敬业各方面的影响。尤其是跟随他们读书的研究生，直接上承民国学术，站在了巨人的肩膀上。

为了反映学术的传承，我特别邀请了樊锦诗、史金波、刘梦溪、郑欣淼4位80岁左右的学人。他们的研究各具特色，樊锦诗先生的敦煌石窟保护与研究、史金波先生的西夏历史文化研究、刘梦溪先生以学术史和思想史为重点的文史之学、郑欣淼先生的故宫学研究，都代表了各自领域学术研究的前沿。

由于有了第一辑出版后的社会影响，第二辑约稿时，就得到了各位作者的积极响应，很快完成了第二辑的组稿编辑。

二

樊锦诗先生的《敦煌石窟守护杂记》收录了作者有关敦煌文化的价值、敦煌石窟保护研究的历程，敦煌石窟的保护、管理与开放和向前贤学习的文章26篇。作者写道："此生命定，我就是个莫高窟的守护人，故此我把这本书称为《敦煌石窟守护杂记》。希望本书能为后续文化遗产保护、研究、弘扬和管理事业起到一点参考的作用。"

刘梦溪先生的《东塾近思录》，按类型和题意，收入了4组文章：一、经学和中国文化通论；二、魏晋、唐宋、清及五四各时期的一些专题；三、对王国维、陈寅恪、马一浮的个案探讨；四、序跋之属。刘梦溪先生说："'雅学堂丛书'已出各家，著者都是时贤名素，今厕身其间，虽不敢称雅，亦有荣焉。"

郑欣淼先生是"故宫学"的倡导者，他曾任故宫博物院院长，并于2003年首倡"故宫学"。到2023年编辑本书时，恰好是整整20年。郑先生提出："故宫学是以故宫及其历史文化内涵为研究对象，集保护、整理、研究与展示为一体的综合性学问和开拓性学科。故宫学的提出有其丰厚而坚实的基础与依据。它的研究对象不仅丰富深邃，而且研究对象之间存在着不可分割的紧密关系，即故宫是一个文化整体，或者说故宫遗产的价值是完整的。正是基于对故宫是个文化整体的认识，故宫学的学术概念才有了更为丰富、厚重与特殊的内涵。这也是故宫学的要义。"又说："我与故宫有缘。因此我把这本小书起名为《故宫缘》。"

热爱考古的霍巍先生说："就像一个大山里来的孩子初见大海，充满了蔚蓝色的梦想，却始终感觉到她深不可测，难以潜入。更多的时候，只能伫立在海边听涛观海、岸边拾贝。——正因为如此，这本小书我取名为《考古拾贝》，这一方面源自我在早年曾读到过一本很深沉、很有美感的著作，叫作《艺海拾贝》，这或许给了我一个隐寓和暗示。另一方面，倒也十分妥帖——我写下的这些文字，时间跨度前后延续了几十年，就如同我在考古这瀚海边上拾起的一串串海贝一样，虽然说不上贵重，但自认为透过这些海贝，也能折射出几缕大海的色彩与光芒，让人对考古的世界浮想联翩。"

常建华先生说："我从事历史普及读物的写作，出版过《中国古代岁时节日》《中国古代女性婚姻家庭》《清朝大历史》《乾隆事典》等书。本书的首篇文章就是谈论如何认识普及历史知识的问题。我写过一些学术短文，知道此类文字写得深入浅出不易，引人入胜更难，自己不过是不断练笔，熟能生巧而已。""我的短文随笔成集，这是首次……内容多为学术信息类的书评，也有书序、笔谈、综述、时评等，题材不同，但尽量写得雅俗共赏，吸引读者。"

赵声良先生1984年大学毕业后志愿到莫高窟研究敦煌，他说："我在敦煌工作了40年，我的工作、我的生活都与敦煌石窟、敦煌艺术、敦煌学完全联系在一起了，不论是写文章还是聊天，总免不了要说敦煌，可以说'三句话不离敦煌'。"他刚到敦煌时就想写一本有关敦煌山水画史的著作，没想到30多年后的2022年，才在中华书局出版了《敦煌山水画史》。他感叹道：这本书的写作过程，"似乎也见证了：由'看山是山，看水是水'，发展到'看山不是山，看水不是水'，最后，又终于回归到'看山还是山，看水还是水'的历程。我在敦煌的40年的历程又何尝不是这样"。

"雅学堂丛书"第二辑的10位作者，年龄最大的樊锦诗先生，出生于1938年，已经是86岁的高龄；最小的李锦绣先生，出生于1965年，也接近60岁了。虽然他们已经或即将退休，但都以"时不我待"的紧迫感，仍然奋斗在学术前沿，展现了这一代学人的使命与担当。这代学人遭遇了学术上的重大转变，即20世纪80年代，是一个思想的时代。90年代初，思想淡出、学术凸显，王国维、罗振玉和傅斯年派学人、胡适派学人成为学界关注的重点，然后又提出有思想的学术与有学术的思想，还遇到了令史学界阵痛的"史学危机"。这些作者，经历了现代学术发展或转型的重要节点和机遇，既是"科学的春天"到来的学术勃兴、发展、转型和困顿的亲历者、见证者，又是身处学术一线的创造者、建设者。可以说，他们既在经历历史，又在见证历史、创造历史，还在研究历史，将经历者、创造者和研究者集于一身。这种学术现象，本身就值得我们思考和探讨。

三

从"雅学堂丛书"第二辑的内容可知，20世纪80年代初，伴随着"科学的春天"和改革开放的到来，束缚人的一些制度、规章被打破，新的或更加规范的制度、规章还没有建立。尤其是国家将知识分子从"臭老九"中解放出来，成为工人阶级的一部分。要"向科学技术进军"，实现四个现代化，就要充分发挥知识分子的作用。虽然当时经济落后，生活待遇不好，但老教授的社会地位高，有精气神，当时行政的力量还不强化，甚至强调就是服务。在这种背景下，20世纪初出生的老教授，在高校有崇高的地位。如武汉大学1977级的陈锋，1981年初预选的本科论文是《三藩之乱与清初财政》。历史系清史方面最著名的老师是彭雨新教授，陈锋想让彭先生指导论文，"不巧的是，在我之前已有两位同学选定彭先生做指导老师，据说，限于名额，彭先生已不可能再指导他人"。

陈锋经过准备后，就直接到彭先生府上请教。此前他还没有见过彭先生，到了彭先生家，"彭先生虽然很和蔼地接待我，但并没有像后来那样让我进他的书房，而是直接在不大的客厅里落座。我没有说多余的其他话，直接从当时很流行的军用黄色挎包里掏出一摞卡片，说我想写《三藩之乱与清初财政》的毕业论文，这些卡片可以说明什么问题，那些卡片可以说明什么问题，我自己一直讲，彭先生并不插话。待我讲完后，彭先生问：'这个题目和这篇论文是谁指导的？'我说没有人指导，是自己摸索的。彭先生说：'没有人指导，那我来指导你的毕业论文怎么样？'我说：'就是想让先生指导，听说您已经指导了两位同学，不敢直接提出。'彭先生说：'没有关系，就由我来指导。'再没有其他的话"。

"拜访彭先生后的第三天，系里主管学生工作的刘秀庭副书记找我谈话，问我想不想留校，我说没有考虑过，想去北京的《光明日报》或其他报社。刘书记说：'彭先生提出让你留校当他的助手，你认真考虑一下。'经过两天的考虑以及家人的意见，觉得有这么好的老师指导，留校从事历史研究也是不错的选择，于是决定留校工作"。"老师与学生之间这种基于学术的关系，对学生向学的厚爱，让我铭感终身。那时人际关系的单纯，也至今让我感叹，现在说来，似乎有点天方夜谭"。

南京大学1979级的范金民，1983年毕业时报考了洪焕椿先生的研究生。由于此前范金民还没有见过洪先生，也与他无任何联系，所以5月3日下午，是"吕作燮老师带我到达先生家"面试的。洪焕椿先生既未上过一天大学，当时又已是胃癌晚期。"如果按现在只看文凭和出身的做法，是不可能指导研究生的，又重病在身，不可能按现在的要求，在固定的时间和固定的地点上固定的课程。但先生指导研究生，一板一眼，自有一套，考题自出，面试自问，课程亲自指导，决不委诸他人。一年一个研究生，每人一本笔记本，记录相关内容。先生虽不上课，但师生常常见面，虽未定规，但学生大体上两周一次到他家请益，先生释疑解惑，随时解决问题。需查检的内容，下次再去，先生已做好准备，答案在矣。"

　　笔者也是1979级的甘肃师范大学学生，1983年毕业前夕，敦煌学方兴未艾，西北师范学院（甘肃师范大学1981年恢复原校名西北师范学院）成立了敦煌学研究所，我非常幸运地被留在新成立的敦煌学研究所。1985年我报考了金宝祥先生的研究生，当初试成绩过线后，有一天历史系副主任许孝德老师通知，让我去金先生家面试。由于金先生给我们上过课，平时也曾到先生家问学，先生对我有一定的了解。当我到金先生家时，先生已在一张信纸上写了半页字的评语，让我看看是否可以。我说没有问题，先生就让我将半页纸的复试意见送到研究生科，我就这样被录取为硕士研究生了。这种情况正如陈锋老师所说，在今天根本是不可能的，简直就是天方夜谭。

“雅学堂丛书”的宗旨是学术性、知识性、可读性并具。要求提供可靠的知识 ，如我们读书时曾听到过学界的传言，即在“批林批孔”时，毛泽东主席说小冯（冯天瑜）总比大冯（冯友兰）强，但不知真伪，更不知道出处。陈锋的书中则有明确的记述：“当时盛传毛泽东主席的指示‘小冯比老冯写得好’。据后来出版的正式文献，当年毛泽东主席指示原文为：‘要批孔。有些人不知孔的情况，可以读冯友兰的《论孔丘》，冯天瑜的《孔丘教育思想批判》，冯天瑜的比冯友兰的好。’”“我对当时冯先生在而立之年就写出《孔丘教育思想批判》（人民出版社1975年出版），感到好奇；对毛主席很快看到此书，并作出指示，更感到好奇。”

范金民老师笔下的魏良弢先生，不仅对学术之事非常认真，还活灵活现地展现了20世纪90年代中期的学术生态。“20世纪90年代中期，我们明清史方向有位硕士生论文答辩，我请他主持。临答辩时，他突然把我叫到过道对门的元史研究室，手指论文，大发雷霆道：‘你看看，你看看，什么东西，你们明清史是有点名气的，可照这样下去，是要完蛋的！’我一看，原来是硕士学位论文中有几处空缺。当时论文都是交外面的誊印社用老式中文打字机打印，有些冷僻字无法打印，只能手书填补。我曾审读过某名校的博士学位论文，主题词郑鄤之‘鄤’，正文中几乎全是空缺，我好像还是给了‘良’的等级。答辩时，我结合论文批评了那位学生做事不求尽善尽美而是草率粗放，而且论文新意殊少，价值不大，学生居然感觉委屈，犟在那里不愿出场回答问题。本科生、研究生批评不得，至迟从那个时候就开始了，世风日下，遑论现在!"

这样知识性、可读性兼具的文字在各位作者的论著中比比皆是，自然能得到大家的喜爱。

"雅学堂丛书"的作者都是一时之选，各书所收文章兼具学术性、知识性和可读性，可谓雅俗共赏。希望第二辑的出版不辜负读者的期待。这样的话，可能还有第三辑、第四辑，乃至更多辑。

最后，感谢各位作者的信任，将他们的大著纳入"雅学堂丛书"；感谢具有出版魄力、眼光的郧军涛社长的积极筹划，感谢周乾隆、鲁小娜率领的编辑团队敬业、认真而热情的负责精神，既改正了书中的失误，还以这样精美的版式呈现给读者。

刘进宝

2024 年 4 月 24 日初稿

2024 年 5 月 9 日修改

展望中国考古学的明天

　　从来的"历史书写"，无非有两种方式对历史加以重构和复原，一是基于文献的文本书写，二是基于实物的考古发掘，两者之间的关系如同鸟之两翼、车之两轮。与旧金石学相比较，现代考古学的最大特点是所有的基础工作都来自田野作业，由地层学和类型学这两大理论支柱构建起现代考古学的框架。如果将1926年李济先生发掘山西夏县西阴村遗址作为中国现代考古学诞生的标志点，那么中国考古学已经走过了百年的发展历程，告别了她的昨天，正在迎接充满希望的明天。

　　中国考古学的昨天，经历了不平凡的岁月，给我们留下了许多难忘的记忆。从她诞生的那天开始，就与中华民族的文化觉醒、文化复兴和强国之梦紧密联系在一起。20世纪以来，斯坦因、伯希和等西方人在我国西域"丝绸之路"沿线新疆、敦煌等地开展的所谓"考察"与"探险"活动，对中国文物大肆掠夺的行径，极大地刺激了中国学者强烈的民族感情，国人希望中国学人奋起保护祖国文化遗产的呼声渐高，催生着中国考古学的诞生。瑞典人安特生从辽宁锦西一直到河南仰韶、甘肃、青海一线对史前彩陶文化遗址的考古发掘，得出的结论却是"中国文化西来说"，给了国人自古以来自成体系的"国史观"以极大的震撼和冲击，地下出土资料不仅能够"证经补史"，而且将重写国史的新史观逐渐深入人心。所以，当李济先生以中国学者的身份主持发掘西阴村、当中央研究院历史语言研究所以"中国国家队"的身份主持发掘安阳殷墟遗址之时，中国大地上这些由中国人自己主持、独立开展的考古发掘，给予了当时中国知识界莫大的激励，注入了前所未有的新能量，也给了国人新的文化自觉和学术自信。于是，才有了王国维先生对"二重证据说"的倡导、陈寅恪先生对学术"预流"的前瞻和围绕顾颉刚先生"古史辨"派的争论，才有了至今仍为学界所称道的早期民国学术的一派新气象。十四年抗战期间，即使是在中华民族面临最危险的民族危亡时刻，中国考古学仍然艰难前行。在西南大后方进行的汉代崖墓的调查与发掘、前蜀王建墓的考古发掘、四川邛窑遗址的调查与发掘、唐代龙兴寺遗址石刻造像的调查发掘，还有故宫博物院文物行程千里、车运船载南迁到西南大后方这些壮举，都在中国抗战文化史上留下了不朽的篇章，为支撑起中华民族的精神脊梁发挥了应有的作用。

新中国成立以后，中国考古学进入了一个飞速发展的新时期。和新中国各项事业的发展同步，中国的文物考古事业也取得了一系列重大的成就，现代中国考古学的学科体系、学术规范和学术基础，可以说就是在这个全民族充满着希望与创造力的年代里奠定的。即使是在十年"文革"时期，一片死寂的文化事业中"一花独放"的大概唯有考古学。从马王堆出土的千年不腐之女尸，到满城汉墓中出土的精妙绝伦的"长信宫灯",《文化大革命期间出土文物》的纪录片和相关出版物，给了全国人民极大的精神享受，让人们感受到几丝暖人的春意。

改革开放以来，中国考古学开始走向世界，面向未来，进入了一个前所未有的新的发展时期。今天，如果要总结20世纪以来中国考古学所走过的道路、所取得的成绩，可以借用我国著名考古学家张忠培先生的论述来加以概略：第一，已经基本形成了相当完整的考古学文化区、系、类型的框架；第二，已经提出或正在探索一系列重大考古学问题，诸如农业革命、城市革命、古城古国、早期文明发展的道路及特征等；第三，正在广泛地利用现代科技手段；第四，与其他学科的合作及学科间的相互渗透正呈方兴未艾之势（张忠培：《中国考古学：走近历史真实之道》，科学出版社，1999年）。如果对此再稍作展开，我们可以看到，在一些涉及中国历史的重大问题上，考古学做出了重大的贡献。例如，从来文献记载颇存歧义的中国上古史，由于考古学的成绩，至少在下述四个方面得到了突破性的进展：其一，确立了中国文化是本土起源而非外来的基本事实；其二，中国史前史的架构，因考古学区、系、类型学打下的基础而得到完善和建立；其三，中国史前史的社会面貌与转型轨迹，因史前考古学资料的积累得以廓清；其四，中国文明起源中最为重要的夏、商、周三代历史，因商周考古的突飞猛进而得到多方面的补证。再如，在世界考古学界著名的"三大起源"（即人类起源、农业起源、城市起源）问题上，中国考古学对此也做出了卓著的贡献。长江流域稻作农业起源的新成果、中国北方地区粟与麦的发现及传播等重大问题的探索，重新勾勒出新石器时代以来我国农作物栽培史的线索及其和中亚、东亚等地区原始农业的相互关系；猪、狗等动物驯化的考古学证据，确立了中国在东亚地区原始畜牧业的产生与发展过程中的历史地位；"中华文明起源探索工程""夏、商、周断代工程"的实施以及各地相继开展的"古城、古国、古文化"及其社会复杂化进程与早期国家形态诞生过程的考古学观察，都谱写了中华文明起源的新篇章。

我们为中国考古学所走过的道路而自豪，也期待她有一个更为美好的明天。那么，中国考古学的明天将会如何？每个考古工作者的心中，或许都有一个中国梦。

我想，明天的中国考古学，首先应当是世界考古学的重要组成部分。没有世界眼光的中国考古学将不成其为真正的中国考古学；反之，如果缺少了中国考古学的世界考古学，也不成其为真正意义上的世界考古学。首先，这是因为中国是世界上著名的文明古国，中华文明曾经对世界文明做出了巨大贡献，中国考古学所揭示的文化遗产是世界文化遗产的重要组成部分，这已是无人能够否认和漠视的事实。随着中华民族伟大复兴事业的不断前进，过去一度在世界考古学领域中"重欧美、轻东亚"的价值观念已经到了不得不改弦更张的时代。其次，就考古学的技术体系与理论方法而论，中国考古学已经与世界接轨，以各种自然科学方法开展的田野考古中的科技考古，其技术标准和要求已经写进了国家颁发的考古工作手册；对于植物考古、动物考古、环境考古、海洋考古、水下考古等一系列新的考古学分支领域，中国学者已经不再陌生，开始在不同地区结合实际加以具体实践；对于西方考古学界曾经流行的新考古学、实验考古学、认知—过程主义考古学、后过程主义考古学、聚落考古学等各种新的理论与方法，中国考古学家们早已熟悉并且批判地加以吸收和借鉴。再次，中国考古学家们不仅早已开始重视中外文化交流的考古学研究，而且开始走出国门，开展跨境考古研究、比较考古学研究，将中国考古学自觉地置于世界考古学视野之中加以考察。

明天的中国考古学，与其他学科之间的关系将会更加和谐，联系更为紧密。在人文社会科学领域，考古学将会更多地成为历史学、社会学、美术史、宗教史、民族史等诸多学科的亲密伙伴，而不是故步自封，自闭于开放的学术系统之外。在自然科学领域，考古学将更多地从飞速发展的科学前沿成就中吸取其精华加以利用，GPS、GIS等各种信息系统的运用，物理学、化学、地质学、材料学、环境科学等多学科技术手段的引入，都将带来田野考古技术、文物保护技术等领域革命性的变革。

明天的中国考古学，将不再是少数学者自娱自乐的"象牙塔"，而将会有人民大众参与其中，"公众考古学"将会走进社会、走进家庭、走近青少年。考古学不再远离人们的现实生活，而将会是大众关心的热点话题和不可或缺的社会文化、精神生活的重要组成，考古学家们不再是人们心目中敬而远之的古迈学者，而将成为人们生活中的益师和良友。

让我们共同期待，中国考古学走过了她艰难险阻的昨天，创造了辉煌灿烂的今天，就一定会有更加美好的明天！

目 录

第 一 编

第 二 编

第一编

城市中的远古建筑：成都十二桥遗址

成都是我的故乡，这里的考古发现都是在我生活和成长的一片热土之上，从来让我对她有着特殊的一份情感。

在四川地区发现的商周时期遗址当中，位于成都市区内的十二桥遗址，尤其引人注目。由于在这处遗址当中发现了大型的商周时期木结构建筑群，还发现了一批有别于中原地区以及其他地区同时期出土遗物中独具时代和地域特征的陶

十二桥建筑遗迹

器，为建立成都平原的考古学文化序列，认识古蜀文明发展的历史进程，提供了极为宝贵的资料。

十二桥遗址位于成都市十二桥街区，东靠西郊河，北靠十二桥路，南倚文化公园。1985年，在兴建成都市自来水公司和煤气公司综合大楼的地下室时，在距地表深约4米的地下层中，发现了许多破碎的陶片和大片的圆木构件，从而引起了考古工作者的注意，随即开展了考古发掘清理。随着发掘工作的深入，最令人瞩目的奇观出现在人们的眼前：在遗址中逐渐显露出大型的木结构建筑的遗存。这些建筑遗存具有中国长江流域新石器时代以来木结构建筑的特点，采用了在地面铺设圆木结构，形成平面为方形网格状的布局，圆木结构中有的采用了竖立木桩的方法加以固定，有的有两排木桩，有的有三排木桩，共同组成建筑物的基础。在此之上，发现了大片的茅草、小圆木、竹等倒塌后形成的堆积物，应当是当时房屋的顶部和墙体的遗存物。通过这些遗迹现象，考古学者们重现了商周时期成都平原的一处居址，它的总体建筑特点是用圆木制作地梁和地板，用紧紧绑扎在木桩旁边的圆木构件形成居址的居住面，在屋顶上用茅草、竹子等当材料覆盖，形成轻巧、结实、实用的房屋建筑。其中一座编号为F1房屋遗址中，从发现的密集木桩、纵横地梁与地板梁的分布范围来看，南北宽约7米，东西长约22米，加上外面的廊道宽约3米，可推测这处房屋居址的东西长度达到了25米，其使用的功能很可能与当时社会的社区活动有关。整个建筑遗址的总面积有1300平方米左右，是成都平原商周时期迄今为止发现的一处规模最大的木结构建筑群，对了解和认

建筑遗迹中的茅草堆积

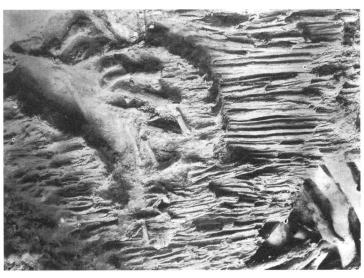

建筑遗迹中的小圆竹堆积

识中国南方长江上游的史前社会具有重要的价值。十二桥遗址发现的木结构建筑遗迹表明，古蜀先民因地制宜，就地取材，采用打桩法、竹篾绑扎法、榫卯连接法等工程技术，构造出适合于成都平原自然环境与气候条件的独特建筑形式，也可视为南方地区"干栏式"建筑在长江上游地区的新式样。

在遗址中还发现了一批重要的商周时期的日常器物，其中最具时代特征的是陶器，器形的特点和同时期成都平原发现的金沙遗址、新一村遗址、方池街遗址等的器形具有共性，以小平底的陶罐、尖底杯、高柄豆、陶鸟头形器把等为主要的器类。遗址中还发现有陶纺轮，石制的斧、凿等工具，有些可能就是用来建筑这处以木结构为其特点的居址所用的工具。此外，还发现一些可能是用来祭祀的石璋、石璧、卜甲等器物，也有一些小型的青铜器出土，如铜镞、刻刀、剑等，都是实用性的工具，没有发现大型的祭祀性质的

十二桥遗址中出土的小平底罐　　　遗址中出土的鸟头勺把

遗址中出土的陶罐　　　　　　　遗址中出土的高柄豆残件

礼器。考古学者们根据出土陶器的器型，结合碳十四年代测定数据，将十二桥遗址的考古学年代分为早、晚两期，早期为商代晚期，约与中原地区的殷墟三、四期相当；晚期可以延伸到西周早期。这为成都平原商周时期考古学序列的建立提供一处重要的考古学证据，因此，考古学界也将以这处遗址为代表的考古学遗存命名为"十二桥文化"。

尤其值得注意的是，十二桥遗址出土的器物群中，其早期阶段的器物也曾在三星堆遗址第四期中有过发现，如尖底杯、高柄豆等，表明这是从三星堆文化向着成都平原十二桥文化转化的一个新的历史阶段，十二桥遗址的早期正处在三星堆文化与十二桥文化的过渡期。十二桥文化和金沙遗址的关系也十分密切，应属于同一个大的文化体系，时代上也更为接近。由此，我们可以更为清晰地观察到三星堆、金沙和十二桥共同组成的古蜀文明的发展进程。

对十二桥遗址出土的动植物遗存的多学科考古研究，还提供了观察商周时期成都平原野生动物资源、生态环境以及气候自然条件的许多重要遗迹现象。例如，在十二桥遗址中发现过犀牛的骨骼，说明至少在西周早期，成都平原还可能有犀牛生活，当时具有适合于犀牛生存的温暖湿润的环境。十二桥遗址中还发现过亚洲象的顶骨，考古学者们联系到三星堆、金沙遗址中出土大量象牙的情况，也推测当时成都平原曾经生活过亚洲象，从而为寻找三星堆和金沙遗址中大量象牙的来源提供了一些线索。十二桥遗址中发现的家畜有猪、狗、黄牛、马等，可以基本肯定都是人工驯养的家畜，家畜以猪为主，说明当时的农业生产已经达到了一定的高度。马骨的发现也很值得关注，目前还不能确认马是否也是十二桥先民们驯养的动物，但如果从中原地区商代晚期已经驯养有马的情况推测，十二桥先民能够驯养马作为动力型的家畜，也并非没有可能。总之，结合十二桥周边的成都平原同时期考古遗存综合考察，商代晚期至西周早期的成都平原不仅生活着数量众多的各种鹿科动物，甚至还有平原内如今早已绝迹的亚洲象和犀牛，说明当时成都平原植被茂盛，气温比现在稍高，雨量更加充沛，具有良好的生态环境，为古蜀先民们提供了宜居的栖憩之地和丰富的食物资源，发达的农业和畜牧业已经形成，这些都为成都平原后来成为"天府之国"奠定了坚实的物质基础，提供了难得的自然条件。

今天的十二桥，已经是成都的中心区域，每当我从这里走过，眼前便会浮现出远古时代的先民们在这里建造家园时的情景，十二桥遗址当中那些大型的木构建筑遗址，似乎透过千年时空，正在和我们对话，带来远古的呼唤。

太阳神鸟升起的地方：成都金沙遗址

　　金沙遗址，如同她的名字一样，是一个流光溢彩的地方，和四川广汉境内的三星堆遗址一同为古蜀文明的"双子座"。如果我们打开一幅四川地图，可以看见在川西平原的东部坐落着成都这座千年古都，她是号称"天府之国"的首府之地，早在新石器时代的晚期，这里就建立了距今4500年左右的宝墩古城等多座史前古城。而金沙遗址，则位于今天成都市区中心位置的一个名为"金沙村"的小地点，地处市区的西部。遗址南面1.5公里处是清水河，另一条清亮的小溪摸底河更是在遗址内蜿蜒东流而过，滋润着这片沃土。2001年2月，由于当地基建的原因，金沙遗址破土而出，在遗址的祭祀区内发现了大量的金器、铜器、玉器、象牙等珍贵文物，尤其是其中的许多器物和广汉三星堆遗址具有很强的相似性，从而引发了海内外的高度关注，金沙遗址也一举名扬天下。

　　自2001年以来，考古工作者在祭祀区周边展开了系统的考古调查与发掘，相继发现了兰苑等数十个考古遗址，并认定这些遗址与祭祀区同属于一个考古学文化系统，有学者将其直接命名为"金沙文化"，也有学者将其与后来更为广阔的成都平原相关考古学遗存对比，认为其和成都平原发现的抚琴小区、十二桥、方池街、君平街、盐道街、岷山饭店、岷江小区等商周时期的遗址均有紧密联系，称其为"十二桥遗址群"，并且因为其中金沙遗址面积最大、出土文物的级别最高，认为它是这个遗址群当中的中心遗址。经过多年来的考古工作，可知金沙遗址的面积为5平方公里以上，遗址内包含有一般居住区、墓地、祭祀区等不同的功能分区，广泛涉及当时的生活、生产、宗教祭祀和丧葬礼俗等多个方面。

最为引人注目的，首推遗址中的祭祀区。从现有的发掘资料来看，祭祀区的面积约15000平方米，沿着遗址内的摸底河南岸分布，因此，有考古学者认为金沙遗址的祭祀区有可能是一处滨河的祭祀场所，祭祀完成之后将祭品埋在河滩上。祭祀遗址的使用年代相当久远，长500余年，从商周时期一直到西周早期，可以大体上分为三个不同的阶段：第一个阶段为公元前1200年前后，相当于中原地区的殷墟二、三期；第二个阶段约为公元前1100年至前850年，相当于中原地区的殷墟三、四期之际至西周中期；第三个阶段约为公元前850年至前650年，相当于中原西周晚期至春秋早期。除了通常以玉器、铜器、石器等作为祭品之外，金沙遗址中还出土了大量野猪獠牙、鹿角、麂角等动物骨殖，应为祭祀时的"牺牲"，尤其是野猪的獠牙，数量达数千枚之多，但并没有发现上述这些动物其他部位的骨头，这表明祭祀用品明显是经过精心选择的，可能具有特殊的含义。

祭品中有专门制作的石虎、石蛇、石龟等动物形象，五官处多用朱砂涂红，与之共同出土的还有双手反绑在后的跪

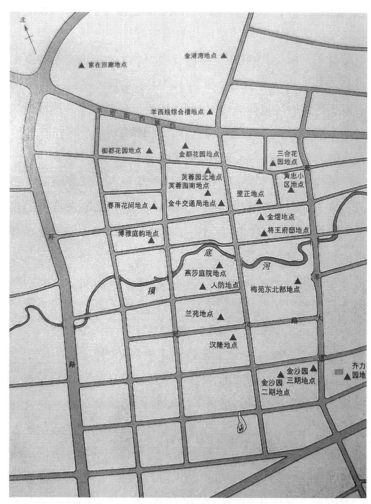

金沙遗址分布示意图

金沙遗址内的祭祀遗迹

坐石人像，有的石人像五官也同样涂以朱砂，表明其身份和这些石制动物一样。笔者认为，这很有可能是作为祭祀的"人牲"，是来源于战争的俘虏或奴隶。

在金沙遗址所发现的祭品中，尤其引起人们兴趣的是，有不少的器物与三星堆出土的器物之间有着密切的联系。例如，在金沙遗址内也出现了使用大量象牙作为

遗址内出土的跪坐石人

祭祀品的现象。在编号为第10号的祭祀遗迹内，面积仅仅为1.5平方米左右的遗存区下层有16件玉器，上层则铺放一层象牙，多达7根，出土的一件玉璋上面雕刻了四组肩扛象牙的跪坐人像，这为我们理解三星堆和金沙遗址中大量象牙使用于祭祀活动提供了极为重要的参照物。金沙遗址内也发现了大量黄金制品，其中一件是类似于冠带一样的金带，上面用阴线刻出了一组神秘的图案：一只鸟、一条鱼和一支箭，箭从鸟的身边掠过，射入鱼的身体里。类似的图案曾经出现在三星堆的金权杖上。这不禁让我们联想到，这组神秘的图案或者符号应当是古蜀先民的王者曾经使用和流行过的一组"暗码"，其中的含义神秘莫测，在没有发现文字的三星堆和金沙遗址中，它一方面表明了两者之间的紧密联系，同时也在暗示着后世，两地的王者是能够通过这样的"暗码"相互沟通、传承古老的信息的。

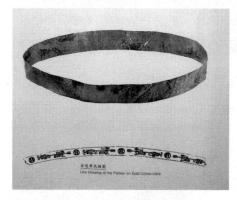

金沙遗址中黄金冠带上的纹饰

金沙遗址中出土的另一件黄金制品，现已成为中国文化遗产的标志。这件被称为"太阳神鸟"的金饰，是金沙遗址中最具代表性的器物。这是一件极富创造力和想象力的文物精品，总体呈圆形，由黄金捶拓而成的金箔片制成，金箔片的含金量高达94.2%，金箔片上精心刻画和切割了精美的图案，图案分内外两层。外层的图案是由4只等距分布、首尾相接的鸟构成，内层的图案同样由精确划分、等距分布的12枝芒叶组成，朝着圆心向左旋转。整个图案均衡对称，充满动感，在起伏跳跃的节律中暗含着四方围绕中央、天道左旋、中央向外辐射出12条光芒的深刻寓意。

金沙出土的太阳神鸟金饰

金沙遗址中还出土了多件用黄金制成的蛙形饰片，这让人不禁联想到"日中金乌，月中蟾蜍"的古代神话，这类蛙形器如果真的是象征月中的蟾蜍，那么金沙出土的这类金饰将是中国古代天象神话中最为古老的阴阳两界的表现与象征，意义同样十分深远。此外，三星堆遗址中出土的黄金面

金沙遗址中出土的蛙形金饰

具，在金沙遗址中同样有所发现，其形态基本一致，反映出两者之间的共性和传承关系。

金沙遗址中发现的建筑遗址、墓葬和出土的大量陶器、玉器、石器和青铜器，从更为广泛的时空范围和更加丰富的层面，为我们展现出继三星堆之后成都平原另一处重要的商周至春秋时期的大型遗址，为我们认识古蜀文明的不同发展阶段和不同时代特点，提供了极为宝贵的历史实证，其文化内涵和价值意义也有待我们进一步加以研究和阐释利用。

成都平原史前农业考古新发现及其启示

近年来，随着成都平原史前考古的新进展，发现了一些关于早期农作物的新线索，这些新资料的逐渐披露对揭示成都平原史前农业的发展状况十分重要。据介绍，在金沙遗址宝墩文化三期地层单位中，考古工作者通过浮选法从土壤中浮选出的农作物种子是以粟（俗称小米）为主，另有少量的稻米；而到了金沙遗址十二桥阶段的文化堆积中，情况发生了变化，浮选出的农作物种类明显是以稻米为主，而粟则只占很小比例。已经有学者研究指出，根据这些线索，可以认为成都平原的史前农业可能经历过一个以粟为主到以稻为主的演变过程，并对其可能传播的路径也作了相应的推测，即水稻的种植很可能是从新石器时代中期开始就从长江中游地区由东向西传入四川盆地；相反，来自甘青地区粟作农业的族群却把粟的种植技术由北向南带入成都平原。并且，在成都平原史前时期相当长一段时期内，很可能是以粟而不是以稻作为主要的农作物种类。[①]笔者认为，这些意见的提出都十分中肯，给予我们许多有益的启示。但由于目前所发现的考古材料还比较零散，在成都平原史前遗址中还没有采取较大面积的植物种子浮选获得更多资料，尤其缺乏三星堆遗址这样的大型史前聚落有关植物种属的考古信息，我们还无法较为完整地推测从公元前3000年末到公元前1000年前后成都平原史前农作物的总体情况，但是，目前这些新的发现，也给我们提出了一些可以进一步深入思考的问题。

一、长江上游以粟为代表的旱作农业的发现及其来源

传统观点认为，中国早期农业主要有两大体系，一是以长江流域为中心的水田稻作农业体系，一是以黄河流域为中心的旱地粟作农业体系，在距今8000年左右，这两大农业体系已经形成。粟的驯化与栽培从考古材料显示，可能最早发生在黄河中游地区，[②]大约从磁山、裴里岗文化期开始，逐渐从河北、河南、山东、山西、陕西等中原地区向西北的甘肃、青海、新疆以及东北地区扩散。[③]位于成都平原西部的

---

①有关情况可参见江章华《成都平原先秦时期聚落变迁与农业的转型》(提纲)，载于《古蜀农耕文化的起源与演进：蚕丛瞿上学术论坛会议资料》(内部资料)，第38~39页，2009年7月；孙华《四川盆地史前作物种类的演变》，同上，第36~37页。

②陈文华：《农业考古》，北京：文物出版社，2002年，第42~46页。

③陈文华：《中国农业考古图录》，江西：江西科学技术出版社，1994年，第27页。

青藏高原东麓横断山脉地带，在距今约5300～4300年的西藏昌都卡若遗址中，已经发现有粟，考古学界一般认为这是接受黄河上游甘青地区新石器时代影响的结果。[1]黄河上游甘青地区马家窑文化的原始农业当中，粟是最主要的农作物品种。考古材料表明，马家窑文化以经营农业为主，出土有石斧、凿、锛、刀、磨谷器等农业生产工具，在属于马厂类型的柳湾墓地发现了许多装满粟的陶瓮，说明当地原始居民以粟作为营生的植物。[2]

成都平原史前遗址中粟的发现，如同有学者已经指出的那样，很可能是从甘青地区从事粟作的族群传播而来，通过近年来四川盆地北部大渡河、岷江上游地区的考古发现可以提供一些线索。如在大渡河上游哈休遗址（距今约5500～5000年）当中，从灰坑填土里浮选出的植物标本有粟等农作物品种，考古学者推测，哈休新石器时代居民栽培的农作物主要是粟。[3]岷江上游近年来发掘的营盘山遗址中出土有与马家窑文化类型相似的彩陶，可以证明早在新石器时代（距今约5000年），甘青地区的居民已经开始沿着岷江上游河谷通道进入四川盆地北缘，后来在岷江上游发现的石棺葬中出土的大双耳陶罐也带有明显的甘青地区青铜文化的风格，可

---

[1]西藏自治区文物管理委员会、四川大学历史系：《昌都卡若》，北京：文物出版社，1985年，第149～150页。

[2]中国社会科学院考古研究所：《新中国的考古发现与收获》，北京：文物出版社，1984年，第105～117页。

[3]陈剑、陈学志：《大渡河上游史前文化寻踪》，《中华文史论坛》2006年第3期；陈剑、何锟宇：《大渡河上游史前文化、环境与生业初析》，《四川文物》2007年第5期。

见甘青地区与四川盆地的文化联系从新石器时代晚期一直到西周都十分紧密。因此，在成都平原史前文化中发现的粟，也很有可能是由甘青地区传播而来。

除此之外，在长江三峡地区与四川盆地新石器时代文化有着相当密切关系的忠县中坝遗址中也发现有粟。据考古报告公布，中坝遗址浮选样品中共发现了各类炭化植物种子1235粒，经鉴定其中绝大多数属于栽培作物遗存，包括有黍（糜子）、粟和稻谷三种谷物的炭籽粒，合计1161粒，占所有出土植物种子数量的94%。黍和粟的数量合计又占谷物总数的98%，而稻谷的数量比例仅为2%，由此发掘者得出的结论是：中坝遗址的栽培作物以旱作黍、粟为主。[1]对于这一现象的解释，发掘者认为："长江流域是以稻作农业为主，但本遗址的检测结果却明显是以旱作为主，这应该是与当地的地质环境有关。由于卤水的自然流露和埋藏较浅的原因，当地的土壤可能含盐碱的成分较多，更适宜于耐盐碱的黍、粟类作物生长。"[2]这固然应当说是一种合理的解释，但笔者认为对于中坝遗址粟类作物的来源，或有可能还是通过成都平原东向传入，而当地居民在稻、粟、黍三种作物中选择后两种作为主要的农作物品种，还应联系到更为宏大的历史背景——气候与环境的变迁来加以考虑。成都平原粟作农业的发现也同样离不开这一背景。

---

[1]孙智彬：《忠县中坝遗址多学科综合研究的实践与探索》，《中国考古学年会第十次年会论文集》，北京：文物出版社，2008年，第67页。

[2]孙智彬：《忠县中坝遗址多学科综合研究的实践与探索》，《中国考古学年会第十次年会论文集》，北京：文物出版社，2008年，第68页。

二、气候与环境变迁带来的影响

　　成都平原和三峡地区史前遗址中发现粟等旱地作物，而且一度在当时的植物种类比例中超过稻的现象是值得认真探索的。因为按照一般的传统认识，地处长江流域的上述这两个地区都应当是历史上的稻作农业区，却为何发现粟的比例要远远高于稻呢？其原因一方面固然可以用甘青地区的族群及其旱作技术的迁入或影响来解释，但笔者认为还应当考虑到另一个更为重要的因素，那就是环境和气候的变迁有可能导致当地居民因地制宜，种植更为适应这一变迁的作物，形成一种趋向复杂化的"多品种农作物种植制度"。这种情形也曾在中原地区的龙山时代到二里头时代考古遗存中发现，本文将在后文中详加讨论。

　　根据目前已经掌握的信息，在距今约5000年，有过一次全球性的气候变化，由湿暖向干冷转化。而这一转化首先使处在自然地带上所谓"生态敏感地带"，即半湿润与半干旱、暖温带与温带的邻界地区所受影响最为明显。每当全球或一定地区出现气候波动时，温度、降水等要素的改变首先会发生在这一自然地带的边缘，而这些要素又会进一步引起植被、土壤等发生相应的变化，从而推进整个地区从一种自然带属性向另一种自然带属性转变。而青藏高原东麓及其相邻的四川盆地正是属于这种生态敏感地带。有学者指出，黄河上游甘青地区的族群向南迁移的动因之一，很可能正是因为受到这次全球性气候变化的影响，从而导致原始农业衰落，使得人们不得不重新寻找适宜生存的地点。[1]通过对承接黄河上游的白龙江水系发现的大李家坪遗址的孢粉分析，也初步证实了距今约5000年前的确发生过这样一个气温大幅度下降的过程。[2]

在正常情况下，成都平原是十分适宜于稻作农业的。成都平原的海拔高度仅为400～700米，地面平坦，覆盖着第四纪松散堆积物，其厚度由东向西逐渐增加，盆地东部一般厚度为0～30米，西部最厚可达100米。平原气候属亚热带季风性湿润气候，终年湿润，雨量充沛，四季分明，平均温度为16.3℃，很适合水稻生长。但是，一旦气候环境发生变化，这种生态条件也会随之发生改变，当地的原始居民也会根据自然条件选择或接受新的作物品种。目前，我们还没有考古学证据可以表明来自黄河上游的马家窑文化已经进入成都平原腹心地带，因为成都平原从宝墩文化到三星堆文化、十二桥文化始终保持着自身连续发展的文化体系，从未中断，而且从成都平原迄今为止所发现的史前文化遗址的情况来看，其势力也十分强大，出现了规模宏大的城和可能为宫殿的大型公共建筑基址，表明其社会发展状况已经朝着复杂化社会迈进，很可能已经形成一个个"邦国"，具有初步的政治、宗教和军事体制。在这种情况下，外来的族群及其文

①辛中华：《青藏高原东麓考古学文化特征及其传播的一般思考》，《中国考古学年会第十次年会论文集》，北京：文物出版社，2008年。

②北京大学考古学系、甘肃省文物考古研究所：《甘肃武都县大李家坪新石器时代遗址发掘报告》，《考古学集刊》第13集，北京：中国大百科全书出版社，2000年。

化要在这里生根、发展势必受到强力的抵制。然而，我们并不排除成都平原的原始居民从外来文化中吸收某些技术，如粟的生产种植。从岷江、大渡河、白龙江等上游地区所发现的史前遗址的状况来看，具有黄河上游史前文化因素的这些遗址从总体上看还是比较分散、零星的，其生营状态也未必十分进步。以大渡河上游的哈休遗址为例，根据出土的动物骨骼推测，哈休新石器时代居民虽然已经栽培粟，但同时也兼有采集、狩猎，基本上不饲养家畜，而是以狩猎获取的肉食为主，唯一的家畜狗可能是作为先民狩猎的伴侣。[①]岷江上游地区的情况也有学者做过详细论证，认为"因环境变迁而进入四川盆地的人们并没能完全摆脱新的自然和地理环境带来的局限性，岷江上游的地形、地貌、气候、土壤等自然环境对原始生业模式有着相当明显的影响，也在很大程度上制约着人们选择和变换聚落定居的自由度。岷江上游及其支流多处在峡谷地带，两岸地势陡峭，河流的涨落起伏较大，没有太多地势优越的台地和平坝可供大规模人口集中居住……自然环境的限制使得原始农业的发展受到很大影响，据此推测由于社会生产能力的局限、自然环境和资源的制约，加之仍然在不断涌入的人口压力，迫使更多的人口在岷江上游及其支流另寻栖身之地，部分则走出了这个区域，向

①陈剑、陈学志：《大渡河上游史前文化寻踪》，《中华文史论坛》2006年第3期；陈剑、何锟宇：《大渡河上游史前文化、环境与生业初析》，《四川文物》2007年第5期。

流域之外更远地方迁徙"[①]。所以，综合这些因素，笔者认为由于气候与环境的变迁，成都平原的原始居民很可能从这些来自黄河上游的族群当中吸收了适宜于相对干旱、寒冷气候条件下种植的粟的生产技术，降低了原来稻的生产量，在一段特定的时期内开始较大规模地种植粟类作物，但这并不意味着他们完全放弃了原本的稻作农业，更不意味着马家窑文化的族群大量进入了成都平原。说到底，在成都平原和三峡地区发现粟作农业，还是当地原始居民对气候与环境变迁的一种自身的适应性结果。

三、成都平原史前农业的复杂性

除了粟之外，稻的种植无疑在成都平原史前农业中占有重要的地位。从目前情况来看，成都平原显然不是稻的起源地，学术界一般认为长江中游地区在距今约10000~8000年前，已经开始人工栽培稻，而成都平原的史前稻作已有学者提出可能是由长江中游稻作文化圈的族群传播而来，这种可能性应该很大。

如前所述，新的考古发现表明，在宝墩文化晚期虽然出土数量最多的是粟，但稻谷也占有一定比例；到了三星堆文化和十二桥文化的堆积当中，稻谷已占了很大比例，而粟数

---

①辛中华：《青藏高原东麓考古学文化特征及其传播的一般思考》，《中国考古学年会第十次年会论文集》，北京：文物出版社，2008年。

量很少。①在目前极为有限的资料情况下，我们要对从宝墩文化到三星堆、十二桥文化整个发展过程中粟与稻种植历史的状况和基本发展线索进行勾勒尚无可能，但提示笔者注意到一个很有意义的问题，即成都平原是否早在史前时期开始，实际上已经形成了一套包括稻、粟、黍等在内的多品种农作物种类体系。

我国学者在对公元前2500年~公元前1500年中原地区农业经济研究中，同样发现了一个有趣的现象：在"中华文明探源工程（一）"子课题"2500BC~1500BC中原地区经济技术发展状况及其与文明演进关系研究"项目当中，考古工作者曾选择了陶寺、新砦、二里头和王城岗4个重点遗址进行了植物浮选，根据统计结果发现，公元前2500年~公元前1500年中原地区的农业生产虽然始终是延续着古代中国北方旱作农业传统，以粟作为主要的作物品种，但其间还是出现了一些新的变化，例如，在龙山时代的陶寺和王城岗遗址的浮选样品中，除了粟和黍这两种谷物外，还出土有一定数量的稻谷和大豆遗存。研究者对此提出的推测是，至迟自龙山时代起，中国北方旱作农业的农作物布局在中原地区已经开始趋向复杂化，由相对单一的粟向包括稻谷和大豆在内的多品种农作物种植制度转化。而到了二里头文化时期，与龙山时代相比较，一个显著的变化是稻谷遗存的比例明显增加。

①江章华：《成都平原先秦时期聚落变迁与农业的转型》（提纲），载于《古蜀农耕文化的起源与演进：蚕丛瞿上学术论坛会议资料》（内部资料），2009年7月，第38~39页；孙华：《四川盆地史前作物种类的演变》，同上，第36~37页。

在二里头遗址二里头文化时期的浮选结果中，稻谷的数量多达3200余粒，约占出土农作物总数的三分之一，仅次于炭化粟粒的数量，远高于其他农作物品种的数量。不仅如此，稻谷的出土概率也高达70%。研究者由此推测，"到二里头时期，在中原地区已经建立起了包括粟、黍、稻谷、小麦和大豆在内的多品种农作物种植制度。多品种农作物种植制度的意义不仅在于可以提高农业的总体产量，而且还在于能够减少粮食种植的危险系数"。[①]中原地区史前农业考古的这一发现，同样打破了过去将中原地区视为以粟为代表的旱作农业区，而将长江流域视为以稻为代表的稻作农业区的传统认识和简单的"二分法"，从一个新的视野对我国史前农业的复杂化问题作了富有启发性的阐释。

　　这个例证笔者认为也完全适用于对长江流域过去被认为是传统稻作农业区内不同地域的分析。人们在讨论成都平原的早期农业和农作物时，常常会引用到《山海经·海内经》当中的一段记载："西南黑水之间，有都广之野，后稷葬焉。爰有膏菽、膏稻、膏黍、膏稷，百谷自生，冬夏播琴，鸾鸟自歌，凤鸟自舞，灵寿实华，草木所聚。爰有百兽，相群爰处。此草也，冬夏不死。"这里所称位于"西南黑水之间"的"都广之野"，已有许多学者考证认为其大体应当是指今天成都平原一带。如果摒除这段古代典籍当中的神话色彩，实际上可以从中折射出一些真实的历史信息，那就是成

　　①赵志军：《公元前2500年～公元前1500年中原地区农业经济研究》，中国社会科学院考古研究所考古科技中心编：《科技考古》第二辑，北京：科学出版社，2007年，第1～11页。

都平原自然条件优越，可以提供给各种动植物以适宜的生存环境，其中提到的"膏菽、膏稻、膏黍、膏稷"等"百谷"，既有旱地作物，也有水稻作物，所透露的信息很可能已经显示出在《山海经》的成书年代和《海内经》所反映的地域文化中，早已存在着一个类似于中原地区龙山文化时代到二里头文化时代的复杂化的农业社会，产生出多品种的农作物，使其成为后世所称誉的"天府之国"。这个历史进程或许是相当漫长的，但其起点，只能从成都平原早期农业考古遗存当中去寻找追踪。

综上所论，从上述成都平原史前农业早期新发现所透露出来的信息当中，至少给予我们这样一些有益的启示。当然，要最终揭示出成都平原史前农业和农作物种属发展演变的真实面貌，还需要做更多更为细致而深入的工作。我们期待着四川省和成都市的考古工作者在将来的考古发掘工作中，更多地采用科技考古手段以提取丰富、全面、完整的信息，从而最终达到这一目标。

岷江上游原始居民的饮食结构与生业状态初探

人类的食物可以略分为动物类和植物类两大类。古代人类食物结构的研究主要依靠考古出土的动物和植物遗存作为实物证据。岷江上游地区由于其特殊的地理位置和自然环境，上接甘青，下连巴蜀，成为古代中国西南地区沟通南北文化往来的重要通道。近年来，随着考古工作的逐步展开，对该地区早期文明的起源及其相关问题的研究也越来越引人注目。本文拟从对该地区原始居民饮食结构的分析入手，对其早期生业状态做进一步的探讨。

最早提出这一问题的是已故著名考古学家冯汉骥先生。在其所著《岷江上游的石棺葬》一文当中，他注意到一个重要的文化现象：

SZM3的一件高颈罐（SZM3：1）中，似盛有某种肉汤，罐内壁中部尚留有一圈脂肪结成的干垢，罐底有一些碎骨。单耳杯内亦有碎骨，可能同样盛了某种食物。在SLM3墓棺底上端还洒了一层粮食，尸体的头部及肩部即躺在这层粮食上面。……石棺墓的建造者大概是畜牧兼农耕的民族。《后汉书·南蛮西南夷列传》中的《冉駹夷传》言其地"土地刚卤，不生谷粟麻菽，唯以麦为资，而宜畜牧"，大概是纪实的。此地高寒，全靠农业是不能维持生活的，当时可能系以畜牧业为主而辅以农业，故出土陶罐中往往有肉骨的残存，而萝葡砦SLM3的墓底上尚撒有一层粮食。

接受过国外人类学学科严格训练的冯汉骥先生以敏锐的观察力将考古学材料所反映出来的文化现象结合文献材料做出了解释，为我们开启了思路。从这段文字中不难看出，萝葡砦石棺葬的原始居民在饮食结构上是以肉食品和粮食作为主食，而这两种食物从结构上所反映出的生业形态来看，当中既包含有畜牧—狩猎经济的成分在内，也包含有原始农业的成分在内。那么，岷江上游地区的原始居民究竟是从何时开始形成这种"二元化"的生业方式的呢？岷江上游近年来新出土的考古材料，为解答这一问题提供了可能性。

一、史前遗址中反映出的原始农业

早在石棺葬文化之前，岷江上游地区的原始居民已经产生了原始的农业，为这一地区新石器时代遗址的考古发现提供了可靠证据。

近年来，茂县营盘山遗址的发现就是一个例证。营盘山遗址位于茂县县城凤仪镇附近，地处岷江东南岸二级台地上，面向岷江河谷，海拔高度为1600米。遗址地势南高北低，略呈缓坡状，面积近10万平方米，遗址土质为黄色的黏土。2000年度的考古发掘中，从遗址内发掘出土房屋基址3座、灰沟1条和灰坑26个。房屋基址的发现证明当时已有定居生活，有些灰坑中（如H3）杂有大量木炭、红烧土块和烧结物，坑内还有类似火门、火塘之类的设施遗存，发掘者推测其可能为窑炉或灶坑的遗迹，是否用来烧造陶器值得关注。这些迹象都表明当时的原始居民已有一定规模的聚落，有了制陶等烧造手工业。和这些定居生活遗迹相对应的，是在遗址中出土了大量的陶器、磨制石器，陶器中有71件彩陶器标本，主要的器形有瓶、罐、盆、钵等，彩陶均为黑彩绘制，图案题材极为丰富，发掘者认为其文化面貌与甘肃秦安大地湾遗址第四期文化遗存（即所谓"石岭下类型"）极为相似，其年代上限为距今5500年，下限不晚于马家窑文化类型，为距今5000年。①

营盘山遗址中虽然没有明确的农作物种子出土的报道，但从出土的磨制石器上看，有大量的长方形穿孔石刀和穿孔石片，有的在刃部还留有明显的使用痕迹（如H19：43）。按照现下学术界一般的认识，这类新石器时代的穿孔石刀往往被视为与农业生产有关的一种收获谷物的工具（即所谓"摘谷器"），可以在孔内系绳使用。②据徐学书先生披露，在考古年代晚于营盘山遗址的岷江上游新石器时代晚期"箭山寨

---

①成都市文物考古研究所、阿坝藏族羌族自治州文管所、茂县博物馆：《四川茂县营盘山遗址试掘报告》，成都市文物考古研究所编著：《成都考古发现（2000）》，北京：科学出版社，2002年，第73页。

②罗二虎：《中国古代系绳石刀研究》，《考古学集刊》第14集，2004年。

类型"遗址的地层当中，曾经出土过粟类作物。[1]由此可见，岷江上游原始居民早期农业很可能是以粟类作物为主，营盘山遗址将来通过对植物种子的浮选或许也能发现同类作物。

可资比对的资料还可举出与岷江上游营盘山遗址年代大致相当的大渡河上游哈休遗址（距今约5500~5000年），该遗址从灰坑填土里浮选出的植物标本有粟等农作物品种，有学者推测，哈休新石器时代居民栽培的作物主要是粟。[2]

此外，在岷江上游茂县卡花新石器时代遗址中，除发现有磨制石斧、半月形穿孔石刀等可能与原始农业有关的石器之外，也发现有粟类作物。[3]茂县别立石棺葬文化遗址的商周文化层中亦发现随葬的粟类作物。[4]

以上考古材料已经足以证明，从新石器时代开始直到商周时期，岷江上游的原始居民已经有了定居村落、制陶业和原始农业，种植的农作物品种主要是粟类作物。畜牧业是否已经同时在这个时期存在，目前还没有找到直接的考古学证

①徐学书：《岷江上游石棺葬文化综述》，四川大学考古专业编：《四川大学考古专业创建三十五周年纪念文集》，成都：四川大学出版社，1998年，第233页。

②陈剑、陈学志：《大渡河上游史前文化寻踪》，《中华文史论坛》2006年第3期；陈剑、何锟宇：《大渡河上游史前文化、环境与生业初析》，《四川文物》2007年第5期。

③茂汶羌族自治县文化馆：《四川茂汶别立、勒石村的石棺葬》，《文物资料丛刊》第9辑，北京：文物出版社，1985年。

④徐学书：《岷江上游石棺葬文化综述》，四川大学考古专业编：《四川大学考古专业创建三十五周年纪念文集》，成都：四川大学出版社，1998年，第233页。

据，所以推测当时居民的主要饮食结构还是以食用粮食作物为主，但从上述遗址中出土的石器种类来看，还有大量的打制石器，如砍砸器、石斧、切割器、砍伐器等，这或许表明除了原始农业之外，当时还辅以少量的采集和狩猎手段以维持生活。

二、石棺葬文化所反映出的饮食结构

进入石棺葬文化时期，岷江上游原始居民的饮食结构呈现出明显的畜牧与农业相混杂的"二元化结构"趋势。前文提到的冯汉骥先生所注意到的茂县萝葡砦石棺葬文化所反映的情况是一个比较典型的例证。死者一方面在随葬的陶器中放置肉类食品，虽然由于当时的研究水平所限，未能进行陶器残留物的提取与成分分析，但从冯先生所描述的情况分析，不排除其中脂肪类残留物可能系肉汤、奶制品之类食品的遗痕；陶罐中残留的碎骨无疑是肉类的残余，这些食品都具有游牧民族食物结构的特征。但另一方面，死者身体周围还撒有粟这样的粮食作物，表明行石棺葬的原始居民并不是食物结构单一的游牧民族，而是同时食用粟这样的粮食作物，所以冯汉骥先生才由此推测判断"石棺墓的建造者大概是畜牧兼农耕的民族"。

岷江上游石棺葬文化中所反映出的这种食物结构并非孤例，近年来的考古发掘材料进一步提供了相关证据。

在茂县凤仪大坝及理县佳山西汉初至西汉早期石棺墓

中，发现有随葬的粟类作物，[1]其中理县佳山石棺墓的Ⅰ M2、Ⅰ M4 中皆发现装盛在陶器当中的农作物。Ⅰ M2 是装盛在一个陶豆中，出土时全部已化成粉末；Ⅰ M4 是将粮食盛放于一件双系陶罐内，出土时全部已成空壳，这些农作物的种属似未经正式的植物鉴定，所以说法不一致。如徐学书先生曾对此记载道："此种粮食在岷江上游地区现代羌族中直至本世纪七十年代仍大量种植，俗称'水米子'，籽实椭圆，有皮壳，形似北方广种之小米。"[2]但在同样由他执笔撰写的《四川理县佳山石棺葬发掘清理报告》一文中，则记载："此种粮食当地羌族至今仍种，俗称'水米子'，学名皮大麦。"[3]小米与皮大麦很可能不是同一种属，所以虽然当地羌族将其称为"水米子"，但不大可能是指同一种农作物，需要今后加以鉴定得出结论，但这并不影响我们观察分析石棺葬居民的食物结构。

笔者注意到，在理县佳山石棺墓中，除了上述粮食被盛放在陶罐当中，在同一墓葬中还发现将其他一些食物放置在为死者陪葬的器物当中的情况。如Ⅰ M2 将植物的根茎放置在陶豆内，Ⅰ M4 则是将植物的根茎置放在铁釜内。如果排除其

①徐学书：《岷江上游石棺葬文化综述》，四川大学考古专业编：《四川大学考古专业创建三十五周年纪念文集》，成都：四川大学出版社，1998年，第233页。

②徐学书：《岷江上游石棺葬文化综述》，四川大学考古专业编：《四川大学考古专业创建三十五周年纪念文集》，成都：四川大学出版社，1998年，第233页。

③阿坝藏族自治州文管所、理县文化馆：《四川理县佳山石棺葬发掘清理报告》，《南方民族考古》第一辑，成都：四川大学出版社，1987年，第233页。

作为某种具有特殊原始宗教意义的物品这种可能性的话，那么这些植物的根茎很可能也是死者生前的食物来源之一。在Ⅰ M2中，还发现随葬羊骨、野鸡及鸟骨，羊骨、野鸡散见于墓内死者头端的地上、器物内和器物表面，鸟骨则出土于一件陶罐中，显然都是人为放置的物品。从这些现象可以初步归纳出理县佳山石棺葬居民食物结构的多样性：他们既食用粟类或麦类粮食作物，也食用羊这样的畜牧动物，某些时候也将猎获的野鸡、鸟类作为肉食的补充，采集来的一些植物根茎或可作为新鲜的野菜食用。徐学书先生曾经根据他多年在岷江上游进行考古工作的资料总结当地石棺葬居民的食物结构和生业形态："畜养牛、羊、马、猪等家畜，并兼营狩猎和捕鱼，亦采集部分植物果实根茎为食。"①理县佳山石棺葬的出土情况在一定程度上可与之相互印证。从现今民族学资料考察，在青海、四川西北部一带的牧民普遍都采集一种名为"蕨麻"（当地也称为"人参果"）的植物根茎食用，挖掘蕨麻通常由女人和小孩来承担，②在岷江上游地区可食性的植物还包括某些植物根茎、野果、野菜、菌菇类，都可以成为石棺葬居民们采集的对象。

1992年，在茂县南新乡牟托村清理发掘了一座规模较大的石棺墓，编号为M1，出土了大量随葬器物。其中值得注意

①徐学书：《岷江上游石棺葬文化综述》，四川大学考古专业编：《四川大学考古专业创建三十五周年纪念文集》，成都：四川大学出版社，1998年，第233页。

②王明珂：《游牧者的抉择：面对汉帝国的北亚游牧部族》，桂林：广西师范大学出版社，2008年，第35页。

的是，在棺内头箱位置和棺室北部放置有陶器，发掘简报提到："在部分陶簋、陶罐内分别装有已炭化的动物肉、粟及植物的根、果等。"①这个发现再次为我们提供了考察岷江上游石棺葬居民食物结构的一个极好机会。细读考古简报，发现M1出土的陶器多出土于棺内头箱，共计48件，据简报撰写者描述："器内多盛有植物根茎和果实、麦类、动物肉类等。"其中，在一件铜鼎（M1：67）内装盛有肉类食物，另一件青铜敦形器（M1：71）内"出土时内装已炭化的麦类粮食"。由于简报对陶器中装盛食物的情况描述过于简略，我们无法进一步知晓发掘简报中所提及的粟是否放置在陶器内，是否与其他植物根茎共处在这群陶器当中。罗二虎先生曾经推测："值得注意的是，粟类食物盛放在陶质器皿中，而麦类食物放置在青铜器皿内，这或许能够反映出当时人们对这两类谷物作物的不同价值评判标准，青铜器皿内盛装的食物应该显得更为珍贵。"②如果这个推测与实际情况相符的话，那么的确如他所言，粟与麦这两类农作物在岷江上游地区可能有着不同的价值判断标准，其流行和传播扩散的背景本身就值得作更为深入的研究了。

　　总之，结合简报所披露的内容，我们可以大致上勾勒出牟托石棺墓M1死者的食物结构：既食用粟、麦类的粮食作

---

①茂县羌族博物馆、阿坝藏族羌族自治州文物管理所：《四川茂县牟托一号石棺墓及陪葬坑清理简报》，《文物》1994年第3期。

②罗二虎：《文化与生态、社会、族群：川滇青藏民族走廊石棺葬研究》，教育部人文社会科学重点研究基地四川大学中国藏学研究所重大课题结项报告书（内部资料）。

物，也食用畜牧的动物肉类，采集来的植物根茎和果实可作为一种食物补充。这与上面所提到的理县佳山石棺墓所反映的情况是一样的。牟托M1的年代初步断定在战国中晚期，稍早于理县佳山石棺葬的年代，由此可见，岷江上游石棺葬居民的这种多样性的食物结构流行时期较长，其源头甚至可能上溯到这一地区新石器时代晚期。

三、从食物结构反映出的岷江上游原始居民的生业形态

综上所述，从新石器时代开始，岷江上游地区原始居民的生业形态便是一种畜牧与农业并存的状态。由于岷江上游地区气候寒冷、土地贫瘠，单靠农业生产显然不能维持生存，所以畜牧业和采集、狩猎经济看来一直与农作并存。流行石棺葬文化的居民与这一带新石器时代的原始居民之间是何种关系目前还不是十分清楚，但从茂县营盘山遗址中出土彩陶器的情况来看，岷江上游的原始居民中有来自甘青某些部族成分则是可以肯定的，新石器时代遗址中发现的粟类作物是否就是由这些原始居民集团从黄河上游传入岷江上游，也是很有可能的。

继之而来的石棺葬文化的居民种属目前学术界还有不同意见，但如同冯汉骥先生指出的那样："显而易见，石棺墓的建造者所表现的文化，其中虽杂有很大一部分汉族的东西，其带有极清晰的北方草原地区文化的色彩，也是极为明显的。所以，他们可能原系青海、甘肃东南部的一种部族，

大约在战国或秦汉之际，因种种原因南下而留居于此。在这里又受到川西一带的汉族的影响。"冯汉骥先生还从石棺墓出土动物与谷类遗存的情况推测石棺墓的建造者"大概是畜牧兼农耕的民族"①。所谓畜牧兼农耕，可以理解为石棺葬的部族原本是一支游牧民族，但兼有农耕。这个现象从表面上看似乎与传统观念相违，实际上则很可能真实地反映出岷江上游地区早期人地关系的一个断面。

王明珂先生曾经指出，过去一些文献记载中常常强调游牧人群"食肉饮酪，不事种植"，这实际上是一般人对他们"刻板的印象"。事实上，游牧人群的食物中常有谷类，其中有些是他们自己生产的。他列举出若干现代民族的例子对此加以说明：例如，塔什库尔干的塔吉克牧民除了牧养绵羊、山羊、牦牛外，也种些青稞、小麦、玉米，在春季种完地后，他们开始迁往山区夏季草场放牧，秋天再返回到田里收割。人类学者弗雷德里克·巴斯报道的伊朗巴涉利人日常食用相当多的谷类，有的是自己种的，也有多半是买来或换来的，还有时是付钱请当地定居的居民代为播种。部分哈萨克人也兼事农事，他们将农作物种植在冬季牧场，在春天离开冬季牧场前先翻地、播种，然后开始游牧，任作物生长，秋后再回来收获谷物。这种粗放的农作还见于喀尔喀蒙古牧民、南西伯利亚图瓦的牧人等。②此外，在游牧民族中除了

---

①冯汉骥：《岷江上游的石棺葬》，《考古学报》1973年第2期。

②王明珂：《游牧者的抉择：面对汉帝国的北亚游牧部族》，桂林：广西师范大学出版社，2008年，第35～37页。

农业之外，也常常还伴有狩猎、采集等生产活动，[①]这些情形与岷江上游早期部族的饮食结构和生业形态都十分相似。

所以，通过考古学提供的实物资料，我们可以基本上勾勒出岷江上游自新石器时代以迄石棺葬文化时期的居民集团从食物结构所反映出的生业形态：他们一方面从事畜牧业，主要畜养的动物可能有牛、羊、绵羊等草食性家畜（目前尚没有发现杂食性的猪），同时利用有限的土地资源小规模种植粟、麦一类旱地作物。此外，很可能还由男子承担一部分狩猎的任务，猎取目标是高山和半高山一带的动物，女人和小孩则可能承担采集植物根茎、野果、野菜、菌菇类的工作，最大限度地有效地利用当地所能提供的资源来维系族群的生存与繁衍。在不同的季节，他们可能根据生营方式和资源配置随处迁移，从石棺葬出土的器物观察，他们与北面的甘青，南面的巴蜀、滇等古代部族之间也建立起密切的关系。

四、结语

总结本文的研究意义，笔者认为有如下几点新的认识：

第一，考古学提供了认识岷江上游地区早期人地关系的实物证据。由于岷江上游属于四川盆地向青藏高原过渡的中、高山地带，山谷高深，谷坡陡峻，适合于大规模农耕的阶地不发达，土质薄瘠，年均气温和降水量都远远低于四川盆地西部。

---

①王明珂：《游牧者的抉择：面对汉帝国的北亚游牧部族》，桂林：广西师范大学出版社，2008年，第37页。

所以，为了适应这种自然环境，从新石器时代开始直到石棺葬文化时期，这里的原始农业主要种植的作物看来是粟、麦一类耐干旱作物，同时还伴之以畜牧和采集、狩猎经济。这种情况通过分析这一地区早期先民的食物结构可以得到证实。

第二，众所周知，自商代早期以来，粟、小麦和水稻已经成为中国中原地区的主要经济作物。在岷江上游考古发现的粟、麦类作物对于认识中国西南地区农作物体系的形成具有十分重要的意义。以成都平原为例，近年来，随着成都平原史前考古的新进展，发现了一些关于早期农作物的新线索，据介绍，在金沙遗址宝墩文化三期地层单位中，考古工作者通过浮选法从土壤中浮选出的农作物种子是以粟为主，另有少量的稻米；而到了金沙遗址十二桥阶段的文化堆积中，情况却发生了变化，浮选出的农作物种类明显是以稻米为主，而粟则只占很小比例。根据这些线索，有学者研究认为：成都平原的史前农业可能经历过一个以粟为主到以稻为主的演变过程，并对其可能传播的路径也作了相应的推测，即水稻的种植很可能是从新石器时代中期开始就从长江中游地区由东向西传到四川盆地；相反，来自甘青地区粟作农业的族群却把粟的种植技术由北向南带到成都平原。并且，在成都平原史前时期相当长一段时期内，很可能是以粟而不是以稻为主要的农作物种类。①如果这个推定最终能够为考古

①有关情况可参见江章华《成都平原先秦时期聚落变迁与农业的转型》（提纲），载于《古蜀农耕文化的起源与演进：蚕丛瞿上学术论坛会议资料》（内部资料），第38~39页，2009年7月；孙华《四川盆地史前作物种类的演变》，同上，第36~37页。

材料所证实的话，那么粟类作物传入成都平原最有可能的传播者，应当就是岷江上游从新石器时代开始直到石棺葬文化时期种植粟类作物的先民。

第三，本文研究也为考察早期游牧民族的生产、生活与消费提供了又一个考古学实例。如果我们同意冯汉骥先生的意见，认为岷江上游石棺葬文化当中有一支系黄河上游向南迁徙而来的具有北方草原文化特征的人群，他们的生营方式是"畜牧兼农耕"，那么从他们的食物结构所反映出来的生活方式也是十分具有典型意义的，可以再次证明在特定的自然生态环境下，农业与游牧两种经济形态并不是决然对立的，而是互为补充、取长补短，最终调适达成最佳的人地关系。

第二编

阙分幽明：汉代画像中的门阙与“天门”

　　人死后会去向何方？这是从古至今人们所关注的重大问题之一。而“天门”的神话与信仰，也随着人们对死后世界的关注而出现和流行。

　　近年来，随着艺术史与考古学研究之间的日益密切与交融，汉代画像研究中注入了“图像学”“图像志”“图像程序”等一系列美术史研究的新观念与新方法，[①]为传统的汉画研究提供了许多新的思路，但也由此带来挑战与争议。在具体研究个案上，有关“天门”的讨论便是一个典型的事例。一种观点认为，汉代画像中出现的阙，具有普遍性的意义，代表着“天门”，车马临阙代表升仙队伍，而阙本身则表示“天门”或者“仙界的入口”。[②]然而，事物的发展必然会是物极必反。最近又有学者对此提出反驳意见，认为这种观点是首先设定了一个仙界，然后将仙界又比之于“天堂”，进而再为“天堂”构筑了一个入口——“天门”，而实

---

①郑岩：《古代墓葬与中国美术史写作》，收入氏著《逝者的面具：汉唐墓葬艺术研究》，北京：北京大学出版社，2013年，第1～15页。

②盛磊：《四川汉代画像题材类型问题研究》，《中国汉画研究》第一卷，2004年。

际上无论是汉代漆棺、石棺、石椁还是铜牌上的阙，都皆为"象征墓主身前之住宅大门"，"没有产生误解的余地"，^①对"泛天门论"采取了批评与否定的立场。

那么，究竟应当如何判断汉画像中表现的阙的性质？这一问题的探索在方法论上究竟有何意义？本文拟首先从文献学上考察汉代"天门"一词的文献学意义，进而再结合考古材料与文献对比参照，对如何理解汉代考古材料中有关"天门"的图像及其所反映出的汉代思想观念加以讨论。

一、关于"天门"的文献学意义

从文献学意义而论，究竟在汉代人心目中何谓"天门"？它的真实含义如何？这是一个首先需要加以讨论的问题。有学者认为，"天门"一词其实本来只是一个古天文学上的名词，后来才被引入神话的含义。此说固然无误。但是，众所周知，中国古代的天文学虽然具有一定的科学意义，但与其科学意义相比较，它的神话学意义——尤其是通过对"天象"的观察来比照人间社会的"祥瑞"和"天人感应"之类的功能——可能更为显著。就"天门"一词而言，显然在汉代人的一般观念意识当中，的确是指升往仙界、天界之门，而不再强调其天文学上的意义。如桓谭《仙赋》形容成仙之人："吸玉液，食华芝，漱玉浆，饮金醪，出宇

---

①孙机：《仙凡幽明之间——汉代画像石与"大象其生"》，《中国国家博物馆馆刊》2013年第9期。

宙，与云浮，洒清雾，观沧川而升天门，驰白鹿而从麒麟。"《论衡·道虚篇》称："天之门在西北，升天之人宜从昆仑上。"《淮南子·原道训》对此有更为详细的论说："昔者冯夷、大丙之御也，乘云车，入云霓，游微雾，……扶摇抟抱羊角而上，经纪山川，蹈腾昆仑，排阊阖，沧天门。"东汉人高诱注称："夷或作迟，丙或作白，皆古之得道能御阴阳者也。……昆仑，山名也，在西北，其高万九千里，河之所出。……阊阖，始升天之门也。天门，上帝所居紫微宫门也。"

上述记载十分清楚地表明，汉代的天门正是指升天或升仙之门，冯夷、大丙之类"得道能御阴阳者"皆可由此升入天界，而且上述文献之中还包含着两个特殊的含义：其一，汉人心目之中，"天门"的地理位置多与西北方或昆仑山有关，这与汉以来昆仑求仙和昆仑神话体系的形成与流行有着密切的联系；其二，汉人心目中的"天门"特指上帝所居的"紫微宫门"。这两个特殊含义涉及汉代更深层次的有关"昆仑"和"天帝"神话系统的有关问题，限于篇幅，笔者在此不拟展开论述，仅举其要而叙之。

首先，天门在汉代之所以多指为西北方向或与昆仑有关，这是由于汉代人随着地理观念的不断拓展和对西域认识的不断加深（这与汉代丝绸之路的开通和与西域文化交流的不断扩展也有一定关系），人们所寻求的"升仙之途"从汉武帝前期的"东海仙山"逐渐转移到汉武帝后期的"西域昆仑"，而天门也被认为正在西北，故与昆仑求仙的信仰有关，方有"升仙之人宜从昆仑上"之说。其次，天门之所以又特指"上帝所居紫微宫门",是因为这里所称的"上帝",与西方基督教的"上帝"完全不是一回事,而是中国传统神话系统中的"天帝",为战国秦汉以来主宰仙界的最高神灵,发展到汉代更是具有至高无上的权威。如同有学者指出的那样,汉代"皇帝即位、贵族封侯,莫不假天帝符命而行,天帝自属上天最高尊神"[①]。无论"天门"这一概念在早期和晚期发生如何变化,但至少在汉代,人们对其含义的理解和认识通常就是指升仙之门、升天之门,也是上天最高统治者"天帝"居所之门,后来更发展成早期道教天师道的最高尊神的居所。早期天师道文献如《千二百官仪》《太上正一盟威法箓》及六朝人所编成的《赤松子章历》等道书文献和东汉时期墓葬、遗址中出土的器物当中,都记载了不少有关早期道教天师道最高尊神"天帝"的材料,张勋燎先生对此有过详论,[②]兹不赘述。天门既然是天帝(上帝)所居之门,升仙之人若要上天升仙,最高境界就是通过天门可以拜见天帝,如北周时人甄鸾《笑道论》中"太上尊贵"条载:"《神仙传》云:吴郡沈羲,白日登仙,四百年后还家说云,初上天时,欲见天帝,天帝尊贵,不可见。遂先见太上,在正殿坐,男女侍立数百人。如此状明,则知太上劣于

①张勋燎:《重庆巫山东汉墓出土西王母天门画像棺饰铜牌与道教》,安田喜宪主编:《神话、祭祀与长江文明》,北京:文物出版社,2002年,第156页。

②张勋燎:《东汉墓葬出土解注器和天师道的起源》,收入氏著《中国道教考古》,北京:线装书局,2006年。

天帝矣。言太上尊贵，治在众天之上者，妄也。"①可见在天界众神当中，天帝最尊，故其所居和出入之门——"天门"，自然也成为欲上天升仙之人的向往之途，这从文献学意义的理解上面应当是没有歧义的。

这里顺带说明一点，昆仑神话起源甚早，在先秦文献《穆天子传》《竹书纪年》中便已经有周穆王西巡时过昆仑丘，见西王母的传说。另在《山海经·西山经》中记载："西南四百里，曰昆仑之丘，实惟帝之下都，神陆吾司之……又西三百五十里，曰玉山，是西王母所居也。"《山海经·海内西经》也载："海内昆仑之虚，在西北，帝之下都。"《山海经·大荒西经》中也记载"有西王母之山、壑山、海山"等神山；又载："西海之南，流沙之滨，赤水之后，黑水之前，有大山，名曰昆仑之丘……有人戴胜，虎齿，有豹尾，穴处，名曰西王母。此山万物尽有。"《大荒西经》中还出现了"天门"这一概念："大荒之中，有山名曰日月山，天枢也。吴姫天门，日月所入。"从文意上理解，上文中的"帝"显然就是"天帝"，昆仑之丘为其"下都"；而西王母所居为玉山，位于距昆仑之丘"西三百五十里"处；天门在大荒之中的日月山，为日月所入之处。这些记载说明，上古神话传说中昆仑之丘、西王母、天帝这几者之间的关系还在不断调整、整合，没有形成像汉代昆仑神话那样众神的等级与方位都已经比较确定的格局，但它们都位于

047

---

① 〔唐〕释道宣：《广弘明集》卷九《辨惑篇·笑道论》，上海：上海古籍出版社，1991年影印本，第154页。

"西方"这一观念却已经初见端倪，其后随着汉代对"西方"知识的拓展和昆仑神话体系的不断丰富与发展，才被纳入昆仑求仙信仰体系当中。

二、汉画像中的门阙与"天门"的关系

在厘清汉代有关"天门"的文献学意义之后，如何结合文献记载来认识考古材料中汉代画像中的"天门"，对其进行识别、分类和诠释，成为近年来汉代考古学和艺术史研究中的一个研究热点。引发这个问题的焦点是因为在20世纪80年代中、后期，在长江三峡库区重庆市巫山县的一些东汉墓葬当中，出土了十余件錾刻有西王母、双阙、璧、凤与龙等神灵动物图像的铜棺饰，在大部分铜饰牌上都出现了"天门"的题刻[1]。随后，赵殿增、袁曙光先生发表了《"天门"考——兼论四川汉代画像砖（石）的组合与主题》一文，[2]由

---

①丛德新、罗志宏等执笔：《重庆巫山县东汉鎏金铜牌饰的发现与研究》，《考古》1998年第2期。

②赵殿增、袁曙光：《"天门"考——兼论四川汉代画像砖（石）的组合与主题》，《四川文物》1990年第6期。

此引起学术界的关注和更为广泛的讨论。[1]赵、袁两位先生的基本观点认为，四川汉代画像砖和画像石所表现的是"天国盛景"和迎送墓主人升天成仙的主题思想，并按照这一主题思想提出，四川汉画中的门阙即为"天门"、西王母为其主神、车马行列系为死者送行、神仙宴饮等天国仙境等图像之间的组合关系。

这些讨论不仅引起中国考古学界的关注，也引起了海外艺术史研究者的关注。如美国芝加哥大学巫鸿教授将天门与"天堂"、昆仑神话联系起来，认为"可以想象，一旦'天堂'在人们心中从一个抽象的概念逐渐变成一个诱人的奇妙世界，这种原始的仙山形象也就自然开始变化，而一个重要的变化标志是'天门'的出现。'天门'形象隐含着种种新的宗教观念……'天门'的出现也反映出'天堂'越来越被想象成是一个人造的建筑空间，而非一山岳符号或自然景观"。[2]应当说，巫鸿先生从更为深刻的精神与思想层面和更

①相关的研究论文如张勋燎《重庆巫山东汉墓出土西王母天门画像棺饰铜牌与道教——附说早期天师道的主神天帝》，安田喜宪主编：《神话、祭祀与长江文明》，第156页，北京：文物出版社，2002年；唐长寿《汉代墓葬门阙考辨》，《中原文物》1991年第3期；王庭福、李一洪《合江张家沟二号崖墓画像石棺发掘简报》，《四川文物》1995年第5期；刘增贵《汉代画像阙的象征意义》，《中国史学》第10卷，2000年；赵殿增、袁曙光《"天门"续考》，《中国汉画研究》第1卷，桂林：广西师范大学出版社，2004年；佐竹靖彦《汉代坟墓祭祀画像中的亭门、亭阙和车马行列》，《中国汉画研究》第1卷，桂林：广西师范大学出版社，2004年，等文。

②巫鸿：《汉代艺术中的"天堂"图像和"天堂"观念》，收入氏著，郑岩等编译《礼仪中的美术》，北京：生活·读书·新知三联书店，2005年，第257页。

为广阔的时空范围，提升了这一研究的认识高度，也促进了国内考古学界与国外美术史界学者之间的交流与互动。

然而近年来，随着一批带有"天门"榜题的画像材料相继出土，学术界却出现了另一个倾向——即凡是汉阙图像皆可称为"天门"的观点更为流行。如同有学者总结的那样，"阙代表'天门'，车马临阙代表升仙队伍，几乎已成共识"。[①]上述这些将汉代画像中的阙与"天门"、天堂等观念几乎是无条件地等同起来的意见，自然引发了一些学者的批评。如上文所述，有学者就认为，汉代漆棺、石棺、石椁以及巫山铜牌上的双阙，"皆象征墓主生前之住宅的大门"，它们既不是墓阙，也更与"天堂的入口"——"天门"毫无关系。[②]

显然，将所有的汉画像中出现的阙都认为是升仙上天的"天门"，无疑具有"泛天门论"的倾向，与实际状况未必吻合，受到学术界的质疑也在所难免。但另一方面，若对此采取完全否定的态度，认为像巫山铜牌双阙纹饰中所标的"天门"仅仅是"修辞上借用的雅称"，实质上均仅指"私家的阴宅之门"，与汉代文献材料中有关"天门"的含义也相去甚远，无法解释为何死者要特别在双阙之上榜题"天门"字样。面对这两种截然不同的观点，笔者认为应当冷静地进行观察与分析，尽可能避免以偏概全，片面地强调某一个方面而忽略其他各个方面的因素，无视画像与画像之间、画像与

---

①盛磊：《四川汉代画像题材类型的问题研究》，《中国汉画研究》第1卷，桂林：广西师范大学出版社，2004年。

②孙机：《仙凡幽明之间——汉代画像石与"大象其生"》，《中国国家博物馆馆刊》2013年第9期。

墓室环境和墓主人之间丰富而复杂的关系。

　　阙在汉代现实生活中是一种门前的建筑实体，广泛出现在各类建筑物当中。过去相当长的一个时期内，对于出现在地面墓葬神道前面的墓阙以及出现在墓葬画像、陶屋模型中的阙，通常认为其意义和作用主要是"大象其生"，即对现实生活的写照，具有区别尊卑贵贱、身份等级的功能，甚至认为必须是有一定官阶者方可使用。[①]但汉代墓葬材料中出现的阙，墓主人的身份等级未必很高，如在四川东汉石棺的两端挡板的一端之上，往往都刻有双阙，[②]河南焦作出土的汉代陶仓楼在其小院前门入口处，也常见堆塑有双阙。[③]汉代的大宅院设阙者并不罕见，甚至连仓楼小前院的门口也设阙，足以说明并非高官方可设阙，汉代低级官吏、豪强之家甚至一般民众也可在墓葬中使用阙的图案或模型。对于这类在地下墓葬中出现的门阙，因其有别于地面宫殿建筑中的阙，可以统称为"墓阙"。与之联系最为密切的是建在地面墓葬前面的石阙，它们虽然也仿照地面宫室建筑中的门阙，

[①]其中代表性的意见如冯汉骥先生，他认为在四川汉代画像砖墓中近墓门处首为"阙"的画像砖，"此是象征墓主人的官阶和地位的表征之一。在汉代，官阶至'二千石'以上者墓前方可立阙，例如现在尚保存的四川汉代墓前的石阙（如有名的八阙），其墓主均是做过太守以上的官吏的。画像砖上的阙，当然是代表墓主在生前门前所立的阙观"。参见氏著《四川的画像砖墓及画像砖》，《文物》1961年第11期。相同的意见另可参见丁祖村《四川的汉晋石阙》，《考古与文物》1987年第6期；徐文彬：《门阙考》，《西南师范大学学报》1986年第2期。

[②]罗二虎：《汉代画像石棺》，成都：巴蜀书社，2002年。

[③]参见河南博物院《河南出土汉代建筑明器》，图版3、6、8、10、12~15、87等例，河南：大象出版社，2002年。

河南焦作墙南村出土汉代陶仓楼

但和墓阙具有同样的功能。以四川地区的汉代石阙为例，无
一例外都与墓葬互为表里，许多带有"某某神道"的榜题，
说明其是引导墓主灵魂（神）之道的标识，是专为建墓而
设，因此也可归入墓阙一类来加以考虑。

　　据笔者初步观察，出现在墓葬中的汉画像墓阙，若仅仅
从其表现形式而论，大体上可分为三类材料：第一类是刻在
石棺椁前、后挡板上的双阙，陶屋模型上堆塑的双阙，墓室
壁画中出现的双阙等；第二类是在墓葬车马出行图里面出现
的双阙；第三类则是带有"天门"榜题或与西王母图案并存
一处的双阙。三者所代表的意义和功能都既有一定联系，又

有一定区别。

对于第一类材料，孙机先生认为因其载体或为石棺、石
椁，多呈房屋形，有的还将棺盖刻成庑殿式的顶，应为象征
墓主生前的住宅；而陶楼模型则更是住宅的缩影。具体而
言，他描述石棺："前挡上的阙代表的是住宅的正门；后挡
上如果也有门或阙，则代表住宅的后门。棺身所刻房屋、宴
饮、歌舞、兵栏等，代表的就是宅院内的活动与施设。至于
上面也刻一些神仙题材的图像，应视为吉祥符号。画像石作
为丧葬艺术，有这样的安排也是合理的。"①笔者赞同孙机先
生提出的这类石棺、石椁是模仿生人居室的观点。但是对于
其中出现的神仙题材类图像，笔者认为不能简单地认为它们
只是一些"吉祥符号"，其上所刻的门阙是否与"天门"有
关，应当根据具体情况做具体分析，即便没有直接出现"天
门"榜题，甚至也没有出现西王母图案与门阙相配，也未必
不含有与"升仙"相关的含义。例如，成都市新津宝子山崖
墓中出土的1号石棺，棺身长约2.2米、宽约0.7米、高约
0.75米，原有棺盖，但出土时已不存。石棺的前端图案为一
双阙，阙内一人骑马持戟，后端为伏羲、女娲交尾图。石棺
一侧为车马临阙图，前有两伍伯开道，后有两车相从，两车
之间还有一犬相随。石棺的另一侧画面分为两部分，左边为
两裸体仙人坐于云气之上，正在弈六博棋，旁有仙草瑞禽。
右边为两高冠博带宽衣人物坐于云气之上，一人抚琴，一人

---

①孙机：《仙凡幽明之间——汉代画像石与"大象其生"》，《中国国家博物
馆馆刊》2013年第9期。

成都市新津宝子山崖墓1号石棺画像

上：石棺前、后挡 中：棺身一侧 下：棺身另一侧

倾听，中门置有酒具等，身边也有神兽瑞禽。①这座石棺上的诸如伏羲、女娲、仙人六博等神仙题材显然不是"吉祥符号"，而与墓主向往的"仙境景象"可能关系更为密切。联系到另一侧板上的车马临阙图案来看，这一队车马既有可能

①原图刊于闻宥《四川汉代画像选集》，本文转采自罗二虎《汉代画像石棺》，成都：巴蜀书社，2002年，第39页。

反映的是墓主人生前享受或死后期望的排场与仪仗，也有可能反映的是载着墓主的车队朝着"仙界"而来。若为后者，那么石棺一端所刻的双阙，即使没有出现"天门"榜题，石棺当中也没有出现西王母的画像，其含义多半还是与"天门"之类的仙界入口有关，是区分阴阳两界的关口。

这里，我们还必须回答一个问题：死者的"阴宅之门"是否也可视为"天门"呢？其实笔者认为两者之间并无根本的区别。就四川汉代石棺画像而论，一方面它明显象征着死者的地下宅居，而另一方面，进入地下墓室，也就意味着阴阳两隔，幽明两分，死者从此进入另一个世界——亦即所谓"神舍""仙界"之中。典型的例子如四川乐山市沱沟嘴东汉崖墓，这座崖墓中出土有两具棺，一为画像石棺，一为崖棺。石棺的棺身整体造型为房屋形，棺盖做成单檐庑殿式房顶，画像刻于棺身的屋架框栏之内，完全是模仿生人居室。石棺前端上方有双阙，中有一仙人，肩生羽翼，似为西王母，下方为两门吏躬身相迎。棺身后端也分上、下两部分：上部为一楼阁建筑，下部为两组人物像，呈跪拜状。棺身左侧上部为一组车骑与宴饮图，在帷帐之下展开，两端各有一兽首，中央为宴饮场面，右端有一辒车停候；下部有四组图案，分别刻有五辆车马。最为重要的一个信息在于存放这两具棺的崖墓本身原来还雕刻有画像，现仅存前堂内的画像，在其左侧上方刻有"张君"二字，下方刻百叶窗格和门框，门半开，内有一人站立。与之相对的右侧上方刻有"张君神舍"四字，下方也刻有百叶窗格和半开的门，门内也站立一

四川乐山沱沟嘴东汉崖墓出土石棺

人。①这具石棺以及容纳石棺的崖墓，从造型上看都模仿着生人居室，有房屋、门窗和启门之人，上面还刻有墓主"张君"之名，又被称"张君神舍"，显然一方面是墓主张君的地下宅居，另一方面又是张君的灵魂所居之处——"神舍"。石棺前面所刻的双阙内有形似西王母、肩生羽翼的仙人，其意旨在迎候死者的灵魂升入仙界，与整个建筑物的象征意义是完全一致的。另一个例证是四川长宁县保民村七个洞4号墓墓门处所刻门阙，阙旁有"赵是（氏）天门"题刻②，已经明白无误地表明这既是赵氏的墓室，也是其灵魂

①罗二虎：《汉代画像石棺》，成都：巴蜀书社，2002年，第55~57页。

②四川大学考古专业七八级实习队、长宁县文化馆：《四川长宁"七个洞"东汉纪年画像崖墓》，《考古与文物》1985年第5期。

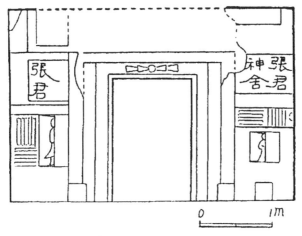

四川乐山沱沟嘴东汉崖墓门楣雕刻图案

升入仙界的入口，故称"赵氏天门"，其含义与前述"张君
神舍"可谓异曲同工。

综上所述，无论是"赵氏天门"还是"张君神舍"，都
是汉代人对灵魂升仙、对不死世界的向往，而死者灵魂要去
往这个世界，那就必须经过"天门"才可抵达。汉代灵魂观
念中"魂"与"神"通，所以汉代考古材料中的"天门"与
"神舍"等题铭具有相同的丧葬文化内涵，有学者认为"天
门"与"魂门"是意义完全不同的两个概念，[①]其实这两个
词语尽管字面不同，但实质意义并无二异。

第二类材料在全国各地的汉画材料中最为常见。这类门
阙图像往往出现在被称为"车马出行图"的图像中，其性质

---

① 李清泉：《"天门"寻踪》，巫鸿、朱青生、郑岩主编：《古代墓葬美术研
究》第三辑，湖南：湖南美术出版社，2015年。

是否与"天门"相关，判断最为不易。因为对于这类"车马出行图"的含义，历来学术界的认识就有不同，具有代表性的意见主要有：其一，认为其是墓主生前身份、地位和荣耀的体现，反映的是当时现实生活的场景；其二，认为是描绘死者去往天界或仙界的出行状况；其三，还有一种折中的意见认为用画面上的分界线可以划分成两个部分：一部分车马行列是表现现实世界、人间事物的车马出行；分界线的另一边则是表现载送死者去往阴间的车马行列。[①]正是由于认识上的分歧，主张反映现实社会情景者并不将车马出行图中出现的阙看成是升仙的"天门"，而将其与门前常常出现的守门迎候"亭吏"一道，视为墓主身份地位的体现。而主张是去往地下世界——天界或仙界的车马行列者，则多认定其中的阙为"天门"。如同日本学者佐竹靖彦所言："在汉代坟墓祭祀直观性的要素中，墓主的车马行列最先通过石阙，在无石阙的情况下，则通过墓门至墓室，经墓室上部的门入棺。……这种过程在坟墓祭祀画像中表现为墓主从直线升天向平行地进入西王母的永远的世界变化。因此，石阙和墓门

①其中具有代表性的意见可参见信立祥《中国汉代画像石的研究》，北京：文物出版社，2000年；[日]佐原康夫《汉代祠堂画像考》，《东方学报》（京都）第63册，1991年；[日]曾布川宽《汉代画像石中升仙图的系谱》，《东方学报》（京都）第65册，1993年；[日]佐竹靖彦《汉代坟墓祭祀图像中的天上世界、人间世界、地下世界之一——璧玉像、门阙像、车马行列》，《东京都立大学人文学报》，第315卷，2001年；[日]佐竹靖彦《汉代坟墓祭祀画像中的亭门、亭阙和车马行列》，《中国汉画研究》第1卷，桂林：广西师范大学出版社，2004年，等文。

被逐渐看作是'天门'，正是这一过程的产物。"①言外之意，无论是"平行地进入"还是"直线升天"，只要墓主通过墓门或门阙，便可视为通过了"天门"进入一个以西王母为主神的世界，也就是常说的"天界"或"仙界"。

笔者认为，由于目前对汉墓画像中"车马出行图"性质的界定模糊不清，要清楚地从中划分出一条何为现实世界、何为虚拟世界的分界线是非常困难的，由此展开的关于"天门"的辨识实际上也失去了讨论的前提与基础。正确的途径，还是应当积累个案研究的范例，从中探索一定的规律性，不可一概而论。在目前没有题铭，图像与墓葬丧葬关系还不甚清晰的情况下，最好不必将这类汉阙图像强解为"天门"，以避免形成"泛天门论"的错误导向。

第三类材料具有明确的指向性，与"天门"之间的关系最为密切。其中最为直接的考古材料，自然是带有"天门"榜题的阙的图像。以重庆巫山东汉墓出土的棺饰铜牌而论，其中大部分铜牌的图案布局都具有一致性，即在圆形的铜牌饰上饰以双阙，阙内有一守门的神灵，肩生羽翼，两阙之间多悬挂玉璧，玉璧的上方榜题"天门"二字。构图较为复杂者则将画面用横栏分成上下两部分，上部分在"天门"之上有带龙虎座、著冠戴胜的西王母及其神兽系统，下部分在"天门"之下有守门神灵。②类似重庆巫山东汉墓的天门铜棺

①[日]佐竹靖彦：《汉代坟墓祭祀画像中的亭门、亭阙和车马行列》，《中国汉画研究》第1卷，桂林：广西师范大学出版社，2004年。

②丛德新、罗志宏等执笔：《重庆巫山县东汉鎏金铜牌饰的发现与研究》，《考古》1998年第2期。

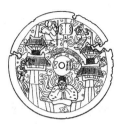

重庆巫山东汉墓中出土的铜棺牌饰

甘肃武都成县石碑坝
东汉墓出土的铜棺牌饰

牌饰在甘肃南部武都地区成县石碑坝东汉墓中也有发现，构图几乎完全相似，双阙上方也有"天门"榜题。[1]这类棺饰铜牌除了标注有直接的"天门"榜题之外，另外三个特点也能表明其代表仙界的属性：其一，是西王母像与"天门"有着直接的关系，居于"天门"之上。梁代人陶弘景《真诰》卷五《甄命授一》载："昔汉初有四五小儿，路上画地戏，一儿歌曰：'著青裙，入天门，揖金母，拜木公。'到复是隐言也，时人莫知之。唯张子房知之，乃往拜之。此乃东王公之玉童也。所谓金母者，西王母

060

---

①转引自张勋燎《重庆巫山东汉墓出土西王母天门画像棺饰铜牌与道教
——附说早期天师道的主神天帝》，安田喜宪主编：《神话、祭祀与长江文明》，图四，北京：文物出版社，2002年，第151页。

也；木公者，东王公也。仙人拜王公、揖王母。"①可见两者之间的关系是欲入仙界之人，必经"天门"先见西王母，这与棺饰铜牌上的图像含义是完全可以吻合的。其二，是"天门"之内有守门的神人，身出羽翼，这是汉代表示"仙人"最为程式化的做法。其三，是通常在天门之上都悬挂有璧，这类璧的含义巫鸿先生已经敏锐地指出其与灵魂的升仙有关。②

判断汉代画像中的双阙是否为"天门"，除榜题之外，结合它周边图像形成的共同环境来观察分析也十分重要。例如，四川简阳鬼头山东汉崖墓中出土了6具石棺，其中第3号石棺的构图后挡刻出伏羲、女娲、玄武、鸠等图案，左侧画像有头戴羽冠、肩披羽饰、相对博弈的仙人，两位仙人之间置有博局，上有榜题"先人博"。中部有一乘一马，后挂两轮表示车。右一人头戴长羽饰，双手高举，右侧刻有榜题"先人骑"，周边还有日神、月神以及其他神灵动物与植物，分别榜题有"日月""柱铢""白雉""离利"等字样。此棺右侧画像为一干栏式的房屋建筑，房左上方榜题"大苍"，画面中部为一对双阙，阙上方榜题"天门"，下方站立一

---

①此条史料原载于《道藏》第十一册，第183页，北京：文物出版社、上海：上海书店出版社、天津：天津古籍出版社，1988年。系张勋燎先生首次在其论文《重庆巫山东汉墓出土西王母天门画像棺饰铜牌与道教——附说早期天师道的主神天帝》中使用并见告笔者。

②巫鸿：《引魂灵璧》，巫鸿、郑岩主编：《古代墓葬美术考古》第一辑，北京：文物出版社，2011年。

四川简阳鬼头山东汉崖墓第3号石棺画像
上：后挡；中：石棺一侧；下：石棺另一侧

人，头戴冠，身着长袍，两手相拱呈迎送状。①榜题上"先人博""先人骑"中的"先人"，笔者认为可作二解：一是直从字面意，即指已逝世的先人前辈；其二"先"也可通"仙"，即指仙人、仙界或天界之人。建筑物上方的"大苍"，可与现实世界的"太仓"相对应，表示仙界之粮仓，

①内江市文管所、简阳县文化馆：《四川简阳鬼头山东汉崖墓》，《文物》1991年第3期。

在有些石棺画像中也题为"天仓",意指仙界用之不尽、取之不竭的粮库。结合画面中的人物、动物的整体情况来看,都描绘的是仙界境象,是死者逝后去往天上世界的写照。因此,尽管在这具石棺上并没有出现西王母的图像,但双阙榜题中的"天门"应是指升仙之门、石棺各面所雕刻的画像主要描绘的是进入天门之后的仙界境象,也不会产生歧义。上

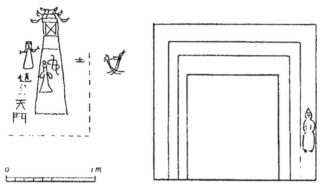

四川长宁县七个洞4号墓墓门及门阙石刻

文中提到的四川长宁县保民村七个洞4号墓墓门处所刻门阙,阙旁有"赵是(氏)天门"题刻,与四川简阳鬼头山崖墓这具石棺画像中双阙所题的"天门"榜题,含义完全相同,应是同一地域文化下的历史产物。

三、余论

通过本文的分析论证可知,对于汉代考古图像中"天门"一词的理解,无论从文献学还是从图像学、考古学等各个方面来审视,都无可否认其与汉代的"仙界""天界"观

念有着密不可分的联系。汉画像考古材料中的门阙图像，其中一部分的确是代表仙界、天界的入口，从而被当时人们称为"天门"并见诸文献记载，也见诸地下出土的考古实物材料。究其思想史的本源，如同有学者指出的那样："在汉人思想中，人是天地的产物，但它与天地是并立而为三的。它的形体、德性是化天而成的。人是天的副本，是宏大宇宙的一部分。"① 因此，将死后的世界想象为可以长生不死的仙界，灵魂飞升于天，继续生前的享乐生活，也是在一般民众和知识阶层中曾经流行一时的思想风潮。

灵魂的升仙不死与"天门"信仰这一丧葬文化现象有着相当广泛的思想基础和社会基础，流行的地域较为广泛，这一观念形成的时间也从先秦一直发展到汉晋乃至其他各个历史时期，在汉代尤为突出。随着考古发现的不断增多，相信这类与"天门"相关的考古材料还会有更多的发现。在图像的表达方式上，这种标榜有"天门"题铭的考古材料自然是最为直接的证据，可与文献学、图像学互为补证。但除此之外，还存着一些虽然没有直接出现榜题，但从墓葬图像的内容、环境、主题上都与死者"升仙不死"这一思想有关的材料，也可以归入这个体系当中加以考虑。当然，我们也应当慎重和全面地观察分析研究对象，避免将所有的汉代墓葬画像中出现的门阙都视为"天门"，因为任何事物都有其特定的环境，也不排除汉画像中一些门阙具有表现死者生前仪仗、排场、身份等级等方面的意义，甚至有的直接就是对生

---

① 金春峰：《汉代思想史》，北京：中国社会科学出版社，1997年，第4页。

前所居建筑物的仿制，它们是否可称为具有本文所界定的特殊意义的"天门"，就要视具体情况而定了。但无论是哪种情况，在研究方法上都必须既要注重考古图像的观察分析，更需要结合文献材料深入考察和还原其历史背景，二者缺一不可。

　　从目前发现的考古材料来看，以四川地区及其相邻的重庆、甘肃等地发现的汉代墓葬材料中带有"天门"榜题者较多，这是否是一种具有"地域传统"的文化现象还有待进一步研究。①巫鸿先生曾经导入"地域考古"这一概念来开展更为精细化的观察与研究，他说："我这里说的地域考古主要是指以考古发掘资料为基础研究特定建筑、器物和图像的地域性分布和发展的方法。"②这一方法与传统考古学倡导的开展对考古材料进行区系类型研究的基础理论与方法是完全相同的，笔者对此深表赞同。因为中国如此之大，汉代考古材料的发现在全国各地又是如此丰富，如果不进行这样更加精细化的作业，那么我们很难将问题的研究进一步深入下去。通过对某一地区特定图像（如本文所论的汉阙与"天门"）的"地域考古"，进而寻找其内在的发展脉络与连续

①汉代四川、重庆等地发现的"天门"图像与这一地区的"巴蜀文化"之间有无联系？与其他地区汉代美术考古中同类"天门"材料之间又存在着何种渊源关系？这都是今后应当深入研究的题目，从目前发现的考古材料来看，的确以四川、重庆为中心，存在着"天门"这种观念信仰的遗存，从地域考古的角度展开研究，是一种研究视角，但还应从更为广宏的汉代以升仙观念为中心的昆仑神话这个体系上去加以认识恐更为妥当。

②巫鸿：《地域考古对"五斗米道"美术传统的重构》，收入氏著《礼仪中的美术》，北京：生活·读书·新知三联书店，2005年，第487页。

性，就有可能发现隐藏于考古材料背后的"地域传统"，从而为最大限度地接近、恢复历史的本来面目做出努力。中国西南地区（包括四川、重庆、云南、贵州等地）在汉代地域考古中是一个十分值得关注的区域，从崖墓、画像石与画像砖、钱树（也称"摇钱树"）与铜镜、早期佛像与其他神灵形象，包括近年来学术界所关注的汉阙与"天门"图像等材料的发现，都显然构成了一个特点不同于汉代中原和其他地区的"地域传统"，在这个"地域传统"的背后，还有着更深层次的文化渊源关系需要去梳理。巫鸿先生从地域考古研究入手，对汉代四川"五斗米道美术传统"进行的"重构"，就是一项颇具开创意义的研究尝试。仅就这个地域内的"天门"图像而论，四川和重庆所发现的考古材料表现形式也是不同的，类似重庆巫山汉墓出土的在木棺端板上阴线刻画双阙和"天门"榜题的铜牌饰，在四川地区迄今为止尚无一例出土；但同样形制的"天门"铜牌饰在甘肃武都地区有所发现，它们之间的源流演变关系还不是很清楚，这些考古现象背后的真实社会原因，也只有在进行若干个案的细致、深入分析之后，才有可能做出相对较为合理的解释。

总之，从方法论而言，我们可以努力地去寻求汉画像图像之间可能存在的相互联系与结构、配置和布局关系，但在条件不成熟之前，试图以某种固定不变的"格套""图像程序"来解释一切汉画像中出现的门阙图像，都是行不通的。与之同理，对于汉画像中其他图像和题材的诠释，在理论和方法上也当如此，才能真正推进汉代美术考古和艺术史的进步与发展。

汉晋时代河西与岷江上游的"羌胡"辨析

　　河西走廊与川西岷江上游自史前时代以来就是西北与西南地区交通的重要孔道，也成为历史上不同民族集团在南北、东西不同方向上迁徙活动的主要区域之一。这个地区的古代民族随着时代的变迁，也不断发生重组与整合，呈现出民族交往、交流与交融的诸多面貌。其中，有关"羌胡"的问题，就是一个值得加以进一步探讨的课题。

一、问题的提出

　　近年来，学术界从考古和文献材料两个方面对秦汉以来"胡系民族"的进入到后来被称为"藏彝走廊"地带的活动情况十分关注，[①]从而引起对文献史料的再度辨析讨论。其

---

　　①笔者在《论横断山脉地带先秦两汉时期考古学文化的交流与互动》一文当中，首先提出在横断山脉地带承担考古学文化交流互动的有三大民族集团，其中应有"胡系民族集团"（参见石硕主编《藏彝走廊：历史与文化》，成都：四川人民出版社，2005年，第272～299页），其后有学者相继对这一问题也展开了研究，参见曾现江《胡系民族与藏彝走廊》，成都：四川人民出版社，2007年。

中一个历来未解的疑难之处，是对晋人常璩在其所著《华阳国志》当中记载的"羌胡"一词应当如何理解的问题。《华阳国志》卷三《蜀志》记载："汶山郡……东接蜀郡，南接汉嘉，西接凉州酒泉，北接阴平。有六夷、羌胡、羌虏、白兰峒九种之戎。"这是汉晋以来的史籍中首次以"羌胡"连称的一例，不见于《史记》和《汉书》，但同样大量见诸南朝刘宋时人范晔所撰之《后汉书》。这一现象的出现，究竟是当时文人墨客的随意之笔，还是河湟及岷江上游地区民族变迁演进的一个真实侧面的反映，值得引起我们的重视。

对于《华阳国志·蜀志》当中的这段史料，学术界从来有不同的理解。对文中"有六夷、羌胡、羌虏、白兰峒九种之戎"这一表述，任乃强将其断句和增补为"有六、夷、羌、胡、赀虏（原作羌虏）、白兰、〔蜂〕峒九种之戎"，并说明"上七种合冉氏与駹合为九也"。这里很显然他认为应将文中的"羌胡"分别理解为羌、胡两种不同的民族。刘琳则认为，在《后汉书·冉駹传》中本有"其山有六夷、七羌、九氐，各有部落。……其西又有三河、槃于虏、北有黄石、北地、卢水胡"的记载，说明这些部落应为"氐、羌、匈奴等族的分支"，并且具体指出："羌胡当即上引《后汉书》所谓黄石、北地、卢水胡之类，羌虏当即《后汉书》三河、槃于虏之类。魏晋间习惯称匈奴及其别部为胡，鲜卑及其别部为虏。据此羌胡当是指匈奴人及其别部之羌化者；羌虏当指鲜卑人或其别部之羌化者。"[1]马长寿也注意到这一现

---

①刘琳：《华阳国志校注》，成都：巴蜀书社，1984年，第295～298页。

象，他认为羌、胡的关系渊源甚早，早在汉武帝以前，匈奴与羌人的交通已经十分频繁，许多羌人已经加入了匈奴部落，而占据河西走廊的昆邪、休屠诸王，更直接统治了河湟北部的羌族，因此他理解《后汉书·南匈奴传》及其他诸传当中经常出现的"羌胡"合称的记载，"这些'羌胡'之羌，不都是新迁来的西羌，其中大部分应是西汉时期随匈奴从塞北、河西一同来到内地各郡的"①。换言之，他认为这里所称的"羌胡"，是指早年已加入匈奴部落的诸羌。

由此可见，对于文献中出现的"羌胡"一词，上述各家至少有以下不同的认识：其一，认为其当指羌与胡两者不同的民族；其二，认为其当指黄石、北地、卢水胡等胡人；其三，认为其当为早年融入匈奴的羌人。那么，究竟应当如何看待这一问题，还有没有其他可能性存在？这是本文试图要加以讨论的问题。

二、《后汉书》不同语境下的"羌胡"连称

除《华阳国志·蜀志》当中出现的这条"羌胡"连称的史料之外，《后汉书》当中还有不少类似的例证，由于两书成书年代相对较为接近，我们可以利用《后汉书》各传所载的一些材料来分析不同语境下出现的"羌胡"一词。笔者注意到，在《后汉书·西羌传》中，范晔所称"羌胡"出现在不同的语境下至少有三种情况：

①马长寿：《氐与羌》，上海：上海人民出版社，1984年，第105～106页。

第一种情况是将"羌"与"胡"对举并称。如在论及武帝征四夷时言称:"北却匈奴,西逐诸羌,乃渡河湟,筑令居塞;初开河西,列置四郡,通道玉门,隔绝羌胡,使南北不得交关。"[①]这里所称的"羌胡",明显一是指诸羌,二是指匈奴而言。

第二种情况是将河西诸羌统称为"羌胡"。如《后汉书·窦融列传》载:"及更始败,融与梁统等计议曰,今天下扰乱,未知所归,河西斗绝在羌胡中,不同心勠力,则不能自守。"同卷又载:"河西民俗质朴,而融等政亦宽和,上下相亲,……羌胡犯塞,融则自将与诸郡相救。"

然而,最为值得注意的是第三种情况,即是将"羌胡"与诸羌对举。这一语境之下的"羌胡"不仅不是羌人,反而在东汉平羌之役当中常常作为汉军的附属部队参加征讨羌人的战斗。例如:据《后汉书·西羌传》的记载,和帝永元八年(96),在与羌人迷唐种征战之中,汉阳太守史充代为校尉,"充至,遂发湟中羌胡出塞击迷唐,而羌迎败充兵,杀数百人"。永元九年(97),羌人再犯,"遣征西将军刘尚、越骑校尉赵代副,将北军五营、黎阳、雍营、三辅积射及边兵羌胡三万人讨之"。安帝永初五年(111)秋,"汉阳人杜琦及弟季贡、同郡王信等与羌通谋,聚众入上邽城,琦自称安汉将军。于是诏购募得琦首者,封列侯,赐钱百万。羌胡斩琦者赐金百斤,银二百斤"。安帝元初元年(114)羌人零昌、号多、当煎、勒姐等大豪共反,"侯霸、马贤将湟中吏

① 《后汉书·西羌传》,北京:中华书局,第2876页。

人及降羌胡于枹罕击之，斩首二百余级"。顺帝阳嘉四年（135），羌人钟羌良封等犯陇西，"马贤亦发陇西吏士及羌胡兵击杀良封，斩首八百余级，获马、牛、羊五万余头"。顺帝永和四年（139），羌人烧当种那离部反叛，"马贤将湟中义从兵及羌胡万余骑掩击那离等，斩之，获首虏千二百余级，得马骡羊十万余头"。从上述史料可见，在当时的羌、汉之间，还有一部分被称为"羌胡"的族群存在，他们常被东汉统治阶级所利用，成为镇压羌人起义的重要力量，虽然我们不排除当中可能也有部分降服于汉的羌人部落存在，但其主体部分可以肯定不是羌人。那么，范晔在这里所指的"羌胡"又是何种民族？它们与羌人的关系在东汉平定羌人大起义这一特定的历史背景之下又是如何呢？

联系到文献史料做进一步分析，这些随同汉军参与平羌战争、被称为"羌胡"的部族，应当主要是当时活动在西北地区的一些胡人部族。如《后汉书·西羌传》载汉顺帝永建五年夏（130），"且冻、傅难种羌等遂反叛，攻金城，与西塞及湟中杂种羌胡大寇三辅，杀害长吏"。这里所称的"湟中杂种羌胡"，有时也被范晔直接称为"湟中诸胡"或"湟中胡"。如《后汉书·西羌传》记载，汉和帝永元十二年（100），羌人迷唐部因怀疑汉将诱其出塞，"遂复背叛，乃胁将湟中诸胡，寇钞而去"。汉桓帝建和二年（148），"白马羌寇广汉属国，杀长吏，是时西羌及湟中胡复畔为寇，益州刺史率板楯蛮讨破之"。由此可见，在具体的语境之下，范晔不仅能够清楚地将羌、胡划分开来，而且对其中的白马羌、西羌及湟中胡也有明确的界定，表明他对当时这一地区内不同民族的情况有较为清晰的认识。

再进一步论之，这些被称为"湟中诸胡"或"湟中胡"的胡人具体的族属，在范晔所撰的《后汉书》中实际上也有反映，他明确记载其中有卢水胡、月氏胡等不同的支系，并且都曾参与过东汉时期的平羌战争。如汉明帝永平十六年（73）"（窦）固与（耿）忠率酒泉、敦煌、张掖甲卒及卢水羌胡万二千骑出酒泉塞"。汉和帝永元十二年秋，当羌人迷唐部攻金城时，金城太守侯霸"及诸郡兵、属国湟中月氏诸胡、陇西牢姐羌，合三万人，出塞至允川，与迷唐战"。在"羌胡"之前冠以"卢水"，称之为"卢水羌胡"，进一步证明文献当中所记载的卢水胡原本亦系"羌胡"当中的一支；而将"湟中月氏诸胡"归入汉金城郡之"属国"，则表明这类胡人与汉统治者之间存在着依附关系，所以他们被调动组织到对羌人的作战当中去理属自然。

另一个值得注意的特点是，事实上这些胡人部族早在羌人发动大规模起义之前，便早已在湟中地区定居，并且已经改变其"逐水草迁徙"的游牧部族生活习性，他们往往依附于汉王朝，并与汉人、羌人等杂处共居。早在东汉王朝之初，班彪曾于光武帝建武九年（33）上言称："今凉州部皆有降羌、羌胡，被发左衽，而与汉人杂处，习俗既异，言语不通，数为小吏黠人所见侵夺。"（《后汉书·西羌传》）班彪在这里已经明确划分出"降羌"和"羌胡"，一方面表明东汉时期可能"羌胡"这种连称法在中原汉族士族当中已经有所流行；另一方面也表明这些羌人当中的"降羌"和属于胡人支系的"羌胡"至少在东汉初年已经杂居在一起，并受到羌人之影响。

这些胡人部族与羌人之间时有矛盾冲突。如建武中元元年（56），羌人烧何豪之妇比铜钳便"时为卢水胡所击"（《后汉书·西羌传》）。但当中原王朝处于危弱之时，这些胡人也有与羌人诸种联合反叛举义的情况发生，如汉顺帝永和三年（138）羌人烧当种那离部曾"西招羌胡，杀伤吏民"。此种情况曾引起汉朝统治者的重视，如大将军梁商便向其行为凶残的部属告诫："其务安羌胡，防其大故，忍其小过。"（《后汉书·西羌传》）汉灵帝中平元年（184），"北地降羌先零种因黄巾大乱，乃与汉湟中羌、义从胡北宫伯玉等反，寇陇右"（《后汉书·西羌传》）。这里所称的"义从胡"，应当既为与汉、羌民族共处杂居，同时又依附于汉统治者的胡人部落，其中又以湟中胡人当中的月氏胡最具代表性。因此范晔在《后汉书·西羌传》中专有对此种胡人来历的一段描述：

破匈奴，取西河地，开湟中，于是月氏来降，与汉人错居。虽依附县官，而首施两端。其从汉兵战斗，随执强弱。被服饮食言语略与羌同，亦以父名母姓为种。其大种有七，胜兵合九千余人，分在湟中及令居。又数百户在张掖，号曰义从胡。中平元年，与北宫伯玉等反，杀护羌校尉泠徵、金城太守陈懿，遂寇乱陇右焉。

结合上文中对"羌胡"特征的分析来看，笔者认为湟中月氏胡可能是"羌胡"当中主要的一个支系。前文曾提到，在《史记》《汉书》当中并无"羌胡"之称，或许正是因为这些南迁的月氏人与羌人通婚杂处，可能在语言、生活习俗方面与诸羌逐渐接近，"羌化"的特征日益明显，所以晋代以来的史家如《华阳国志》的作者常璩、《后汉书》的作者范晔等人才首次将这类胡人部族称之为"羌胡"，以有别于过去史书当中提及的单一民族"羌"与"胡"。

三、蜀中胡人的来源与"羌胡"的南迁

通过上文的分析我们得出的初步结论是，晋人常璩在《华阳国志·蜀志》当中记载的"羌胡"，应当是指月氏胡、卢水胡之类的胡人部族，前人所论当中以刘琳的观点较为可取。这条记载同时也表明，在汶山郡与"六夷""羌虏"等民族杂处的已有胡系民族存在，所以常璩以他所处时代的知识背景明确指出他们是"羌胡"。虽然在他所著的《华阳国志》一书中仅仅只有这一条材料明确提到"羌胡"，但我们必须注意到，他是在对汶山郡这一"东接蜀郡，南接汉嘉，西接凉州酒泉，北接阴平"的民族走廊要地各民族情况作整体性综述时，特别将"羌胡"与"六夷""羌虏"等并举，说明他在做出这一概括时对汶山郡各族群当中胡人的成分已有基本的认识，并且给予了应有的重视，才会得出如此判断。

事实上，在《华阳国志》其他章节中，常璩通过不同的侧面也描绘出胡人在岷江上游地区活动的某些踪迹。如《华阳国志》卷七《刘后主志》记载，蜀汉延熙六年（243），大

司马蒋琬与费祎、马忠等合议，"以为凉州胡塞之要，宜以姜维为凉州刺史，衔持河右"。所谓"胡塞之要"，显然是指胡人常经此往来的要塞之地。同书又载延熙十年（247）有"凉州胡王白虎文、治无戴等率众降，卫将军维徙之繁县"。繁县即今成都附近的新繁，看来姜维对来降的凉州一带的胡人首领及其部众所采取的措施是将其迁徙到蜀中加以集中管理。这条材料也是我们目前所知凉州一带胡人南迁入蜀最早的一条文献记载。由此可见，汶山郡和蜀中繁县等地在公元三世纪前后已有胡人定居。

此外《华阳国志》卷八《大同志》记载，西晋泰始十年（274）"汶山白马胡恣纵，掠诸种"。这条材料说明当时在汶山郡的胡人已有不同的支系，其中被称作"白马胡"的一支可能势力较大，如果没有一定的规模和数量，恐难"恣纵、掠诸种"。顺带指出，常璩在《华阳国志》中还同时指出武都一带有"白马羌"，在其卷三《蜀志》中记载，汉宣帝地节三年（前67）"武都白马羌反"。《后汉书·西羌传》指出所谓"白马羌"为羌人之一支，羌人"其后子孙分别，各自为种，任随所之。或为牦牛种，越巂羌是也；或为白马种，广汉羌是也；或为参狼种，武都羌是也"。常璩在《华阳国志》中将"白马胡"与"白马羌"对举，证明他十分清楚这是不同的两种族群，白马胡是胡人而非羌人。

针对汶山白马胡的"掠诸种"之乱，《华阳国志·大同志》同时还记载刺史皇甫晏拟发兵征讨，典学从事蜀郡何旅认为这是"胡夷相残，戎虏之常，未为大患"，不主张出兵，但"（皇甫）晏不悟，胡康水子烧香言军出必败，晏以为沮众。斩之……所将中州兵蔡雄、宣班、张仪等以汶山道险，心畏胡之强……杀晏"。通过这段记载可知三事：其一，当时汉军中可能已有胡人随军行动，为军事行动成败卜占，表明胡人文化的影响已经开始渗透到汉族人士当中；其二，对于汶山郡白马胡人"掠诸种"的行为，汉统治者认为其性质为"胡夷相残"，正好说明当时汶山郡境内既有胡系民族，也有夷系民族存在，这与常璩对这一带民族成份的基本认识相同；其三，汉军既强，但仍"畏胡之强"，表明这些胡人部族的确具有相当的实力与规模。

《华阳国志·大同志》中还有一条重要史料也可反映当时的羌、胡关系："汶山兴乐县黄石、北地卢水胡成豚坚、安角、成明石等与广予、平康文降、刘紫利羌有仇，遂与蟓同羌郐逢等数千骑劫县令，求助讨紫利。太守杨邠拽杀豚坚而降其余类，余类遂叛，杀长吏。冬，西夷校尉西平麴炳表出军，遣牙门将孙眺为督护，万人征之，战于常安，大为胡所破。"这里所言及的汶山郡境内"黄石、北地卢水胡"不仅能与羌人相抗衡，而且在汉军出动万人征讨时还"大为胡所破"，表明当时除白马胡之外，还有来自黄石、北地的卢水胡人居于汶山，并且势力也十分强大。在这段文字中，常璩虽未使用"羌胡"一词，但对羌人与胡人的界线是十分清楚的。马长寿认为此处所言的"黄石"原系匈奴屠各族的一种，也称为"黄石屠各"，据《后汉书·任延传》记载，东汉建武初年黄石族尚在武威郡，西晋时期一支迁到汶山郡；卢水胡本来居于凉州张掖属国，这里称其为"北地卢水胡"，是否有可能先迁至北地郡，后来由北地郡又迁至益州汶山郡的兴乐县，其到达汶山郡的时间推测应当在晋元康六年（296）之前。①唐长孺认为三国时期被姜维迁至蜀中繁县的"凉州胡王白虎文、治无戴"等其族属即为卢水胡，而卢水胡的种属有可能与小月氏有关，但在魏晋以后已是"杂胡"之一种。②联系到上文对河西东汉时期羌胡分布活动的情况来看，这些迁至益州汶山郡内的胡人有很大可能均为自河湟一带南迁入蜀的杂胡。

综上所述，我们可以通过不同的侧面印证晋人常璩《华阳国志·蜀志》当中所称的"羌胡"，是指胡人，即笔者所称的胡系民族。《后汉书》的作者南朝刘宋范晔虽然在不同的语境当中对"羌胡"一词的意义有不同的含义与表述，但基本认识上仍然承袭了常璩的观点，反映出这个时期河西地区和蜀地岷江上游地区胡人的存在及其活动的某些情况。

胡系民族从甘青地区通过岷江上游这条"民族走廊"南迁入蜀，通过上述文献史料分析在汉晋时期已有相当规模，此外，从考古学上也有大量实物证据可以佐证。过去曾有不少学者注意到在四川地区（包括今重庆市）东汉、三国时期的崖墓、画像石、画像砖、摇钱树座、陶俑、陶屋上面出现大量的"胡人"形象，并联系到《华阳国志》等文献材料加

---

① 马长寿：《氐与羌》，上海：上海人民出版社，1984年，第177～178页。
② 唐长孺：《魏晋杂胡考》，《魏晋南北朝史论丛》，北京：生活·读书·新知三联书店，1955年，第406～412页。

以比定，基本意见也认为这些胡人是来自北方草原。[①]但是由于这些胡人形象均无文字榜题可依，对其来源与族属等问题无法做进一步的探讨。近年来四川地区的考古新发现为此提供了一些重要的线索，很值得我们注意。

2002年9—11月，考古工作者在四川中江县塔梁子清理了九座崖墓，[②]其中编号为M3的一座崖墓规模最大，在墓内发现了壁画及榜题，根据墓葬形制、规模及出土器物可以判定其为一座东汉时期的墓葬。[③]这种绘有壁画的崖墓是四川地区崖墓发现史上的首次发现，在我国南方地区这种绘有壁画的汉墓也极为罕见。更为珍贵的是，在M3发现的三十余幅画像雕刻当中，位于其第三室甬道右壁有一幅浅浮雕画像为明显的"胡人"形象：画面上绘有五个深目高鼻、胡须环腮的胡人手拉手正在起舞，他们头戴涂成红色的平顶小帽，身穿紧身衣衫，面部用墨涂画出浓密的鬓发与胡须，眉眼及

① 这方面的论著数量较多，其中具有代表性的有吴焯《四川早期佛教遗物及其年代与传播途径的考察》，《文物》1992年第11期；宿白《四川钱树和长江中下游部分器物上的佛像》，《文物》2004年第10期；罗世平《汉地早期佛教与胡人流寓地》，《艺术史研究》第一辑，广州：中山大学出版社，1999年；霍巍《胡人俑、有翼神兽与西王母图像的考察与汉晋时期中国西南的中外文化交流》，[香港]《九州学林》第二辑，2002年，等文。

② 此处崖墓的发掘简报刊于《文物》2004年第9期；考古报告参见四川省文物考古研究院、德阳市文物考古研究所、中江县文物保护管理所《中江塔梁子崖墓》，北京：文物出版社，2008年。

③ 可参见王子今、高大伦《中江塔梁子崖墓壁画榜题考论》，《文物》2004年第9期；宋治民《四川中江塔梁子M3部分壁画考释》，《考古与文物》2005年第5期；谢崇安《中江塔梁子东汉崖墓胡人壁画雕像考释》，《四川文物》2005年第5期，等文。

衣襟、足底也用浓墨勾画，其胡人的特征表现得十分明显。在画像的上方，有墨书的"襄人"榜题，[①]这也是首次在西南地区考古中发现的胡人题记。不仅如此，此墓内还绘有墓主人的画像，在画像上方题写有墨书榜题，榜题文字为："先祖南阳尉，□□土乡长里汉太鸿芦文君子宾、子宾子中黄门侍郎文君真坐与诏，外亲内亲相检厉见怨。□□诸上效颠诸□□□□□，绝肌则骨当□。□父即鸿芦，拥十万众，平羌有功，赦死西徙，处此州郡县乡卒。"[②]中江县汉属郪县，县治在今四川三台县郪江镇，隶属益州广汉郡，《后汉书·循吏列传·王涣传》李贤注："郪县在今梓州郪县西南。"《华阳国志·蜀志》载其为"两汉旧县，蜀、晋因（之）"，可知其位处蜀中盆地之内。如前所述，在蜀中汉族人士墓葬中出现带有胡人形象的文物并不鲜见，但在此墓中却具有特殊意义。首先，此墓墓主之先祖曾担任过"汉太鸿芦"之职，据史籍记载，这一职务本身便包括采用军事手段安定"蛮夷"的职责；[③]其次，其先祖"拥十万众，平羌有功"，说明其身居高位，亲自率军参加过东汉的平羌战争，并且获得过战功；其三，正是因为其先祖平羌有功，才在获

---

①四川省文物考古研究院、德阳市文物考古研究所、中江县文物保护管理所：《中江塔梁子崖墓》，北京：文物出版社，2008年，第60页图七十；图版六十一。

②四川省文物考古研究院、德阳市文物考古研究所、中江县文物保护管理所：《中江塔梁子崖墓》，北京：文物出版社，2008年，第57～67页。

③如《后汉书》卷八十六《西南夷列传》白马氏条下载："昭帝元凤元年，氐人复叛，遣执金吾马适建、龙额侯韩增、大鸿芦田广明，将三辅、太常徒讨破之。"

罪时得到朝廷"赦死西徙"的诏命，从中原迁至西蜀定居。墓主身世的这些特定背景为我们解读墓中出现的胡人题记提供了帮助。

联系到墓主人先祖曾参加东汉时期平羌战争的历史背景加以分析，笔者认为墓中所雕刻胡人画像上方的文字榜题"襄人"，最大的可能性是指其系来自襄武或平襄城（位于今甘肃陇右）一带的胡人，这一带正是东汉羌人叛乱的中心区域之一，也是羌人、汉人和胡人杂居的主要区域之一，所以这些胡人的形象应当与《华阳国志》和《后汉书》等文献中提到的"羌胡"有着密切的关系。①联系到本文所讨论的主题，我们还可以推定，东汉时期羌人的大暴动以及汉王朝利用"羌胡"镇压羌人起义，很可能在一定程度上也为河西地区胡人通过岷江上游南迁入蜀创造了有利条件，胡人较大规模迁徙到岷江上游，并通过这一通道进入蜀地的时间应当不会晚于东汉时期。这一考古发现无疑为解释四川境内汉晋以来出现的胡人图像的来源与历史背景诸问题，提供了新的线索。

总结本文的主要观点，在汉晋时期的史籍中出现"羌胡"一词，有其产生的特殊历史背景，虽然在不同的语境之下具有不同的含义，但在《华阳国志》和《后汉书》等史籍中有一种情况是专指与羌人有着密切关系、已具有"羌化"特点的胡人而言。这些活动让河西甘青地区的胡人在与羌、汉同居共处的进程中形成具有民族融合特点的"杂种胡"，

①霍巍：《襄人与羌胡》，《文物》2009年第6期。

东汉以来逐步迁徙到岷江上游和蜀地，对汉晋时期西南地区胡人的布局形成重要影响，并在文献和考古材料两方面都留下重要的线索。

襄人与羌胡

——四川中江塔梁子东汉崖墓榜题补释

近年来，四川地区汉代崖墓的考古调查与发掘取得了新的进展，其中在中江塔梁子清理了九座崖墓，已先后公布发表了调查简报与正式的考古报告。①这九座崖墓中编号为M3的崖墓规模最大，在墓内发现了壁画及榜题，根据墓葬形制、规模及出土器物可以判定其为一座东汉时期的墓葬。这种绘有壁画的崖墓是四川地区崖墓发现史上的首次发现，在我国南方地区这种绘有壁画的汉墓也极为罕见，从而引起学术界的广泛关注。有关M3内的壁画榜题，已有学者结合壁画内容、墓内雕像等做过一些考释研究。②

在M3发现的三十余幅画像雕刻当中，其中位于M3三室

①发掘简报刊于《文物》2004年第9期；考古报告参见四川省文物考古研究院、德阳市文物考古研究所、中江县文物保护管理所《中江塔梁子崖墓》，北京：文物出版社，2008年。

②可参见王子今、高大伦《中江塔梁子崖墓壁画榜题考论》，《文物》2004年第9期；宋治民《四川中江塔梁子M3部分壁画考释》，《考古与文物》2005年第5期；谢崇安《中江塔梁子东汉崖墓胡人壁画雕像考释》，《四川文物》2005年第5期，等文。

甬道右壁有一幅浅浮雕画像尤其引人注目，画面上有五个深目高鼻、胡须环腮的胡人手拉手正在起舞，他们头戴涂成红色的平顶小帽，身穿紧身衣衫，面部用墨涂画出浓密的鬓发与胡须，眉眼及衣襟、足底也用浓墨勾画，其胡人的特征表现得十分明显。在画像的上方，有墨书的"襄人"榜题。[1]如同考古报告所言，这是"四川发现最早的胡人乐舞资料，在中国汉代考古资料中也极为罕见"[2]。不仅如此，它为我们认识东汉时期我国西北和西南地区的民族关系也提供了新的资料，应当值得重视。但是，在前人对此墓榜题的释读当中，对"襄人"一词或者未做出解释，或者语焉不详，有必要再加以补释。

四川中江塔梁子崖墓M3三室甬道内的胡人图像与榜题

①四川省文物考古研究院、德阳市文物考古研究所、中江县文物保护管理所：《中江塔梁子崖墓》，北京：文物出版社，2008年，第60页图七十；图版六十一。

②四川省文物考古研究院、德阳市文物考古研究所、中江县文物保护管理所：《中江塔梁子崖墓》，北京：文物出版社，2008年，第60页。

四川中江塔梁子崖墓M3三室甬道内雕刻的胡人图像

《中江塔梁子崖墓》考古报告对此的解释为："图像上方有墨书'襄人'，可能为歌舞艺人的称呼，类似于史籍记载中的'眩人''幻人'等。"①笔者认为，如果联系到此墓其他文字榜题综合分析，此处的"襄人"之"襄"，应当为地名之略称，意为来自"襄地之胡人"，具体而言，与东汉时期居于甘青河湟地区的"羌胡"有着密切的关系。

首先，我们从此墓墓主人的身份和家世上看，墓内的壁画和墨书榜题内容反映出其先祖与东汉时期平定羌人的历史事件有关。第一幅壁画上方残存榜题文字："先祖南阳尉，□□土乡长里汉太鸿芦文君子宾、子宾子中黄门侍郎文君真坐与诏，外亲内亲相检厉见怨。□□诸上效颠诸□□□□□

①四川省文物考古研究院、德阳市文物考古研究所、中江县文物保护管理所：《中江塔梁子崖墓》，北京：文物出版社，2008年，第94页。

□，绝肌则骨当□。□父即鸿芦，拥十万众，平羌有功，赦死西徙，处此州郡县乡卒。"东汉时期，对中原王朝构成最大边患的即为西部边疆各地的羌人大起义，如同已有学者指出的那样，虽然此处榜题中的"太鸿芦文君子宾"在史书中无载，但从其"拥十万众，平羌有功"的记载描述中可见，他曾参与了东汉时期平定羌人的大规模起义，而在《后汉书·西羌传》中仅有两次提及平羌用兵十万以上，一是东汉安帝永初元年（107）至元初五年（118），二是东汉顺帝永和四年（139）到冲帝永嘉元年（145），这是平羌作战规模最大的两次，"墨书榜题所记载的事件，大致可以与东汉安帝、顺帝时期相对应"。①

而这两次规模最大的平羌事件，都涉及一个重要的历史地名——襄武。据《后汉书·西羌传》记载，安帝永初四年（110），羌人复攻襄中，攻势猛烈，汉中太守郑勤不听主簿段崇据城坚守之策，出战，"大败，死者三千余人，段崇及门下史王宗、原展以身捍刃，与勤俱死。于是徙金城郡居襄武"。次年，"羌既转盛，而二千石、令、长多内郡人，并无守战意，皆争上徙郡县以避寇难。朝廷从之，遂移陇西徙襄武，安定徙美阳，北地徙池阳，上郡徙衙"。这一举措带有强制性，史载当时迁徙襄武之时"百姓恋土，不乐去旧，遂刈其禾稼，发彻室屋，夷营壁，破积聚"。据唐李贤注："襄武，县名，属陇西郡"。唐李吉甫撰《元和郡县图志》卷三

---

① 四川省文物考古研究院等：《四川中江塔梁子崖墓发掘简报》，《文物》2004年第9期。

十九"陇右道·上"记载："襄武县，本汉旧县也，属陇西郡。隋开皇三年罢郡。"①又据谭其骧先生主编《中国历史地图集》之二《秦、西汉、东汉时期》"凉州刺史部"考证，东汉襄武在凉州刺史部陇西郡东南（今甘肃省陇西县与漳县之间），②较之东汉金城郡（今甘肃永靖西北）、陇西郡郡治（今甘肃临洮县）已大大南移，可见为避羌人兵锋，襄武成为当时这一地区东汉政权向南退守的重要据点之一，在东汉时期平定羌人起义这段历史上具有特殊和重要的意义。此外，与襄武邻近的另一个地名平襄也可能与之有关。据《后汉书·西羌传》记载，这里也曾是当时羌人攻击的重要城塞。如汉安帝永初二年（108）冬，汉将任尚及从事中郎司马钧曾率诸郡兵与羌人滇零等"数万人战于平襄，尚军大败，死者八千余人"。唐李贤注"平襄属汉阳郡"；谭其骧先生主编《中国历史地图集》考订其位于汉阳郡之西南（今甘肃省通渭县西北），与襄武县相邻近，均为东汉时期羌人起义的主要活动区域。

其次，还可结合当时民族关系的情况再作探讨。塔梁子M3壁画中被榜题为"襄人"的舞者具有明显的胡人形象特征，这一点已十分明确。但是对于他们具体的种属却有不同的看法，已有学者提出他们可能是"湟中月氏胡"，属于早

---

① 〔唐〕李吉甫：《元和郡县图志》卷三十九·陇右道·上，北京：中华书局，1983年版，第983页。

② 谭其骧主编《中国历史地图集》第二册，北京：中国地图出版社，1982年，第57~58页。

期印欧人种，①笔者认为还可作更为具体的分析。从画像提供给我们的信息上看，这类胡人体质特征上明显有别于羌人；而且与东汉汉族统治阶级之间关系也十分密切，这就不能不让我们联系到文献记载当中的"羌胡"。

关于"羌胡"一词的含义，历来学术界也有不同的意见，②笔者这里不做过多展开，在此仅仅围绕壁画涉及的东汉平羌事件中"羌胡"与羌、汉之间的关系略作探索。笔者注意到，在《后汉书·西羌传》中，范晔所称之"羌胡"至少有两种情况，一种是将"羌"与"胡"对举并称，如在论及武帝征四夷时，言称"北却匈奴，西逐诸羌，乃渡河湟，筑令居塞；初开河西，列置四郡，通道玉门，隔绝羌胡，使南北不得交关"。这里所称的"羌胡"，一是指诸羌，二是指匈奴。但另一种情况却是将"羌胡"与诸羌对举，前者在东汉平羌之役当中，常常作为汉军的附属部队参战。例如：和帝永元八年（96），在与羌人迷唐种征战之中，汉阳太守史充代为校尉，"充至，遂发湟中羌胡出塞击迷唐，而羌迎败充兵，杀数百人"。永元九年（97），羌人再犯，"遣征西将军刘尚、越骑校尉赵代副，将北军五营、黎阳、雍营、三辅积射及边兵羌胡三万人讨之"。安帝永初五年（111）秋，"汉阳人杜琦及弟季贡、同郡王信等与羌通谋，聚众入上邽城，琦自称安汉将军。于是诏购募得琦首者，封列侯，赐钱

---

① 谢崇安：《中江塔梁子东汉崖墓胡人壁画雕像考释》，《四川文物》2005年第5期。

② 有关"羌胡"的民族属性问题，可参见笔者收入本书的《汉晋时代河西与岷江上游的"羌胡"辨析》一文。

百万。羌胡斩琦者赐金百斤，银二百斤"。安帝元初元年（114）羌人零昌、号多、当煎、勒姐等大豪共反，"侯霸、马贤将湟中吏人及降羌胡于栲罕击之，斩首二百余级"。顺帝阳嘉四年（135），羌人钟羌良封等犯陇西，"马贤亦发陇西吏士及羌胡兵击杀良封，斩首八百余级，获马、牛、羊五万余头"。顺帝永和四年（139），羌人烧当种那离部反叛，"马贤将湟中义从兵及羌胡万余骑掩击那离等，斩之，获首虏千二百余级，得马骡羊十万余头"。

从上述史料可见，在当时的羌、汉之间，还有一部分被称为"羌胡"的族群存在，他们常被东汉统治阶级所利用，称为"义从胡"或"义从兵"，成为镇压羌人起义的重要力量。但这部分羌胡也时有反叛汉朝、与羌人联合的情况发生。如汉顺帝永和三年（138）羌人烧当种那离部曾"西招羌胡，杀伤吏民"，由此曾引起汉朝统治者的重视，如大将军梁商便向其行为凶残的部属告诫："其务安羌胡，防其大故，忍其小过。"（《后汉书·西羌传》）

文献资料表明，这些被称为"羌胡"的部族主要是当时活动在西北地区的一些胡人部族。如史载汉顺帝永建五年夏（130），"且冻、傅难种羌等遂反叛，攻金城，与西塞及湟中杂种羌胡大寇三辅，杀害长吏"。这里所称的"湟中杂种羌胡"，有时也被直接称之为"湟中诸胡"或"湟中胡"。如《后汉书·西羌传》记载，汉和帝永元十二年（100），羌人迷唐部因怀疑汉将诱其出塞，"遂复背叛，乃胁将湟中诸胡，寇钞而去"。汉桓帝建和二年（148），"白马羌寇广汉属国，杀长吏，是时西羌及湟中胡复畔为寇，益州刺史率板楯蛮讨破之"。被称为"湟中诸胡"或"湟中胡"的胡人具体的族属，则有卢水胡、月氏胡等不同的支系。如汉明帝永平十六年（73）"（窦）固与（耿）忠率酒泉、敦煌、张掖甲卒及卢水羌胡万二千骑出酒泉塞"。汉和帝永元十二年秋，当羌人迷唐部攻金城，金城太守侯霸"及诸郡兵、属国湟中月氏诸胡、陇西牢姐羌，合三万人，出塞至允川，与迷唐战"。

一个值得注意的特点是，这些胡人部族早在羌人发动大规模起义之前，便早已在湟中地区定居，并且已经改变其"逐水草迁徙"的游牧部族生活习性，往往依附于汉王朝，并与汉人、羌人等杂处共居。早在东汉王朝之初，班彪曾于光武帝建武九年（33）上言称："今凉州部皆有降羌、羌胡，被发左衽，而与汉人杂处，习俗既异，言语不通，数为小吏黠人所见侵夺。"（《后汉书·西羌传》）这些胡人部族与羌人之间也时有矛盾冲突。如建武中元元年（56），羌人烧何豪之妇比铜钳便"时为卢水胡所击"（《后汉书·西羌传》）。在中原王朝危弱之时，这些胡人也与羌人诸种联合反叛举义，如汉灵帝中平元年（184），"北地降羌先零种因黄巾大乱，乃与汉湟中羌、义从胡北宫伯玉等反，寇陇右"。这种情况以湟中胡人当中的月氏胡最具代表性。因此范晔在《后汉书·西羌传》中专有对此种胡人来历的一段描述：

　　湟中月氏胡，其先大月氏之别也，旧在张掖、酒泉地。月氏王为匈奴冒顿所杀，余种分散，西逾葱岭。其羸弱者南入山阻，依诸羌居止，遂与共婚姻。及骠骑将军霍去病破匈奴，取西河地，开湟中，于是月氏来降，与汉人错居。虽依附县官，而首施两端。其从汉兵战斗，随执强弱。被服饮食言语略与羌同，亦以父名母姓为种。其大种有七，胜兵合九千余人，分在湟中及令居。又数百户在张掖，号曰义从胡。中平元年，与北宫伯玉等反，杀护羌校尉泠徵、金城太守陈懿，遂寇乱陇右焉。

结合上文中对"羌胡"特征的分析来看，笔者认为湟中月氏胡应当是"羌胡"当中主要的成分之一。我们注意到，在《史记》《汉书》当中并无"羌胡"之称，或许正是因为这些南迁的大月氏人与羌人通婚杂处，可能在语言、生活习俗方面与诸羌逐渐接近，所以晋代以来的史家如《华阳国志》的作者常璩、《后汉书》的作者范晔等人才首次将这类胡人部族称之为"羌胡"，以有别于过去史书当中提及的单一民族"羌"与"胡"。但在体质特征上，他们却仍然可能保留自身的容貌特征。

综上所论，既然襄武和平襄等地在东汉羌人大起义这一历史事件当中是具有重要战略地位的重镇，那么其中的居民成分可以推测既有汉人，也应当有"与汉人错居、依附县官"的"羌胡"在内。这些羌胡既然可以以"义从胡"的身份"从汉军战斗"，在平时也完全可能为当地汉族统治者服务，在日常生活当中充当为其歌舞助兴、服侍起居的角色。中江塔梁子M3墓主的先祖曾为"南阳尉""鸿芦拥十万众平羌", 其身份等级和经历都有可能与当地"羌胡"部族密切接触, 并将其纳入统治之下, 因此壁画榜题中将这类胡人标明为"襄人", 很可能是M3的墓主人对其先祖生前真实生活情景的回忆与再现, 施工的工匠除了在画像上十分明确地刻画出胡人的相貌特征之外, 还特别墨书"襄人"二字以表示这类"羌胡"的原居留地是来自具有历史意义的襄武或平襄一带, 或许正是墓主人为了再现其先祖在平定羌人起义的这段历史, 从而选取某些情景和生活片段作为"历史记忆"。

"西南夷"与南方丝绸之路

　　中国西南地区在祖国自然地理环境中是一个独特的单元，其西部为"横断山脉地区"，即沿青藏高原东南缘的西藏东部和四川、云南西部一带，山脉、河流均呈南北走向，形成闻名于世的高山峡谷地带；北部以东西向的、被称为"中国南北分水岭"的秦岭为界，与八百里秦川互为南北；东北部的大巴山系将西南与中原阻隔，东面的巫山、沅水、乌江等重重障碍，削弱了其与东邻江汉平原等的联系；南面与中南半岛接壤。这样一个相对封闭的地理单元，地跨中国地势的一、二两级阶梯，境内河流纵横，地形多样，孕育出复杂多样的民族及文化。

　　战国秦汉时期，中国西南地区属于"南夷"和"西夷"的范畴，①学者们往往统称为"西南夷"。这一块区域的民族构成十分复杂，最为经典的历史文本首推司马迁《史记·西南夷列传》的记载："西南夷君长以什数，夜郎最大；其西靡莫之属以什数，滇最大；自滇以北君长以什数，邛都最

---

　　①有关"南夷"和"西夷"的划分，可参见童恩正《古代的巴蜀》，成都：四川人民出版社，1979年，第86~105页。

大：此皆椎结，耕田，有邑聚。其外西自同师以东，北至楪榆，名为嶲、昆明，皆编发，随畜迁徙，毋常处，毋君长，地方可数千里。自嶲以东北，君长以什数，徙、筰都最大；自筰以东北，君长以什数，冉駹最大。其俗或土著，或移徙，在蜀之西。自冉駹以东北，君长以什数，白马最大，皆氐类也。此皆巴蜀西南外蛮夷也。"司马迁的描述，给了我们今天认识古代西南民族一个基本的体系。童恩正先生即根据这段描述，将巴蜀之外的"西南夷"划分为滇、夜郎、邛都、昆明、徙、筰都、冉駹七大系统。①公元前4世纪末，秦灭巴蜀，巴蜀地区率先开始了与中原文化融合的过程，至迟在西汉中期以前，巴蜀文化与中原文化的融合已经基本完成，在中原人士的心目中，已不把巴蜀地区视为"徼外蛮夷"，但在此之前，巴蜀也仍然包括在"西南夷"的范畴之内。②所以本文讨论的"西南夷"是一个相对于汉文化系统的广义的概念，也包括了巴蜀在内。

"西南夷"对南方丝绸之路的开凿，曾经起到过重要的历史作用，这些活跃在西南边疆的古代族群早在汉王朝势力进入西南地区之前便存在着长期边境贸易的历史，为汉帝国对西南疆土的开拓与治理奠定了最初的基础，也为汉朝版图的扩大铺平了道路，其历史功绩应当载入史册。本文试从以

①童恩正：《近年来中国西南民族地区战国秦汉时代的考古发现及其研究》，《考古学报》1980年第4期。

②直至秦灭巴蜀之际，时人仍视巴蜀为"异类"，如《战国策·秦策》称蜀国为"西僻之国，而戎狄之长也"，《华阳国志》"以张若为蜀国守，戎伯尚强，乃移秦民万家实之"等，可证，类似的例子尚有不少，兹不一一列举。

下几个方面加以论述。

一、"西南夷"是南方丝绸之路最初的开拓者

汉帝国西南地区的边境贸易最初的承担者并不是来自中原的商贾，而是"西南夷"。在《史记·大宛列传》中记载，张骞从西域归来以后向汉武帝报告说："臣在大宛时，见邛竹杖、蜀布。问曰：'安得此？'大夏国人曰：'吾贾人往事之身毒。'身毒在大夏东南可数千里。其俗土著，大与大夏同，而卑湿暑热云。其人民乘象以战，其国临大水焉。"所谓"邛竹杖"和"蜀布"这类物品从名称上看其产地应与"西南夷"部族当中的"邛都"和"蜀"有关，至于其究竟为何种土特产品学术界目前还有不同看法。有一种意见认为，邛竹杖不一定产自蜀地，因为在印度西北部有各种各样的野生竹子，有可能产自印度本土；如果"蜀布"是棉制品的话，也有可能是印度制造的，因为印度在中国之前很久就已经有棉布了。[①]笔者认为这种说法的可疑之处在于：如果这些土特产品不是产自中国西南而是产自印度的话，那就毫无必要在前面标上"邛""蜀"这样的地名标识。已经有学者指出，以蜀布为例，"布"一词不一定就是指棉布或者丝绸这类材料，认为蜀布很可能是用木棉而不是用普通的棉制成的，而且它盛产于"西南夷"部族控制的云南哀牢

---

①参见 Schuyler Cammann 对 P.C. Bagchi "India and China: A Thousand Years of Cultural Relations" 的评论, The Far Eastern Quarterly, p.58，转引自余英时《汉代贸易与扩张》，上海：上海古籍出版社，2005年，第97页。

（后称永昌）。①任乃强先生主张蜀布是"当时特产的苎麻布"②。饶宗颐先生则进一步分析指出在当时"西南夷"区域内拥有各种独具特色的织物：氐镾、蜀细布与哀牢桐花布（木棉布）都有可能成为远销海外的名特产品，对于其为何被称为"蜀布"，饶宗颐先生认为这是由于汉初由蜀的商贾们从哀牢区购出，然后再贩运往各地，"人只知为蜀贾所卖，故称之为蜀布"，③相对而言这大概是一个合理的解释。不过，近年来在四川广汉三星堆遗址新发现的六个祭祀坑的考古发掘清理中，采用了高科技手段从坑内发现了大量丝绸的残痕以及丝绸动物蛋白，同时还在六十多件青铜器的表面发现了使用丝绸的痕迹，不排除司马迁所记载的"蜀布"，极有可能就是丝绸这种可能性。④

既然邛竹杖和蜀布能够通过身毒远销大夏，那么其间定有民间贸易通道存在。而活跃在这些民间贸易通道上的商人，往往都是"西南夷"部族的商贾。据《史记·西南夷列传》记载："秦时常頞略通五尺道，诸此国颇置吏焉。十余岁，秦灭。及汉兴，皆弃此国而开蜀故徼。巴蜀民或窃出商贾，取其筰马、僰僮、牦牛，以此巴蜀殷富。"童恩正先生

---

①转引自余英时《汉代贸易与扩张》，上海：上海古籍出版社，2005年，第97页。

②任乃强：《中西陆上古商道——蜀布之路》（上篇），《文史杂志》1987年第1期。

③饶宗颐：《蜀布与Chinapatta》，[台湾]《历史语言研究所集刊》第45本第4分，1974年6月。

④霍巍：《三星堆文明的资源体系与交流网络》，《清华大学学报》（哲学社会科学版）2024年第1期。

曾经推测，既然秦在此置吏，当然就应当有商业往来，[①]秦灭之后，继之而起的汉代统治者看来也不能完全控制这一地区的民间商贸活动。《汉书·西南夷两粤朝鲜传》记载："南粤食蜀枸酱，蒙问所从来，曰：'道西北牂牁江，江广数里，出番禺城下。蒙归至长安，问蜀贾人，独蜀出枸酱，多持窃出市夜郎。"张骞在西域也得到同样的情报："其西可千余里有乘象国，名曰滇越，而蜀商贾奸出物者或至焉。"从文献所记载的"巴蜀民窃出商贾""蜀贾人窃出市夜郎""蜀商贾奸出物"等语句中可以看出，当时这种边贸活动主要是以民间走私的性质存在，规模不一定很大，但已经形成一定的贸易网络和某些经常性的道路，以"西南夷"中最为富裕的巴蜀为中心，从南北东西不同方向上可以和周边地区相连接。可以设想，这些民间通道在通过"西南夷"不同部族时，可能会采取分段衔接的方式相贯通，从而远至千里之遥。

除此之外，童恩正先生也推测，"从战国至西汉，云南以至中南半岛各族使用的某些精致的手工业品，似乎都是仰给于巴蜀"。[②]

秦汉时期中原王朝势力进入巴蜀和其他"西南夷"地区，也往往利用了"西南夷"早已形成的这些民间通道。巴蜀古史传说记载，秦灭蜀之前，秦王利用蜀王贪图财物的心理，以能便金之"金牛"诱骗其遣使节至秦并引秦人入蜀，

[①] 童恩正：《略论秦汉时代成都地区的对外贸易》，《成都文物》1984年第2期。

[②] 童恩正：《试谈古代四川与东南亚文明的关系》，《文物》1983年第9期。

使得本来具有扼守之险的由秦入蜀道路关隘之秘密尽为秦人所知，秦人最终顺利地通过此道发兵灭亡古蜀国，故后世将此道称为"金牛道"。这一方面固然带有某些嘲讽之意，另一方面却也折射出当时蜀地民间古道被秦人巧为利用的某些真实情况。汉武帝在获知张骞在西域得到的有关蜀布、邛竹杖系由蜀商贾贩卖到身毒的这一消息之后，"因蜀、犍为发间使，四道并出，出駹、出冉、出徙、出邛、僰，皆各行一二千里"（《史记·大宛列传》），可以设想这些汉使节所行之道路亦即应为"西南夷"各部族已经形成的初具规模的民间通道。所以从这个意义而言，"西南夷"应是南方丝绸之路最初的开拓者。

二、考古材料中所见的"西南夷"的对外商贸

"西南夷"的边地对外商贸如前所述，其主要用以交换的产品是蜀布、邛竹杖以及笮马、僰僮、牦牛等物，而他们换回的物品又是些什么呢？由于文献资料阙如，具体的情况已难以知晓，但通过近年来在"西南夷"地区考古发现的一些遗物，我们或许可以从中略为窥知一二。

云南李家山滇王国贵族墓葬中出土的蚀花肉红石髓珠，原产于印度河流域，类似的珠饰曾在新疆和阗、沙雅及云南晋宁石寨山滇文化墓葬中有过发现，李家山墓葬中发现的蚀花肉红石髓珠与石寨山发现的相类，大致作圆柱形，表面侵饰出多道平行线条形带，花纹较为简单，发掘者认为其可能系仿缠丝玛瑙的石脉条纹，与新疆发现的同类珠饰在纹饰和

器形上有所不同，属于一种早期的饰花石珠，并且推测"这些蚀花肉红石髓珠很可能是从印度河流域输入的，而不是用外地传入的技术在当地制作的"①。

云南李家山墓葬中还出土有一件鎏金的铜盒，器身和器盖腹部都铸有凸起的颠倒交错的一道尖瓣纹，类似的器物在云南晋宁石寨山第二次发掘的器物中也曾发现过两件，只是在器形上略有差别，石寨山发现的铜盒盖顶部隆起，上部附有三只小凫或小豹，口缘稍稍向内凹入，圈足下侈较高，表面皆呈水银色，②李家山发现的鎏金铜盒总体风格和石寨山发现的这两件铜盒相似，尤其是器身和盖腹部铸出凸起的颠倒交错的一周尖瓣纹饰的做法几乎完全相同。③由于石寨山的这两件铜盒表面呈水银色，所以研究者推测其可能为鎏银、鎏锡或偏锡所致④，实际上，它们都是一种外来银器的仿制品。在山东临淄西汉齐王墓的陪葬坑中和广州西汉南越王墓中，曾分别出土过一件器形与纹饰都和云南晋宁石寨山、李家山滇王墓出土器物相同的银盒，这类器物在我国过去的出土文物中从未见过。对此孙机、林梅村、赵德云等学者先后做过比较研究，认为这些银器非常特殊，难以纳入我

①云南省文物考古研究所：《江川李家山——第二次发掘报告》，北京：文物出版社，2007年，第233页。

②云南省博物馆：《云南晋宁石寨山古墓群发掘报告》，北京：文物出版社，1959年，第69页，插图二一：1；图版四四：1。

③云南省文物考古研究所：《江川李家山——第二次发掘报告》，北京：文物出版社，2007年，第234页。

④云南省文物考古研究所：《江川李家山——第二次发掘报告》，北京：文物出版社，2007年，第234页。

国铸造工艺自身发展序列，在工艺上是以锤揲法在金属器上打压出凸瓣纹，与公元以前古代中国之用陶范乃至用蜡模铸花纹的传统迥异，这类银器也可称之"筐罍（Phialae）"，原为地中海沿岸巴尔干半岛的古罗马人或伊朗古波斯阿赫美尼德王朝和安息王朝制作使用的，山东和广东出土的银盒有可能是通过海路传入中国的，而云南滇王国墓葬中发现的这几件铜盒则有可能是根据海外这些舶来品仿制而成的，一方面它们保持了古波斯和安息银器采用凸瓣纹的装饰方法和锤揲工艺，另一方面则按照滇王国流行的动物纹饰在器盖上加上了卧兽等动物，器物的质地也不是纯银制作，而是采用在铜器表面鎏银，[①]也有学者认为这种工艺传统"当经陆路从西亚或地中海沿岸传入"[②]。

从"西南夷"地区发现的出土文物来看，很可能"西南夷"对南方丝绸之路的初开至少可以上溯到战国时期。解放前，在成都西北茂汶地区的早期石棺葬中曾发现过一些琉璃珠，对其成分的测定结果表明其为不含钡的琉璃制品，我国战国时期自制的琉璃均属于铅钡玻璃，这种不含钡的钠钙玻璃均是从中亚或西亚输入的。茂汶地区西汉时期的石棺葬中所出的琉璃珠中也有铅钡玻璃制品，童恩正先生认为这些制

---

①孙机：《中国圣火——中国古文物与东西方文化交流中的若干问题》，第139～144页，沈阳：辽宁教育出版社，1996年；林梅村：《汉唐西域与中国文明》，北京：文物出版社，1998年，第316～318页；赵德云：《凸瓣纹银、铜盒三题》，《文物》2007年第7期。

②云南省文物考古研究所：《江川李家山——第二次发掘报告》，北京：文物出版社，2007年，第234页。

品才是中国本土的制品，可能是从成都地区输入西南古代民族的，①这里所称的"西南古代民族"，应当即指古代的"西南夷"部族。

张增祺先生曾经对战国至西汉时期滇池地区发现的外来文物做过观察分析，他认为来自西亚的商品早在战国至西汉初期即有流入云南者，也就是说远在张骞出使大夏之前，西亚和滇王国早已有了接触，西亚文物在滇池地区的出现，就足以说明其间的商道在很早以前就已经通行了。那么，他所举出的属于西亚产品的出土物有哪些呢？这些具有所谓"西亚风格"的遗物又是出自哪些地方呢？按照张增祺先生的看法，以下种类的文物都属于西亚产品：

1. 蚀花肉红石髓珠，出土于江川李家山春秋晚期的第24号墓、西汉中期的晋宁石寨山第13号墓等处；2. 琉璃珠，出土于江川李家山第22号墓；3. 海贝，在晋宁石寨山等滇池区域的"西南夷"墓葬中多有发现；4. 有翼虎错金镶嵌银带扣。此带扣出土于晋宁石寨山第7号墓中，整体形状作盾牌形，扣的四周有穿孔，前端扣针至今活动自如，其正面模压有突起的花纹，为一只带翼的虎，虎的双目还镶嵌有黄色透明琉璃珠，虎全身错有薄金片和镶嵌的绿松石，入土时间约为西汉中期。对于这件器物的产地，学术界曾有不同看法，有的认为系来自古代亚述帝国，也有意见认为其为云南本地产品。张增祺先生从有翼虎图案的艺术构思、形象特征以及

①童恩正：《略论秦汉时代成都地区的对外贸易》，《成都文物》1984年第2期。

嵌有黄色透明玻璃的制作工艺推测其不应当是来自云南本土，也不会来自我国内地，有可能是从西亚地区输入云南的；5.狮身人面像：系出土于晋宁石寨山第13号墓的一件鎏金浮雕铜牌饰，此牌饰背面有矩形纽，正面浮雕两只交股站立的狮子，时代约为西汉中期。[1]除了上述张增祺先生所列各项之外，笔者认为至少还可以补充带柄青铜镜、具有北方草原文化风格的青铜兵器这两项，它们与张增祺先生所列的五项器物一样，其制作风格、器物形制等方面也具有明显的外来文化色彩，笔者曾经在讨论横断山脉地带考古学文化的交流与互动这一问题时有所涉及，[2]此不赘述。

限于本文主要讨论的问题，我们暂且对这些具有明显外来文化特征和遗物的具体产地不做进一步讨论，它们究竟是来自西亚，还是来自中亚，还是来自印度，这个极为复杂的问题我们在本文中不拟展开分析，而只要确认它们的确系外来的商品即可。通过上文中所列举的考古材料，我们至少可以简单地归纳出这样一些特点：其一，它们几无例外地均发现在"西南夷"高级贵族的墓葬中，应当是"西南夷"高级贵族通过民间边境贸易所获得的交换商品；其二，这些商品绝大部分都是供贵族奴隶主享乐夸耀的个人装饰品和具有仪仗性质的兵器等，几乎看不到用于生产活动的工具等生产资料；其三，这些物品的发现与分布地点恰恰可以大致勾勒出

①张增祺：《战国至西汉时期滇池区域发现的西亚文物》，《思想战线》1982年第2期。

②霍巍：《横断山脉地带先秦两汉时期考古学文化的交流与互动》，收入石硕编《藏彝走廊的历史与文化》，成都：四川人民出版社，2006年。

一条从北向南、从西向东的路线，其走向与文献记载的南方丝绸之路的走向也可以大致吻合。

综上所述，我们不难发现，目前发现的有关南方丝绸之路的外来遗物，绝大部分均与"西南夷"有关，这就再次证明了本文前节中所提出的主要论点："西南夷"不仅是南方丝绸之路最初的开拓者，同时也是这条商道上主要的商贾和边地贸易的主要承担者、受益者。

三、"西南夷"民间贸易与汉代官方贸易之关系

秦灭巴蜀之后，中原王朝开始了对"西南夷"地区的开拓与经营，在这片新占领的土地上，秦占领者在成都和成都附近的郫县、临峣（今邛崃）等地筑城，逐步形成了以成都为中心，包括成都周邻地区的一个商业、手工业中心，其中成都、郫县、雒县（今广汉）主要生产纺织品及铜器、漆器，而临邛则主要生产铁器。从中原入蜀的汉人豪族大姓为商业利益所驱使，也纷纷加入有利可图的西南边贸当中。这种情况一方面有利于对原来规模有限的民间边贸通道的进一步开拓，为逐渐形成的秦汉以后的官方商贸通道——正式意义上的南方丝绸之路创造了更多条件；但在另一方面，也造成"西南夷"民间边贸与秦汉王朝官方贸易之间出现复杂的局面。

从秦汉官方而言，为了有效地控制新开辟的西南边疆，必须有效地建立起体现中央王朝政治权势的、以朝贡体制为

核心的官方贸易系统，其对外贸易的主要产品则是丝绸、盐、铁等，其中既有像丝绸之类的奢侈品，也有盐、铁等生活与生产资料，与"西南夷"民间边境贸易在规模、品种上都迥然有别。

从战国至两汉，成都的织锦不仅已经行销全国，而且在汉代与西域各国的贸易中，成都生产的织锦常常作为对西域各国的赏赐之物而频频发现于沙海绿洲之间。如新疆吐鲁番阿斯塔那—哈拉和卓古墓群中，曾发现大量精美的丝绸制品，研究者认为其中包含有部分蜀锦，其时代从南北朝至唐，虽然其年代较为晚近，但我们可以由此推测蜀锦行销西域当有更为久远的历史。①丝绸这类物品在汉王朝与周边各国和地区形成的"朝贡"体制中，具有特殊的意义，常常作为汉帝国赏赐给外国或"四夷"的珍奇物品，从某种意义上而言是国家礼仪的承载之物，笔者认为蜀地的丝绸与"西南夷"民间边贸中的"蜀布"可能即为一物，是汉代官方贸易以及民间商贸的主要品类之一。

此外，铁器也是汉代官方贸易的主要产品之一。据《史记·西南夷列传》的记载，秦汉时代的临邛（今邛崃）曾是中国西南铁器生产的重镇之一，除了向国外销售之外，同时也向"西南夷"销售。据童恩正先生研究，约当战国至秦这一时期，铁器已经出现于越南红河三角洲和泰国的东北部，这些铁器很可能是从临邛向外输出的，因为与中南半岛相接壤的广西、云南，迟至西汉仍不产铁，汉代实行盐、铁专

---

①武敏：《吐鲁番出土蜀锦的研究》，《文物》1984年第6期。

卖，但邻近的交趾之合浦、郁林、牂牁、僰、益州等诸郡均未设铁官，证明其并不产铁，所以其来源只能向北追溯到西南境内的临邛。西汉时期，临邛一带来自中原的汉族大商贾也将向"西南夷"倾销铁器作为其重要的商贸手段。如西汉时程郑氏"亦冶铸，贾椎髻之民，富埒卓氏，俱居临邛"；卓氏"即铁山冶铸，运筹策，倾滇蜀之民"（《史记·货殖列传》）。近年来，在临邛以南沿南方丝绸之路各地考古发现大量铁农具、工具等，便是有力的物证。[①]

　　在这种背景之下，官方贸易的兴起与"西南夷"原有的民间边贸之间既有互为补充的客观效果，也有随之而起的利益冲突。这里，笔者有必要举出《史记·大宛列传》中的一段记载略加分析。当张骞提出通过"西南夷"打通向西域道路的建议时，"天子欣然，以骞言为然，乃令骞因蜀、犍为间发使，四道并出，出駹、出冉、出徙、出邛、僰，皆各行一二千里。其北方闭氐、筰，南方闭嶲、昆明。昆明之属无君长，善盗寇，辄杀略汉使，终莫得通。然闻其西可千里有乘象国，名曰滇越，而蜀贾奸出物者或至焉"。这段史料中所提到的"滇越"，已有学者研究认为就是东印度的阿萨姆。前文中笔者曾经谈到，汉使节向四面遣发，显然应当是利用了过去"西南夷"边贸的故道，但遭到"西南夷"强烈的反抗，甚至不惜以"杀略汉使"来达到其阻止汉使前往的目的。究其原因，一方面固然可能与不同文化之间的矛盾和

　　①刘弘：《巴蜀文化在西南地区的辐射与影响》，《三星堆研究》第二辑，北京：文物出版社，2007年。

冲突有关，但更为深层的原因或许如同余英时先生所分析的那样，也与商业利益的冲突有关。这里，笔者不妨将余英时先生对此所作的分析转录如下：

在这段有意思的文字（笔者按：指上文中司马迁《史记·大宛列传》）中，有两点与我们的讨论有关，应该强调。第一，汉朝的使者不能抵达他们的目的地，不是因为道路不存在，而是因为他们受到四面八方众多西南夷的封锁。第二，尽管他们无法完成使命，但汉朝使者也发现了一些关于印度—缅甸—云南贸易通道的情况。遗憾的是，不知道为什么阻止汉朝使者使用这条通道对于蛮夷人来说如此重要。根据其有效性和普遍性二者判断，这种封锁看起来像是有预谋、有组织的行为，而不能理解成仅仅是蛮夷人原始的残暴行为。不过，根据前面的讨论我忍不住想冒昧做出这样的猜测，即西南夷有意识地封锁汉朝使者，可能是因为他们担心汉朝政府对贸易通道的干预和控制会不可避免地剥夺他们现在有利可图的对外贸易中所享有的特权地位。如此一来，这种封锁就很好理解了。出于同样的心理原因，安息商人采用欺骗的手段阻止汉朝使者与罗马帝国建立直接的联系……①

---

①余英时：《汉代的贸易与扩张》，上海：上海古籍出版社，2005年，第99页。

笔者认为，余英时先生所做的这种推测应当是可信的。在关于从云南经缅甸通向印度这条道路的真实性上，很显然汉使者并未能亲自加以验证，而只能通过时常"奸出物"的"西南夷"蜀商贾之口得到一些关于"乘象国"滇越或更为遥远的他乡的某些信息。换言之，正是由于"西南夷"的强烈抵抗，最终使得雄才大略的汉武帝打通南方丝绸之路的计划流产，致使至今我们无法找到汉代官方开通南方丝绸之路的直接证据。虽然我们从文献和考古材料上还无法直接证明具有官道性质的南方丝绸之路曾经全线贯通，但是通过上文的讨论我们仍然可以推测，由"西南夷"各部族通过民间边贸形成的非官方通道，却是有可能一段一段地、间接地将中国西南边疆与滇、缅、印通道加以衔接，从这个意义而言，也再次证明"西南夷"对于南方丝绸之路这条古道的形成所做出的历史贡献。

　　我国西南地区战国秦汉以来的考古发现还提供给我们一个对于本文的讨论极为有益的观察空间：近年来，在我国西南各地相继调查发现了一批可能属于"西南夷"部族的墓葬，如岷江上游、青衣江、大渡河流域的石棺葬，安宁河流域的大石墓，夜郎和滇王族的墓葬等，[①]从中反映出的一个普遍现象是，从战国至两汉时期，这些"西南夷"系统的墓葬随葬器物大多从西汉晚期开始发生了一个重要的转变，在此之前墓葬中的随葬器物多为"西南夷"系统的器物，而从

---

　　①童恩正：《近年来中国西南民族地区战国秦汉时代的考古发现及其研究》，《考古学报》1980年第4期。

西汉末年至东汉初年，纯粹的具有汉代中原文化风格的器物比例不断增加，逐渐占据了主导地位，其中如中原式样的铜印、铜镜、铜灯、铜扣、漆器、铁器等数量不断增加，这充分说明随着中原王朝对"西南夷"地区统治力度的不断加大，来自中原文化的影响也在不断强化。余英时先生对这一现象曾经作出过一个判断"至少这些汉朝风格的遗留物有很大一部分肯定是通过贸易的方式从中原带到西南夷的"[1]。

然而，汉势力的进入，看来并没有立即阻断"西南夷"固有的贸易系统，这里，笔者仅选择云南江川李家山第二次发掘的墓葬为例略作分析。江川李家山第二次发掘的大型墓葬均为西汉王朝在云南设置郡县以后埋葬的滇王国贵族墓，这些墓葬从西汉乃至东汉初期，虽然出有铜镜、铁剑、铜弩机、漆器等中原传入的"汉式"器物，并且随着时间的推移和汉王朝统治日益加强而不断增多。但是，墓中随葬器物的主体，还是以铜鼓、铜贮贝器、铜仪仗兵器、铜工具、铜农具、各形铜扣饰、铜钏、玉镯、玛瑙珠、玛瑙扣、绿松石珠、绿松石扣、"珠襦"等组成的滇族传统文化器物为主，这个特点一直延续到东汉前期，虽然随着汉文化日渐增强，这种土著文化色彩不断衰弱，但并没有因为这一带汉代郡县制度的推行而迅速消失。[2]这个现象说明，即使是在汉文化的强势统治之下，滇族贵族仍然拥有较高的社会地位和经济

---

①余英时：《汉代的贸易与扩张》，上海：上海古籍出版社，2005年，第100页。

②云南省文物考古研究所：《江川李家山——第二次发掘报告》，北京：文物出版社，2007年，第233页。

地位，还可以继续享有使用滇族传统文化器物随葬的特权，同时也还可以说明，来自"西南夷"边境贸易的物品即便是在汉代在这些地区建立郡县制度之后，在一个时期内仍然流行不衰。

上述史实一方面清楚地展示了中原与"西南夷"之间的贸易关系，另一方面也表明，随着历史的发展和"西南夷"地区逐渐被纳入中原文化体制，汉代中原王朝对"西南夷"地区的官方贸易在这一地区经济中所占的比重也在不断加大，双方可能经过一个时期的相互斗争，此起彼伏，此消彼长，直到东汉中期以后，中原汉王朝的官方贸易才最终完全取代了"西南夷"的边境民间贸易，形成东汉以后西南边疆边境贸易新的历史格局。

四、结论

总结本文的主要论点，笔者认为汉代的"西南夷"对于南方丝绸之路的开凿曾经起到了重要作用：首先，由于"西南夷"族群众多，其中不乏善于长途迁徙的部族，他们往往纵横千里，活动范围极为广阔，因此成为西南边地商贸活动的主体。他们是南方丝绸之路最初的开拓者，也是西南边境贸易最初的承担者和受益者。其次，"西南夷"各部族不仅是我国西南边疆对外文化交流勇敢的拓荒者，也正是由于他们长期和持续不断的民间贸易，为汉代中原王朝对西南疆土的开拓与治理奠定了初步的基础，在文献和考古材料方面都留下了丰富的证据。再次，"西南夷"的活动与汉王朝对西南交通路线的开通恰好形成互为补充的两条线索，体现出中央政治体制与西南民间族群在两汉时期围绕"交通西域"形成的互动格局，这个格局的变化与发展状况的深入研究，对我国西南边疆开发与治理史、中外文化交流史等研究具有特殊的意义。

"石门关"下异乡客

——新都东汉崖墓出土题刻与汉代的四川移民

2002年，四川省成都市新都区三河镇互助村抢救性地发掘了一批东汉时期的崖墓，其中第三号墓是一座由墓道、墓门、甬道、前室、中室、后室和侧室构成的多室墓，墓门为双层门框，以双扇石门封门，石门皆以整块青石凿成，每扇石门高1.91米，宽1米，厚0.145米，在右门的背面发现刻写的题铭，共计74字，上端刻有竖写的隶书"石门关"三字，下端刻出一长方形的框，框内竖刻隶书五行，共56字，经识读为："惟自旧恓，段本东州。祖考俅西，乃徙于慈。因处广汉，造墓定基。魂零不宁，于斯革之。永建三年八月，段仲孟造此万岁之宅，刻勒石门，以示子孙。"在这段题铭的右侧方框外，还另刻有一竖行字："段仲孟八十一以永和三年八月物故。"①考古资料正式公布之后，引起国内学术界的

①有关考古发掘情况可参见成都市文物考古研究所、新都区文物管理所《成都市新都区互助村、凉水村崖墓发掘简报》,《成都考古发现（2002）》，北京：科学出版社，2004年；成都文物考古研究所、新都区文物管理所《成都市新都区东汉崖墓的发掘》,《考古》2007年第9期。

都市新都区三河镇东汉墓
"石门关"石刻拓片

关注，先后有学者对这一题铭的文字和内容进行过考释。① 笔者在前人研究的基础上，拟从秦汉时期的四川移民这个角度，对这座崖墓和墓门上所刻的这些文字再做一些讨论。

一、与新都出土"石门关"性质相类似的汉代题铭

首先有必要指出，新都三河镇互助村东汉崖墓出土的"石门关"题铭在四川地区的考古史上并非孤例。与之性质相类似的汉代墓葬题

铭，也曾在四川成都及其附近地区有过发现。1994年，四川大学考古系张勋燎教授撰文指出，他曾在四川省博物馆内发现其收藏的两块墓门门枋石刻，两石门枋高195厘米、宽27厘米、厚15厘米，两石侧面分别刻有青龙、白虎图像，右枋正面刻字三行，满行长98厘米，31字，共64字。左枋刻字

①魏启鹏：《新都廖家坡东汉崖墓〈石门关〉铭刻考释》，《四川文物》2002年第3期；连劭名：《成都新都东汉墓〈石门关〉铭刻考释》，《文博》2004年第1期。

三行，满行长67厘米，18至20字不等，共40字。

经张勋燎教授释读，其右枋所刻文字为："唯吕氏之先，本丰沛吕□子孙。吕禄，周吕侯。禄兄征过，徙蜀汶山□□□□□□□建成侯怠征过，徙蜀汶山□□东（杜）社造墓藏丘冢，作冢以劝后生。工匠杨顺，子孙。"左枋所刻文字为："兄弟兴盛，进□□宫，拜爵二千石、令、长、丞。继建左师门立阙作冢，以劝后生者。工师杨顺，子孝，寿如金石。"他认为这两块门枋石上的刻文加有剥蚀缺泐，但大部仍清晰可识，文字中虽无纪年，"但从画像和字体风格观察，当属东汉遗物无疑"。①

很显然，四川省博物馆藏的这两块东汉石门枋（以下简称"省博石枋"）所刻文字和新都所出土的"石门关"铭文，都是刻写在东汉时期墓葬的墓门之上，属于建墓者有意为之，意在显示墓主祖先的生平并昭宣于后世，一来祈求死者的亡灵在地下安稳；二来祈求子孙后代兴盛多福，其性质是相同的。细读两墓石刻文字，从行文格式到主要的表述内容也多有相似之处。

例如，石门关首先追忆了墓主的生平来历"惟自旧怅，段本东州。祖考俵西，乃徙于慈"，其大意是说墓主人的祖先是来自"东州"的段氏，从西而行，最后来到汉代的广汉郡定居（汉代新都属于广汉郡）。省博石枋也是开篇便叙述其墓主人的祖先，是西汉高帝吕后（雉）的族侄——周吕

---

①张勋燎、袁曙光：《四川省博物馆藏汉代吕后族人墓葬石刻文字及其相关问题》，四川大学历史系：《中国西南的古代交通与文化》，成都：四川大学出版社，1994年，第107~125页。

侯、吕禄和建成侯吕惫（台），因罪（"征过"）迁徙到蜀地的汶山。

接下来，"石门关"铭文讲叙段氏后裔的段仲孟于东汉永建三年（永建为东汉顺帝刘保年号，永建三年即公元128年）八月在此（广汉郡新都）"造墓定基"，以使死者飘浮不定的灵魂在此得到安宁（"魂零不宁，于斯革之"），希望达到的目的，是使其所营建的墓宅成为"万岁之宅"，以利子孙。而省博石枋也是紧接着描述吕氏之后裔在蜀之汶山"造墓藏丘冢""立阙作冢"，其目的也是企求"以劝后生"，使其封官拜爵，官至"二千石、令、长、丞"，且"寿如金石"。

此外，还有一个特点也和两墓石刻文字内容相关，那就是这两处墓葬都流行东汉时期死者亡灵可以佐护生人的这种思想观念，盛行"聚族而葬"丧葬习俗。与出土"石门关"铭刻的新都三河镇互助村第3号东汉墓（编号M3）同时发掘出土的一共是四座墓（编号HM1～4），魏启鹏先生曾经推测，这处墓地"有可能就是包括了段氏在内的几个家族墓地"①，但因在墓地的其他几座墓中未发现段氏之外其他家族的铭文材料，这个推测还无法坐实。不过，仅就出土"石门关"的M3而言，从考古出土材料也可以肯定是一处段仲孟生前预建的墓宅，在永和三年（永和也为东汉顺帝年号，三年即公元138年）八月，也就是八十一岁的段仲孟在其生

113

---

①魏启鹏：《新都廖家坡东汉崖墓〈石门关〉铭刻考释》，《四川文物》2002年第3期。

前预建了这处墓宅的十年之后，不仅他本人葬进了这座墓宅，在其先后葬入的还不止他一个人。据考古发掘报告，这座墓葬是一座由墓道、墓门、甬道、前室、中室、后室和侧室构成的多座墓，在墓的前室西南部放有一具陶棺，中室西部也放有一具陶棺，另在前室西侧东南部还放有一具画像石棺，只是遗憾的是，报告中没有提及人骨的情况，我们不知道这几具棺内是否葬有不同性别、不同年龄的死者，所以也无法确定他们与段仲孟之间的关系。但是，发掘者根据"石门关"文字材料推测，墓中的画像石棺可能为段仲孟的葬具，而其他陶棺的存在，"说明此墓的使用时间较长"，①我的理解是作者这句话的意思也可转译为"葬入的死者至少不止段仲孟一人"，结合墓中同时发掘出土多具棺材来看，表明M3也应是一座东汉时期的多人合葬墓。

省博石枋原来的墓葬因为缺乏考古出土背景材料，信息极少，但张勋燎教授从石枋刻文上有"立阙作家"以及"工师杨顺，子孝"等情况推测："第一，石刻所在的墓葬原来在地面还另有附属的石阙建筑，规模巨大，宏伟壮观。其次，此墓建筑工程是由当时政府工官机构负责人经办完成。"②如果这个推测可以成立的话，那么我们可以进一步设想，这处吕氏后人的墓葬地面建有石阙，规模很大，很可能

①成都文物考古研究所、新都区文物管理所：《成都市新都区东汉崖墓的发掘》，《考古》2007年第9期。

②张勋燎、袁曙光：《四川省博物馆藏汉代吕后族人墓葬石刻文字及其相关问题》，四川大学历史系编：《中国西南的古代交通与文化》，成都：四川大学出版社，1994年，第107~125页。

也是一处东汉时期以"家族合葬"为特征的多人合葬墓。

　　与上面两例刻写在石门和石门枋上的东汉崖墓题铭性质十分相近的考古出土资料，还可举出另一个例证，即四川中江县东汉塔梁子崖墓群中的第三号墓。中江塔梁子崖墓群共清理了九座崖墓，已先后公布发表了调查简报与正式的考古报告。① 这九座崖墓中，编号为M3的一座崖墓规模最大，有前后多个主室和侧室，在墓内发现了壁画及榜题。根据墓葬形制、规模以及出土器物，可以判定其为一座东汉时期的墓葬。墓内第三室第一幅壁画上方，残存有墨书的榜题文字："先祖南阳尉，□□土乡长里汉太鸿芦文君子宾、子宾子中黄门侍郎文君真坐与诏，外亲内亲相检厉见怨。□□诸上敞颠诸□□□□□，绝肌则骨当□。□父即鸿芦，拥十万众，平羌有功，赦死西徙，处此州郡县乡卒。"有关M3内的壁画榜题，已有学者结合壁画内容、墓内画像等做过一些考释，② 很显然，这也是一处墓主人先祖从北方中原地区因获罪"赦死西徙"迁徙流放到此之后，由其后世所营建的东汉墓地。虽然这组文字所在的位置不是刻写在崖墓的石门和门枋上，而是采用墨书的方式题写在墓室之内的壁画上方，但文字内容也是追述墓主先主的生平，纪念和缅怀其功绩，和

---

①发掘简报刊于《文物》2004年第9期；考古报告参见四川省文物考古研究院、德阳市文物考古研究所、中江县文物保护管理所《中江塔梁子崖墓》，北京：文物出版社，2008年。

②可参见王子今、高大伦《中江塔梁子崖墓壁画榜题考论》，《文物》2004年第9期；宋治民《四川中江塔梁子M3部分壁画考释》，《考古与文物》2005年第5期；谢崇安《中江塔梁子东汉崖墓胡人壁画雕像考释》，《四川文物》2005年第5期；霍巍《襄人与羌胡》，《文物》2009年第6期，等文。

新都"石门关"以及省博石门枋上的刻文性质有相近之处。

综上所述，新都"石门关"题铭的出土，结合既往的考古发现，再次证明了四川汉代崖墓所出土的这些文字材料当中，包含着极其丰富的文化内涵，尤其对于帮助我们认识墓主的身世来历，以及相关的交通线路、丧葬习俗等问题，都有着重要的学术价值，值得做更为深入的研究。

二、墓葬题铭与汉代巴蜀地区的移民

"石门关"和上举其他两例四川汉代墓葬题铭材料当中，反映出一个重大的问题，即墓主人的先祖都不是四川当地的土著，而是从东方或北方西迁至蜀的"异乡之客"，折射出历史上四川古代（尤其是秦汉以来）中原地区向巴蜀移民的一个宏大背景。

秦汉时代，随着巴蜀地区进入中原政治版图之后，秦代中央王朝一个重要的举措，是大规模地向这块新开拓的疆土实行移民。早在秦始皇初灭六国，便迁徙天下富豪十二万户到咸阳，另一部分则迁徙到巴蜀地区，甚至将蜀西北方向的氐、羌族首领也移至蜀地。据《华阳国志·蜀志》记载："周郝王元年（前314），秦惠王封子通国为蜀侯，以陈壮为相。置巴郡，以张若为蜀国守，戎伯尚强，乃移秦民万家实之。"同书又记："然（秦）惠文、始皇克定六国，辄徙其豪侠于蜀，资我丰土。"《太平御览》卷166引《蜀记》也载："秦灭楚，徙楚严王之族于此，故谓之严道。"《三国志·蜀书·吕凯传》吕凯条下引孙盛《蜀世谱》记载："初，秦徙吕不韦子弟宗族于蜀汉。汉武帝时，开西南夷，置郡县，徙吕氏以充之，因曰不韦县。"

汉承秦制，也向巴蜀和"西南夷"地区大举移民，实行"迁徙豪强"的政策，见于文献记载的有两次，但最后是否真正成为事实不得而知。[1]上面举出的包括新都"石门关"在内三例东汉墓葬中的题铭文字，其重要意义和史料价值在于，这是以具体、可靠的考古材料，确证了汉代迁徙罪犯和"豪杰"于蜀地的事实，并且还提供给我们一些文献不载的细节。从总体上看，汉王朝向蜀地的移民至少可以分为两种类型：第一类，是带有流放、惩罚性质的移民，如省博石枋和中江塔梁子崖墓的先祖，都是因为犯罪而被强行迁徙；第二类，是非惩罚性质的移民，但往往也与"豪杰""豪强"之类具有一定势力的大家族有关，或许带有一定的强制性，如新都"石门关"崖墓的先祖大概就属此类。

第一类情况如省博石枋刻文中所见的墓主人先祖，即文中提到的"吕禄""周吕侯""建成侯"等，都是文献记载西汉吕后家族诸吕的姓名和封号，张勋燎教授对此已做过十分详细的论证，兹不赘述。这是目前所见汉代因犯罪（"征过"）而被流放四川的汉代移民中地位品级最高的一例。据《史记》和《汉书》的记载，吕后（雉）因其父兄跟随汉高祖刘邦在创建汉王朝的过程中均有大功，故她本人成为高后，吕氏族人也皆受爵禄。在汉高祖去世之后，吕后曾专政

----

①张勋燎、袁曙光：《四川省博物馆藏汉代吕后族人墓葬石刻文字及其相关问题》，四川大学历史系编：《中国西南的古代交通与文化》，成都：四川大学出版社，1994年，第122页。

一时，吕氏家族随之势力显赫，但很快被汉高祖旧臣联合汉军将领诛灭。如同张勋燎教授所言，在省博石枋刻石中所记吕禄兄弟和建成侯吕㤤等"征过徙蜀汶山"之事在传世文献中并不见诸记载，但"此石刻虽为东汉遗存，但为吕㤤和吕禄兄的子孙追叙先人世系、封爵、名字，所据乃家传族谱资料，且系汉刻原石，距史事发生之时未远，非若史书之为族外人叙记，又历经辗转传录翻刻易成颠倒错乱者可比"[①]。因而此石所刻文字所记载的史实不仅可信，而且具有很高的史料价值。

中江塔梁子东汉崖墓群三号墓墓主的先祖，也属于因罪而流放、迁徙到蜀地的汉代高级官吏。墓内的墨书题铭中称其先祖曾做过"南阳尉"，后世还有人做过"汉太（大）鸿芦""中黄门侍郎"等官吏，墓主人的父辈又继大鸿芦位，曾经"拥十万众，平羌有功"，看来是东汉时期平定所谓"羌乱"中带过兵的首领，后犯死罪但因功获免，被流放到西蜀，最后老死异乡，被安葬于蜀地的"州郡县乡"。东汉时期的太（大）鸿芦一职，是主国内少数民族事务和外交事务的最高官员，其所犯何罪不得而知，但被免于一死之后，仍被流放到蜀地，这和文献中秦汉时代常常将犯罪的贵族、高官和所谓"豪强"之属流放蜀中的历史记载是吻合的。如《华阳国志·南中志》记载："晋宁郡，本益州也。元鼎初属牂柯、越巂。汉武帝元封二年，叟反，遣将军郭昌讨平之，

---

①张勋燎、袁曙光：《四川省博物馆藏汉代吕后族人墓葬石刻文字及其相关问题》，四川大学历史系编：《中国西南的古代交通与文化》，成都：四川大学出版社，1994年，第117页。

因开为郡，治滇池上，号曰益州……汉乃募徙死罪及奸豪实之。"

新都出土"石门关"所在墓葬中的死者的先祖，从石门上的刻文中未见其有因犯罪被迁徙的记录，与前述两例墓葬死者的先祖情况有所不同，可能属于被迁徙的"豪强"或自发性移民一类。从"石门关"刻文中"惟自旧怅，段本东州。祖考俟西，乃徙于慈"这段文字来看，其先祖原籍"东州"，由西迁徙而来。这里所讲的"东州"，有学者引《后汉书·皇后纪上》："东州饥荒"条下李贤注，认为是特指北方青州之北海国一带；又引《后汉书·郑太传》称"东州郑玄学该古今"条下李贤注云："玄，北海人（郑玄古乡高密属北海国），故云东州。"因而主张"东州即指北海一带，乃战国时田齐疆土"[1]。笔者认为，此处的"东州"，显然是一个泛指，广义上是指位于川西平原以东的中原或所谓"河东"地区，不一定确指某个具体的地点。与之情况较为接近的是四川郫县出土的另一方东汉时期的碑刻《王孝渊碑》，这块碑刻上记载了王孝渊先祖的来历："永初二年七月四日丁已，故县功曹椽□□孝渊卒。呜呼！□孝之先，元□关东，□秦□益，功烁纵横，汉徙豪杰，迁□□梁，建宅处业，汶山之阳。"[2]碑文中所言的"关东"，也是一个泛指，并非具体的地点，但显然是泛指中原之关东地区。两者之间唯有不同者，是段氏未见被称为"豪杰"，而王孝渊家世显为汉代

119

①魏启鹏：《新都廖家坡东汉崖墓〈石门关〉铭刻考释》，《四川文物》2002年第3期。

②谢雁翔：《四川郫县犀浦出土的东汉残碑》，《文物》1974年第4期。

之"豪杰"。秦汉时期迁蜀的"豪杰"或"豪强",通常都是当地具有一定势力的富商大贾或者世家豪族,他们具有的一个共同的特点往往都是生前"聚族而居",死后"聚族而葬",前文中我们曾分析了"石门关"所在的东汉墓葬中"段氏"因为也具有这个丧葬习俗上的特点,所以笔者推测死者先祖"段氏"的身份地位大约也不是一般的平民,很有可能也是具有一定身份等级的大族之家,作为汉代迁徙"豪杰"或"豪强"的举措而被迁至新都定居的可能性很大。

三、从"石门关"石刻看四川汉代移民的分布与迁徙路线

"石门关"石刻的考古发现,还提出了一个值得关注的问题,即这些来自异土他乡的移民进入四川盆地之后,其分布情况如何?是否可以从中大体窥见其迁徙的路线?

罗二虎教授认为,秦代的移民因为秦在川西平原上依秦制建立有成都、郫、临邛等三座城邑,因此推测当时的秦移民应主要居住在这个三角地带及其周围地区,南边可能还延伸至今四川乐山市和峨眉山市一带。进入西汉,移民的分布范围已经扩大到川中地区和川南、川东的长江沿岸地区。东汉以后,其分布已遍及四川盆地和汉水谷地。[①] 如按这一规律,似乎这些中原的移民是首先进入蜀地的中心区域,然后

①罗二虎:《秦汉时代的中国西南》,成都:天地出版社,2000年,第75~76页。

再向四方的边远地区逐渐扩散。但是，从上述东汉墓葬中所出土的题铭文字来看，不排除也有另外一种可能性存在，即这些中原移民首先是被安置于远离成都的边远地区，然后经历数代人的发展之后，才逐步进入成都平原的腹心地带。

从碑铭文字所反映出的情况来看，被迁徙到蜀地的中原罪犯和"豪强"之家，最初似多被安置在距离成都较为偏远之地，笔者推测，这一来可能是为了保证首府成都的政治安宁与稳定，二来也是汉代地方政权有意识地加强对这些"中原来客"的控制，消解其势力和影响之举。如前述省博石枋门上所刻文字表明，吕氏家族最初是"徙蜀汶山"，按照张勋燎先生对此的解释，这个"汶山"，可能指的是汶山郡，也可能如《王孝渊碑》碑文中所说的"汶山之阳"之类的概念，指的是靠近汶山之某地。[1] 而这两个概念无论何者，都位于成都平原北面今茂县、汶川一带。中江塔梁子崖墓第三号墓墓主的先祖，也是定居在中江一带。前文中所引的楚严王之族被迁徙到"严道"，则在今四川雅安荣经。秦灭六国之后从山东和赵国徙蜀的程氏、郑氏和卓氏，后来以冶铁致富，最初也是被迁徙到蜀之临邛，[2] 即今四川邛崃市境，这些地点均距离蜀郡的政治中心成都相对较为偏远。

据考古和历史学界诸多学人的研究，从商代晚期至汉初，秦举巴蜀和统一六国以后向蜀地的移民，主要还是依靠

----

①张勋燎、袁曙光：《四川省博物馆藏汉代吕后族人墓葬石刻文字及其相关问题》，四川大学历史系编：《中国西南的古代交通与文化》，成都：四川大学出版社，1994年，第122页。

②〔晋〕常璩著，刘琳校注：《华阳国志校注》，第225页，刘琳注〔三〕。

从陕西关中地区到川西平原之间的"五尺道""金牛道"（也称为"石牛道"）、"褒斜道"等道路。如宋治民教授所言："从商代晚期至汉初，自关中地区翻越秦岭到达蜀地这条路线是一条便捷的通道，大约在战国时经大力开通，已成为一条交通大道了。"[①]这条路线的走向从现陕西汉中出发，南至四川广元，在此可分为两路：一路沿嘉陵江向西南，在昭化脱离嘉陵江河谷进入剑门关，经剑阁、梓潼、绵阳、德阳、广汉、新都诸县市，最后进入成都；另一路出广元东南，在阆中转盐亭、三台、中江、金堂、新都，然后抵达成都。而从广元至成都的两条支线中的任何一条，都最终要汇合于新都，所以从这个意义而言，新都堪称成都的"北大门"，也是这条南北交通路线上的重要门户。前述中江塔梁子崖墓和新都"石门关"崖墓都是位于这条路线上，暗示出这些来自中原北方地区的墓主人可能也是沿此大道进入蜀地。

而新都段氏，则是在目前所知的有明确记载的东汉碑铭石刻文字中，最为接近蜀地秦汉时期政治、经济、文化中心——首府成都的一例移民资料。从新都"石门关"石刻发现地三河镇互助村的东汉段氏墓刻文中"因处广汉，造墓定基。魂零不宁，于斯革之"这句话可知，在经历了辗转迁徙之后，段氏在广汉郡之新都定居下来，并在此"造墓定基"，使死者灵魂从此得到安宁，为子子孙孙死后合葬于此定下"千秋宅基"，表明其家族已经于此永久性地扎下根

①宋治民：《试论周秦汉时期中国西南交通》，四川大学历史系编：《中国西南的古代交通与文化》，成都：四川大学出版社，1994年，第17页。

来。段氏先祖从北方迁徙到四川之后，最终能够进入成都平原腹心地带定居，和前文所论的吕氏家族后人、中江塔梁子崖墓墓主的先祖、王孝渊碑所载王氏先祖等在蜀地定居的地域相比较，显然情况各异，至于是否与段氏先祖的身世、家境、职业、迁徙原因等具体因素有关，囿于材料有限，就不便多作推测了。

四、结语

综上所述，新都东汉崖墓中"石门关"石刻文字的出土，其意义可以总结为以下三个方面：第一，它是四川地区考古发现的又一例关于汉代向蜀地迁徙移民的考古实物资料，既与过去在四川省博物馆内收藏的另一件汉代墓葬石刻可以相互对照，也和四川中江塔梁子东汉崖墓 M3 墓主人题记内容具有共同之处，反映出汉代中原北方地区向蜀地移民的一些具体情况，并且补充了文献记载所未能体现的某些细节，是有关汉代交通史、移民史的珍贵考古实物资料。

第二，从出土"石门关"石刻的墓地和墓葬情况来看，体现出东汉时期大家豪族生前"聚族而居"，死后"聚族而葬"的丧葬习俗，这一习俗对于汉代四川丧葬文化的影响甚为深远，迄今为止在四川地区发现的东汉崖墓中，多见这一习俗的流行，其源头应当来自中原北方地区，由这些迁徙而来的汉代移民带到西蜀。

第三，"石门关"石刻所在的东汉墓葬出土于四川成都市近郊的新都，是汉代移民中有翔实文字记载的最靠近蜀地政治、经济、文化中心——成都的一地，它位于周、秦、汉以来中原通向蜀地主要的交通要道上的交会之所、最后门户和心腹之地，对认识成都和新都地方史上的"移民文化"及其带来的深远影响，也是颇有价值的。随着今后考古材料的不断发现，历史大轮廓之下的若干细节也会更为丰富。

四川东汉大型石兽与南方丝绸之路

在欧亚文明世界中，大型猛兽的雕刻石像常常镇守在城门和帝陵之前。随着丝绸之路的开通，不仅狮子、大鸟这样的动物传入中国，大型带翼神兽的石像也开始被考古发现，而四川地区就是这类石像颇为集中的发现地点之一。

一

唐人封演在其《封氏闻见记》卷六"羊虎"条下记载："秦汉以来帝王陵前有石麒麟、石辟邪、石象、石马之属，人臣墓有石羊、石虎、石人、石柱之属，皆所以表饰坟垄如生前之仪卫耳。"《宋书·礼志》亦记载："汉以后，天下送死奢靡，多作石室、石兽、碑铭等物。"从考古材料上看，秦汉以来的确有大量墓前石刻可与文献记载相互印证。

北京大学教授林梅村在其《古道西风——考古新发现所见中西文化交流》一书第二编当中，以一组论文专门讨论了秦汉大型石雕艺术源流的相关问题。[1]他在《西汉帝国大型石雕艺术的发展》一文中指出，"汉代大型石雕艺术首先用于皇家宫苑"，但事实上汉代大型石雕并不限于帝王陵墓，还用于其他许多场合，归纳起来可分为五类：第一类为皇家宫苑的石雕群；第二类为帝王和官僚陵墓前的石雕群，第三类为封禅勒铭和地界石；第四类为其他大型石器具。[2]

古代帝陵前列置大型石刻在西汉时代尚不普遍，目前考古发现的陵墓石刻主要集中于汉武帝陪葬墓之一的霍去病墓前，共有十六件，[3]但从其造型看与东汉时期的石人石兽并无直接的渊源关系。从考古发现和金石学著录来看，东汉后期在河南南阳、四川等地开始出现陵墓石兽。河南南阳宗资墓前的两件石兽屡见于文献记载，在《后汉书·灵帝纪》、宋人欧阳修《集古录》、宋人沈括《梦溪笔谈》、宋人赵明诚《金石录》中均可见到，被称为"天禄"和"辟邪"。1959年，这两件石兽于南阳卧龙岗被重新发现，现存于南阳汉画像石博物馆内。[4]此类石兽在洛阳涧西区也有发现，形状均

---

①林梅村：《秦汉大型石雕艺术的起源》，《古道西风——考古新发现所见中西文化交流》，北京：生活·读书·新知三联书店，2000年，第99~111页。

②林梅村：《西汉帝国大型石雕艺术的发展》，《古道西风——考古新发现所见中西文化交流》，北京：生活·读书·新知三联书店，2000年，第112~137页。

③顾铁符：《西安附近所见的西汉石雕艺术》、王子云：《西汉霍去病墓前石刻》，两文均见《文物参考资料》，1955年第11期。另见傅天仇《陕西兴平县霍去病墓前的西汉石雕艺术》、王子云《西汉霍去病墓石刻记》，均见《文物》1964年第10期。

④中国美术全集编辑委员会：《中国美术全集》雕塑编2《秦汉雕塑》，北京：人民美术出版社，1998年，第88、89页。

为头生双角，作行进状，肩生双翼，长颈，有学者认为其年代为南北朝时期，[1]也有学者认为其年代为东汉。[2]后来南朝陵墓神道石刻中的石兽有意见认为其渊源可能即河南南阳。[3]

四川地区从东汉时期开始，也流行大型石人像和石兽。20世纪初叶，较早注意到这一区域汉代石刻者如法国人色伽兰（Victor Segalen），在其所著《中国西部考古记》一书中，对他在1914年四川地区调查的汉代石阙、石碑前所立的石兽做过简单的记述。[4]

其后，考古发现的材料也开始不断增多，当中既有大型石人像，也有石兽。如1974年曾在都江堰白沙街附近鱼嘴外江一侧江底发掘出土一尊东汉灵帝年间造李冰石像，高2.9米，重4.5吨。[5]1975年又在距李冰石像不远处发现一具可能系水工形象的石人像，据推测可能为当时建在都江堰外江作为水则的"三神石"之一。[6]另据《蜀王本纪》记载，李冰

①《河南洛阳发现的南北朝石刻辟邪及其题记》，《文物参考资料》1954年第10期封三。

②杨泓：《美术考古半世纪——中国美术考古发现史》，北京：文物出版社，1999年，第121页。

③杨晓春：《南朝陵墓神道石刻渊源研究》，《考古》2006年第8期。

④[法]色伽兰：《中国西部考古记》，冯承钧译本，北京：中华书局，2004年，第5~14页。

⑤四川省灌县文教局：《都江堰出土东汉李冰石像》，《文物》1974年第7期；王文才：《东汉李冰石像与都江堰"水则"》，《文物》1974年第7期。

⑥四川省博物馆：《都江堰又出土一躯汉代石像》，《文物》1975年第8期。

在蜀地还造过五头石犀牛，①这很容易使人联想到《华阳国志·蜀志》记载秦灭巴蜀前曾赠予蜀王五头可便金的"石牛"之事，至今人们还将从关中通向蜀中的古道之一段称之为"金牛道"或"石牛道"。四川东汉墓前石兽的发现则更多。据初步的考古调查可列举出以下数例。

20世纪50年代末，在四川芦山县石马坝东汉墓前发现被称为"石羊"的石兽，其形象为"两角下曲，肩上有翼，尾卷曲着地，作跨步前行状"②。林梅村对此重新考订，认为这件"石羊"似为带角石翼马，当系石麒麟。③这个被称为"石马坝"的地名，显然源自人们对原存于此的石马所留下的历史记忆。④

对于芦山县境内东汉石刻与石兽遗存的考古调查，应当提及早年任乃强教授的贡献。任乃强先生于1941年前往芦山县调查时，曾于当年6月7日在东汉王晖墓一侧名为"石羊上"的地点发现石獬豸一对及石羊头一枚，"皆汉墓遗

----

①《蜀王本纪》记载："江水为害，蜀守李冰作石犀牛五枚，二枚在府中，一在市南下，二在渊中，以压水精，因曰石犀里也"。此条材料也同见于《华阳国志·蜀志》记载。

②陶鸣宽、曹恒钧：《芦山县的东汉石刻》，《文物参考资料》1957年第10期。

③林梅村：《中原与西域大型石雕艺术的关系》，《古道西风——考古新发现所见中西文化交流》，北京：生活·读书·新知三联书店，2000年，第162页。

④林梅村：《中原与西域大型石雕艺术的关系》，《古道西风——考古新发现所见中西文化交流》，北京：生活·读书·新知三联书店，2000年，第162页。

物"①。由此观之，"石羊上"与前文中的"石马坝"可能都是因存有汉代石兽而得名。任乃强先生记载其发现经过甚详：

> 去王晖墓不足二百步，地名"石羊上"。有石羊头一枚，自头以下断，高六六公分。双角各长八十公分，雕刻甚精，制式甚古，失身躯，头在一民宅后竹林内。其旁有一兽，失头，身亦破败，竹根盘结其背，因兽体连雕于一平方石座上，故未倾侧。剥视其脚，具五爪如狮虎，又有长尾，足见其非羊。……与此相对约三十步，复得一兽，除左前脚与尾断失外，余皆完整。与前兽俨然一对。首皆南向，长及高度皆与樊敏碑前石虎相同。②

不仅如此，任乃强先生对芦山县汉樊敏碑前的石兽也作了详细描述：

> 碑左前方十余步，有石虎陷田埂间，仅露背首。首向右。……右前方对称位置，一石虎植立稻田中，首向碑。爪以上全露，而首背水平高，与左虎齐。足见两虎，皆属原在位置。……碑之后方，为高七八尺之土坎，小道斜过此坎，转入一稻田台地，有石羊一，侧卧

①任乃强：《芦山新出汉石图考》，《康导月刊》，1943年第5卷第1期。
②任乃强：《芦山新出汉石图考》，《康导月刊》，1943年第5卷第1期。

土坎道间。形制较虎为小。昂首。项间长毛一列，或是
狻猊。①

在此次调查过程中，任乃强先生还在芦山县境内调查到
其他一些墓前石兽的情况：如他记载："姜维祠外石兽一
对，适在杨君铭两侧。高长宽及屈伸姿式，皆仿樊墓石虎及
石羊上之石獬……此二兽无角而有颈毛披散，脚足五爪，非
羊非马，非虎非獬，盖狮子也。"②遗憾的是，任乃强先生以
"汉以前中国无狮子，后汉顺帝时疏勒献狮，国人始见此
物"为由，推定"汉墓绝无以狮饰者"，故而断定此"二石
实非汉物"。但是，在当时缺乏更多中外文化交流的背景知
识的情况下，我们显然不应当苛求于前人，任乃强先生早年
的调查发现，为后人进一步开展科学的调查研究无疑具有开
拓之功。

在今芦山东汉石刻陈列馆内，我们可以观察到历年来调
查发现的大型东汉石兽九具（包括一具尚未成型的石兽
胚）。③这九具石兽包括早年调查发现的汉樊敏碑前石兽、王
晖墓侧"石羊上"地点发现的石兽以及20世纪以来由四川当
地文物考古工作者在石马坝等地点新发现的东汉墓前石兽，
形成一个规模宏大的东汉墓前石兽群。

据有关资料披露，芦山县东汉石刻陈列馆内的这九具石
兽的墓主、原分布状况及石兽形制等有如下记载：

---

①任乃强：《樊敏碑考略》，《说文》1944年第四卷合刊。

②任乃强：《芦山新出汉石图考》，《康导月刊》，1943年第5卷第1期。

③胡开祥：《古代石兽造型及其思想内涵浅析》，《四川文物》1994年第5
期。

1. 巴郡太守樊敏墓前及樊碑近侧石兽

樊敏碑前石兽二具（镌刻于公元205年），均高1.45米，长2米，宽0.63米。一具为雄性，前爪抚蟾蜍；一具为雌性，前爪抚蟹。两具石兽首似虎，有双翼，作挺胸昂首、迈步向前的雄姿。

2. 樊敏碑原近侧石狮一具，通高1.08米，长1.77米，宽0.6米，体型较小，腿有卷毛，但腿脚尚未镂刻完毕，即已废弃。

3. 樊敏碑原近侧石兽胚一具，石坯高1.28米，长2.05米，宽0.47米。此具石兽躯体轮廓已打制出雏形，底座线已刻出，腹部已开凿，首背轮廓分明，当地考古工作者推测其可能是与上述废弃石狮配对的石坯料而打制出的雏形。

4. 杨君（即杨统，为东汉时蜀郡属国尉府都尉）墓前石狮一对，石狮均高1.7米，长2.3米，宽0.66米，作昂首张口、挺胸翘尾状，身躯上生出双翼。

5. 石羊村出土石兽二具，其中一具为独角兽，通高1.58米，长1.96米，宽0.57米，左前腿已残，首略偏向左，下颌有束胡，膊有双翼，腿有卷毛，昂首挺胸，造型较特异，当地考古工作者将其命名为"獬"。另一具为卷角羊首石兽，通高1.7米、长2米、宽0.52米。出土时首颈前肢至胸已被截为三段，头部为双卷角，兽爪，膊有翼，健羽三出及腹，首后仰，挺胸扬爪，当地考古工作者将其命名为"天禄"。

6. 石箱村出土石狮一具，原为两具，一具在清末因河岸坍塌坠入青衣江中，另一具出土时已残，其造型与杨君墓前石狮近似。残高1.1米，残长1.5米。从地名上看，所谓"石箱村"，笔者颇疑为"石像村"之谐音，很可能与当地的"石羊村""石马坝"一样，都是因为有汉代石像的存在而得名并流传后世。

上述九具石兽除樊敏碑前及樊敏碑近侧共4具（包括一具石兽胚）在樊敏碑阙原址陈列外，其余5具均是1986年从各自的出土地点迁移至芦山东汉石刻陈列馆内集中展示。[①]

与芦山县相邻近的雅安，在建于汉献帝建安十四年（209）的高颐墓前，也曾发现带翼的石兽，其造型似虎头狮身，高1.51米，2.23米（尾残），双角，角有分歧，脊背刻有璧形图案，背生双翼，翼羽重出为三层，第三层二重羽伸及臀部，足有四爪，前足各踏一蟾蜍，头正向，昂首挺胸作奔走状。[②]

除了墓前石兽之外，在芦山县其他汉代建筑遗址中发现有大型石兽。2000年6月，在县城扩建过程中，于城区姜城遗址外发现一处古代遗址和一具造型特殊、形体庞大的无头石兽，发掘者将其称为"石兽辟邪"。据记载："石兽辟邪出土时，头部已断，长192厘米，高92厘米，宽84厘米，整体造型雄强笃实，四肢肌肉发达。胸部两侧刻有翅膀，后腿饰有卷毛，四脚抓地，胸部宽大，臀部浑圆，尾巴从胯下穿过置于左腹部，腹部肥大，紧贴地面，整个造型有一种用力负重的感觉，右腰腹部镂一小辟邪，背部有一贯穿整个躯体方

---

①有关芦山东汉石刻陈列馆有关资料可参见其网站介绍文字。

②四川省文物管理局编：《四川文物志》中册，成都：巴蜀书社，2005年，第723页。

形柱洞，边长31厘米。"①

2007年3月，笔者在实地调查中发现，在芦山县博物馆内，还收藏有数尊汉代石刻雕像，均系该县境内近年来调查发现。其中，有两尊石人雕像保存状态完好，系采用川西地区常见的红砂岩质石材雕成，石像均身着长襦大裤，一人头上结羊角状头巾，手执短柄斧，双目圆睁；一人头戴平顶冠，一手持锸，一手执荷包，从其形制上看，原似为一对石像。另一尊石雕人像破损很甚，头部及腿部均残失，隐约可辨原腰系有带，手中执有物。与上述持锸人像十分相似的石人像在20世纪50年代末也曾有过发现，石人头结平帻巾，身着长襦大裤，双手持锸而立，高约1.26米。②林梅村曾经注意到这尊石人像，认为其"估计是摹仿李冰镇水三神石而造"③。

除石人外，在芦山县博物馆内还发现残石马一尊，石马带有长方形的底座，头部前端及四肢、尾部皆残，但尚可观察到马的身躯及所佩戴的马鞍、攀胸（马胸前的一条皮带）、鞧带（从马鞍到马尾后的一条皮带，也称为马秋）等。由此可见，芦山县出土东汉石兽的地点中有"石马坝"之称可谓名不虚传。

---

① 郭凤武：《四川芦山县东汉赵仪碑考》，《成都文物》2003年第3期。

② 陶鸣宽、曹恒钧：《芦山县的东汉石刻》，《文物参考资料》1957年第10期，第41页图三。

③ 林梅村：《西汉帝国大型石雕艺术的发展》，《古道西风——考古新发现所见中西文化交流》，北京：生活·读书·新知三联书店，2000年，第145~146页。

据了解，这批石人像和石马都是在墓葬中出土的，其形制与前述樊敏墓、杨君墓前的大型石兽相比要小得多，说明可能墓主人的身份等级也较低，但这恰好从一个侧面反映出东汉时期当地在墓前放置石人、石兽、石马之类的做法已经相当普遍。

二

长期以来，有翼神兽这一题材的源流演变及其对中国文明所产生的影响等问题，曾有过不少的研究成果。[①]有意见认为，圆雕动物中新出现的狮子和有翼兽可能来自波斯和北印度，而一些人首兽身的有翼人物脱胎于亚述和波斯艺术。[②]也有意见认为，古代波斯和大夏艺术中的有翼兽取材于祆教经典《阿维斯塔》中的翼犬森莫夫和翼马波加斯，大月氏黄金艺术品中的翼龙和带翼的维纳斯，当是受祆教艺术

[①]较系统论述这方面问题的论著据笔者所见如沈福伟《中西文化交流史》，上海：上海人民出版社，1985年，第67~74页；林梅村《大夏黄金宝藏的发现及其对大月氏考古研究的意义》，收入其文集《西域文明——考古、民族、语言和宗教新论》，上海：东方出版社，1995年；林梅村《狮子与狻猊》《天禄辟邪与古代中西文化交流》，均收入其文集《汉唐西域与中国文明》，北京：文物出版社，1998年；林梅村《西京新记——汉长安城所见中西文化交流》，收入其文集《古道西风——考古新发现所见中西文化交流》，北京：生活·读书·新知三联书店，2000年；李零《论中国的有翼神兽》，《中国学术》2001年第1辑（总第5辑），北京：商务印书馆，2001年。

[②]沈福伟：《中西文化交流史》，上海：上海人民出版社，1985年，第67~74页。

影响产生的。①还有的意见则认为，中国的有翼神兽与欧亚各地的"格里芬（griffin）"神的传播影响有关，其在中国艺术中的出现似可上溯到春秋中期或至少是晚期，主要流行于公元前6世纪到公元6世纪这一段，与格里芬在波斯、中亚和欧亚草原的流行期大致同步而略晚。②总之，有翼神兽系来自西域文化的影响这一观点，在学术界成为一种主流意见。

四川地区东汉时期出现的这批大型墓前石兽，由于其特殊的造型艺术（如出现狮子、石兽多为带翼兽等）和明显有别于西汉时期石雕作品的风格特点，也曾经引起不少学者的关注与讨论，目前有两种主要的观点：一种观点认为，四川的东汉带翼石兽受到西域外来文化艺术影响而产生，③而另一种观点则认为中亚并无此类石兽，其源头应当在关中地区去寻找，并提出其可能的传播路线是"周至—秦岭—汉中—芦山"。④

笔者认为，实际上这两种观点并无本质上的冲突，一方

①林梅村：《大夏黄金宝藏的发现及其对大月氏考古研究的意义》，收入其文集《西域文明——考古、民族、语言和宗教新论》，上海：东方出版社，1995年。

②在上述诸多研究中，以李零搜集材料较为全面系统，此说见其《论中国的有翼神兽》一文，《中国学术》2001年第1期（总第5辑），北京：商务印书馆，2001年。

③沈福伟：《中西文化交流史》，上海：上海人民出版社，2006年，第63～64页。

④林梅村：《中原与西域大型石雕艺术的关系》，《古道西风——考古新发现所见中西文化交流》，北京：生活·读书·新知三联书店，2000年，第162页。

面，这类带翼石兽在中国境内的传播路线，通过关中传至蜀中一带，可以假设是当时若干条传播路线中的一条路线。只是从迄今为止发现的考古材料来看，关中地区尚未发现较之东汉时代更早的有翼石兽。林梅村曾经指出，陕西汉中张骞墓前的石翼马，据考古调查表明是东汉时期补刻的，汉中东汉将军李固墓前曾发现有石马，也是东汉时期的遗存。[1]而另一方面，从源头上讲，四川东汉带翼石兽的出现，吸取了遥远的中亚、西亚一带石雕艺术的因素，也是有迹可寻的。关中地区出现的东汉带翼石兽实际上同样也是来自这个源头。只是由于目前考古材料有限，我们还无法勾勒出一幅十分清晰的有关东汉有翼神兽从域外到中土的传播路线图。

四川东汉墓前大型石兽中出现有带翼的石狮，狮子并非产自中土，而是在汉末才传入中国的西域动物，这一点已有不少学者指出，在此不必赘述。也正是因为这个原因，早年任乃强先生初步调查涉及芦山东汉墓前石雕中出现的狮子形象时，才十分审慎地怀疑其是否真为汉代遗物。林梅村曾指出，"汉献帝建安十四年（209）建于四川雅安高颐墓前的石狮带有双翼，它和中亚希腊化艺术的联系更显而易见"。[2]沈福伟则进一步认为雅安高颐墓前的石狮"纯属安息艺术的表现风格，已将古波斯阿塔萨斯（Artaxerxds）宫前石狮展翅式

①林梅村：《中原与西域大型石雕艺术的关系》，《古道西风——考古新发现所见中西文化交流》，北京：生活·读书·新知三联书店，2000年，第162页。

②林梅村：《天禄辟邪与古代中西文化交流》，《汉唐西域与中国文明》，北京：文物出版社，1998年，第100页。

三叠飞翼，简化成肥壮的二重翅翼"[①]。在中亚和西亚美术考古资料中，我们的确可以看到大量有翼神像与四川地区发现的东汉石兽之间具有可比性。如在亚述帝国萨尔贡二世（前722—前705）宫殿前陈列的人首有翼公牛浮雕，其羽翼的处理手法和整个雕像的风格都可视作东汉墓前大型有翼神兽的母本。[②]美国芝加哥大学东方研究所博物馆（Oriental Institute Museum）内陈列展示的一批古代波斯帝国宫殿建筑雕刻中的有翼神兽石像，其整体造型以及重叠式的并列多层羽翼具有明显的希腊化艺术的影响因素，与四川东汉墓前大型石兽具有某些显而易见的共性。[③]另在美国大都会博物馆（The Metropolitan Museum of Art）内收藏的古代中亚波斯带翼石雕神像中，也可以观察到相同的特点。[④]

此外，杨晓春先生在对南朝陵墓前石狮形象的考察过程中发现，在南朝梁代僧人僧旻、宝唱等所集的一部佛教类书《经律相异》中，对印度狮子形象的描述也与四川东汉墓前以及南朝陵墓前的石狮形象极为相似：

　　师子王生住深山大谷，方颊巨骨，身肉肥满，头大

①沈福伟：《中西文化交流史》，上海：上海人民出版社，2006年，第64页。

②[俄]罗塞娃等：《古代西亚埃及美术》，严摩罕译本，北京：人民美术出版社，1985年，图版第15。

③有关资料均系笔者于2006年8月获美国亚洲文化协会（ACC）资助实地调查拍摄。

④有关资料均系笔者于2006年8月获美国亚洲文化协会（ACC）资助实地调查拍摄。

眼长，眉高而广，口鼻渊方，齿齐而利，吐赤白舌，双耳高上，修脊细腰，其腹不现，六牙长尾，鬃髦光润，自知气力，牙爪锋芒，四足据地……[1]

印度狮子与中亚一带所产狮子在品种上可能有所不同，但其口吐长舌的形象却在中国东汉南朝陵墓石狮身上得到了形象的体现。这为我们考虑其造型的来源又增添了新的线索。如所周知，狮子在佛教艺术当中具有特殊的含义，印度佛教在东传中国的过程中是否一并将这类神兽也带进中国也是完全可能的。四川地区在东汉时期已经受到佛教及其艺术的影响，[2]两者之间的关系应当十分紧密。因此，如果我们将四川地区东汉时期这批带翼石狮的源头追溯到广义上的"西域"——中亚、西亚或南亚地区，视其为外来文化的因素对中国传统文化影响的产物，应当是可以成立的。

除带翼石狮之外，从考古发现来看，天禄、辟邪形象的石雕在东汉时期也开始流行于中国，它们一般刻有双翼，而且成对出现，常常作为宫廷建筑物装饰或立于墓前镇墓。有学者认为这两只灵兽的艺术形象具有显著的西域文化艺术特征，其动物原形也是根据西域动物塑造出来的。[3]芦山、雅

①杨晓春：《南朝陵墓神道石刻渊源研究》，《考古》2006年第8期。

②霍巍：《中国西南地区钱树佛像的考古发现与考察》，《考古》2007年第3期。

③林梅村：《天禄辟邪与古代中西文化交流》，《汉唐西域与中国文明》，北京：文物出版社，1998年，第96~101页。

安东汉墓前石兽也有成对的天禄与辟邪出现，①其来源也可作相同的解释。

从一个更为广阔的学术视野上观察，四川地区在东汉时期还出现了大量具有外来文化因素的考古学遗存，从图像与视觉艺术而言，其中包括带翼的天马、建鼓骆驼、大量胡人形象和出现在墓葬以及随葬器物中的早期佛像，等等，②这些考古材料都有力地证明了一点：本文所讨论的这批墓前有翼石兽的出现，不是一个偶然的现象，它是在汉武帝凿通西域之后，随着中外文化交流的不断发展，人们对于西方知识背景的扩充与拓展，外来文明与中国传统文化相互结合产生出的新事物。

三

汉蜀郡辖有青衣、严道、旄牛、徙等县，今芦山、雅安在当时的青衣、严道县境内，从地理位置上看是自蜀郡通向临邛、越嶲郡等地的交通要冲。据任乃强先生考证，自临邛而西南，古代似有两道：一道经百丈、名山、雅安越邛崃山（今大相岭）可通邛筰，司马相如似循此道通"西南夷"；一

①胡开祥：《古代石兽造型及其思想内涵浅析》，《四川文物》1994年第5期。

②霍巍：《胡人俑、有翼神兽、西王母图像的考察与汉晋时期中国西南的中外文化交流》，香港城市大学中国文化中心编：《九州学林》2003年第一卷第三期，上海：复旦大学出版社，2003年10月；《中国西南地区钱树佛像的考古发现与考察》，《考古》2007年第3期，第70~81页。

道经火井、芦山出西徼，为汉代所开"青衣道"。在东汉时期，芦山更是扼控"西南夷"的重要咽喉之地，系蜀郡西南的政治重心，为汉代都尉治所，可以"西控灵关以镇羌氐，南制邛崃山以备旄牛"①。从民族关系而论，芦山、雅安一带也是汉族与"西南夷"接壤杂处的前沿地带。汉武帝通"西南夷"后，于天汉四年（前97）置两都尉，《后汉书·南蛮西南夷列传》记载其"一居旄牛，主徼外夷；一居青衣，主汉人"，足可见当时民族交往杂居的程度已经很深了。

南方丝绸之路的开通，在很大程度上与汉帝国对西南边疆的经营开发这一宏大的历史背景有着密切的关系。上述芦山、雅安等地出土的汉樊敏碑、杨君碑上的文字，以及王晖石棺画像、题铭与这批墓前的大型石兽，均可反映出当地汉族官僚人士具有很高的文化修养，中原文化的影响通过汉族官吏及民众已深入相对处于边缘地带的西南腹地。而汉族与羌氐、旄牛、南夷这样一些具有很强流动性的民族在相互交往的过程中，不同文化因素的交流和传播，常常可以以很快的速度达到极为广阔的空间。

值得注意的是，类似芦山、雅安地区发现的这类带翼石兽，在地理位置更为靠南的汉越嶲郡内也有发现。例如，在1983年2月曾在今西昌凉山昭觉县好谷乡发现东汉灵帝光和四年（181）石表，记有越嶲郡太守张勃任命苏示县有秩（汉代乡一级行政官吏）为邛都县安斯乡有秩，以及"复除上诸、安斯二乡赋役"等内容。与这件重要的石表同时出土

①任乃强：《芦山新出汉石图考》，《康导月刊》，1943年第5卷第1期。

的，还有一方雕刻有浮雕神兽的石刻，采用减地浅浮雕手法，在红砂岩质石材上雕刻出被称为"麒麟"与"凤凰"的一对图像，[①]其中"凤凰"已残，但"麒麟"保存得十分完好，现存于昭觉县图书馆内。这尊被称为"麒麟"的神兽头上生有独角，四蹄，长尾，肩胁部生出长翼。与芦山、雅安发现的墓前石兽相比较，昭觉县发现的这尊石雕神兽在羽翼雕刻方式上极为相似，羽翼粗肥，线条圆润，具有中亚与西亚一带有翼神兽的风格。除头上长角，身出羽翼之外，此尊神兽的头部、四肢及四蹄等其他特征均与马无异，所以也可将其称之为"天马"。

类似这样的"天马"图案在四川地区的东汉石刻中多有发现，大体上有以下几类：一类是在汉代石阙上雕刻出的天马图案，多系高浮雕，造型生动。如四川绵阳杨氏阙右阙，左后角刻一翼马，其前一人，衣饰飘飞，神态轻盈似仙女，是为御者。[②]四川雅安高颐阙主阙据调查简报称："四隅诸兽皆生双翼。"其主阙楼部右侧面有人物和翼马。[③]细审考古调查报告，其图105、106分别为带翼双峰骆驼（位于主阙楼部右后角），与之相对的则为带翼马（位于主阙楼部右前角）。骆驼身有双峰，肩上生有短翼，身后紧随一胡人，头戴尖顶，似为牵骆驼人。翼马四蹄奔腾，生有短翼，一人紧随其

---

①俄比解放：《四川省昭觉县出土的汉代画像砖石》，《考古与文物》1994年第3期。

②重庆市文化局、重庆市博物馆等编：《四川汉代石阙》，北京：文物出版社，1992年，第25页，图三四。

③《四川汉代石阙》，第32页，图九七、图一○六。

后，头梳双髻。

此外，在汉代崖墓中也有天马的图案，乐山麻浩一号崖墓内的"勒天马图"便是其中一例，①其雕刻方式与汉阙上的天马相似。

还有一类"天马"图像出现在东汉的画像石与画像砖上。如新津县二号石函上刻有"天马图"，长80厘米，高80厘米，中间刻一马，一身着长袍之人以手牵马，似在与马交流。除这幅图画外，新津出土的石棺画像上还有"拴马""翼马"二图，这三幅图的构图方式非常接近，马的形象均为肩部有两翼，这种生有两翼的马即是传说中的天马。②彭山三号石棺上有天马图像，天马生翼，站立于山峦之间。③新津、成都等地出土的石棺画像上有"翼马"的图像，构图方式非常接近，马的形象均为肩部有两翼。对于新津石棺、石函上的刻画带翼马，有学者认为与汉代以西王母崇拜为主线的升仙思想有关，并且也指出其性质可能为天马，④这个意见无疑是正确的。笔者认为，出现在东汉画像当中的天马，与上述天禄、辟邪、狮子一样，也是来自西域的神兽之一，它身有双翼，身材高大者亦为汉代传说中的"神龙"，

①参见霍巍《中心与边缘：汉文化的扩张与变异——以乐山麻浩东汉崖墓画像为例》，收入霍巍、赵德云《战国秦汉时期中国西南的对外文化交流》，成都：巴蜀书社，2007年，第112~138页。

②高文、王锦生：《四川新津县汉代石棺上之新发现》，《四川文物》2002年第5期。

③《四川汉代石棺画像集》，第一一五图。

④高文、王锦生：《四川新津县汉代石棺上之新发现》，《四川文物》2002年第5期。

这类带翼天马的寓意，与文献记载中天马与神龙可载乘者登昆仑、入天门、最终升入仙界的观念可以相互印证。因此，带翼天马形象在中国的出现和传播也是汉代中西文化交流产生的新事物。①

虽然笔者认为这种翼马的性质当为"天马"，但能够帮助我们最终确认四川汉阙上这类带翼神马为"天马"的直接证据是近年来重庆忠县邓家沱石阙上雕刻带有"天马"铭文的带翼马图像。这幅图像位于该阙左阙斗石的右侧面，整幅图案为一马昂首而立，马身饰卷云纹，生出有翼，马背上部正中浮雕长方形榜题，榜文为汉隶"天马"二字，与此阙左侧面的"天禄"图像相对应。②

文献记载表明，汉晋时代西南地区不少地方还出现了专门祭祀"天马"的"天马祠"。如《华阳国志·蜀志》"会无县"条下载："会无县路通宁州，渡泸得堂狼县，故濮人邑也。今有濮人冢，冢不闭户，其穴多有碧珠，人不可取，取之不祥。有天马河，马日千里，后死于蜀，葬江原小亭，今天马冢是也。县有天马祠。初，民家马牧山下，或产骏驹，云天马子也。今有天马径，厥迹存焉。"③又《华阳国志·蜀志》"江原县"条下载："文井江上有常堤三十里，上有天马

①Huo Wei：Cultural Exchange and Quest for Lmmortality: The Heavenly Horse of the West and the Divine Dragon，Ex/Change,Lssue 6 ,February 2003.

②李锋：《重庆忠县邓家沱石阙的初步认识》，《文物》2007年第1期。

③〔晋〕常璩：《华阳国志》卷三《蜀志》，刘琳校注本，成都：巴蜀书社，1984年，第317~318页。又按：此条材料蒙张勋燎教授见告，特此致谢。

祠。"①江原县系两汉旧县，蜀、晋因之，辖今崇庆县及灌县岷江西南之地。而会无县在汉越嶲郡内，即今会理县；堂狼亦作堂琅，在汉犍为郡境内，两县都更在邛都之南，在这些地区出现祭祀"天马"的"天马祠"，说明汉代以来对于"天马"的信仰崇拜从关中、蜀郡这样的汉民族为主体的中心区域深入司马迁记载的"西南夷"地区。天马、天禄、辟邪、狮子这些东汉有翼神兽在四川地区分布、流传的线路，或许也正暗示着汉代南方丝绸之路的走向之一。

对于南方丝绸之路的研究探索，已有近一个世纪的历史，不少学者为之不懈努力。但由于文献记载有限、考古材料无证，给我们进一步的研究带来了诸多困难。本文通过对四川东汉墓前大型石兽的初步研究，从一个新的角度提出与这条路线可能相关的考古学线索，或许能够为今后的研究开拓一些思路，愿专家学者正之。

---

①〔晋〕常璩：《华阳国志》卷三《蜀志》，刘琳校注本，成都：巴蜀书社，1984年，第242页。

重庆忠县新发现石辟邪及其意义初探

在重庆中国三峡博物馆大门一侧，矗立着一尊从重庆忠县出土的石辟邪。这尊大型石兽的发现，对于我们认识汉晋六朝时期中国西南的对外文化交流具有十分重要的意义。尤其值得关注的是，这类大型有翼神兽的产生，主要发现于东汉时期，在与重庆紧邻的四川成都平原一带较为集中。此外，在东汉中原北方地区也有类似的石刻发现。六朝时期的陵墓石兽中，有翼神兽已经成为陵前石刻的固定组合。因此，考察长江上游重庆地区发现的这类考古遗存，可以为我们更为全面地认识这类石兽的流传与渊源关系提供新的思路。

一

有关这尊石辟邪的出土情况尚未见到正式的考古发掘简报，从重庆中国三峡博物馆所提供的文字介绍来看，石辟邪通长2.86米，通高1.83米，于2003年在三峡库区文物抢救工作中发掘出土，出土地点距忠县出土的著名的乌阳阙（现展

145

陈于重庆中国三峡博物馆大厅内）1800米。[①]石兽基本保存完好，整体为圆雕造型，体态修长，其姿态作立姿行进状，站立于一长方形石台，前肢并立，身躯略向下蹲伏，后肢一前一后分开向前跨行，四肢强健，四脚有趾，头部上部从额至颈覆有一层鬃毛，采用浅浮雕技法刻成，头下部嘴部略残，在颜面两侧可见用阴线刻手法刻出的胡须。石兽臀部用浅浮雕手法刻出数道体毛，与下腹部的体毛相对，尤其值得注意的是，在其身躯的肩部位置采用同样的浅浮雕技法刻出多道短翼。这类带翼的石兽近年来学术界多将其归入"有翼神兽"这一题材当中来加以看待，其造型特征与文化内涵都

重庆忠县发现的石辟邪

①有关文字介绍内容请参见重庆中国三峡博物馆在此尊石辟邪旁所立的中英文文字说明牌。

极为丰富。

关于这尊石兽的年代及其用途，由于没有更多的出土线索可资利用，我们仅能结合文献和以往发现的考古材料来加以推测。从文献记载来看，汉代以来这类石兽开始出现。唐人封演在其《封氏闻见记》卷六"羊虎"条下记载："秦汉以来帝王陵前有石麒麟、石辟邪、石象、石马之属，人臣墓有石羊、石虎、石人、石柱之属，皆所以表饰坟垄如生前之仪卫耳。"《宋书·礼志》亦记载："汉以后，天下送死奢靡，多作石室、石兽、碑铭等物。"四川地区从东汉时期也开始流行大型石人像和石兽。20世纪初叶，较早注意到这一区域汉代石刻者如法国人色伽兰（Victor Segalen）所著《中国西部考古记》一书中，对其1914年在四川地区调查的汉代石阙、石碑前所立的石兽便有所留意。书中特别提及四川芦山县樊敏碑前石兽为"飞兽"，其发现地点系"置于阙前墓道入口之处"；"高颐阙之石兽，现尚保存，可以例想此外残缺不完石兽之状，如芦山樊敏碑附近稻田中之石兽是也。其身躯凸起。腰部特别高耸，为汉代雕刻石兽之特具体范"[1]。色伽兰所言之"飞兽"，笔者认为即指石刻中带有双翼的有翼神兽，近年来，四川地区的考古工作者在雅安、芦山等地收集和新发现了一批东汉时期的大型石兽，可以证之无误。[2]除四川西部地区之外，色伽兰还记载在重庆以东的嘉陵江流域渠县境内曾发现同类题材的石兽：

①［法］色伽兰：《中国西部考古记》，冯承钧译本，北京：中华书局，2004年，第10页。

②霍巍：《四川东汉大型石兽与南方丝绸之路》，收入本书。

吾人所发见之新标型中，有一坐兽造像。颈身下部尚完好。其装饰与其姿势，为汉代造像中所未见者。兽在渠县诸无铭阙附近。别有一大石人，其头已断，其胸已经破蚀，应为阙与兽同时代之作品……①

渠县是重庆以东地区发现汉代石阙较为集中的一个区域，据《四川汉代石阙》一书统计介绍，这里保存有冯焕阙，沈氏阙，蒲家湾无名阙，赵家村第一、二号无名阙，王家坪无铭阙等多座石阙，②但均已不见在其附近有石兽残存发现的报告，说明很可能由于年代久远，当年色伽兰调查时尚存于地表的这批石人、石兽已经不复存在。但是，色伽兰明确地记载他发现的这些石人、石兽是在渠县"诸无名阙附近"，至少给我们提供了一个重要的信息：在川东嘉陵江流域与汉代石阙同时并存的石刻建筑当中，还应有石人、石兽等遗存，只是遗憾的是，对于它们的形制、特点等情况已无从获知。

在现存的我国汉代石阙当中，多有与石人、石兽并存的情况。如河南登封太室阙，阙后庙前有汉代所雕石人一

---

①[法]色伽兰：《中国西部考古记》，冯承钧译本，北京：中华书局，2004年，第10～11页。

②重庆市文化局、重庆市博物馆等编：《四川汉代石阙》，北京：文物出版社，1992年，第39～46页。

对；①山东嘉祥武氏祠阙，现存有石狮一对；②前述四川芦山樊敏碑及石阙附近发现有石兽；③四川雅安高颐阙前也有石兽发现。④联系到忠县发现的这尊石兽的出土情况分析，笔者认为它很可能也与同时期的石阙有密切的关系。忠县也是重庆以东地区发现汉代石阙较为集中的一个区域，过去曾在忠县发现过丁房阙、干井沟无名阙等汉晋时期的石阙，⑤近年来又新近发现乌杨阙和邓家沱阙等处石阙，⑥已足以说明这一地区汉晋时期的文化发展与礼仪制度水平。从上述石阙的发现情况来看，过去尚无与之共存的石兽、石人雕刻遗存发现的线索透露。此次在忠县发现的这尊石兽，与乌杨阙大体上共存于同一区域，只是两者之间的发现地点相距达1800米之遥，所以发现者对其与乌阳阙之间的关系尚持审慎态度。⑦结合川渝两地汉晋时期石阙的发现情况推测，笔者认为可以基本肯定此尊石兽很可能与乌杨阙，或附近可能存在但尚未发现的某处石阙有关，与石阙、石表等石刻建筑物具有组合关系，而并非单一出现的石刻艺术品，尤其是与乌杨

---

①高文：《中国汉阙》，北京：文物出版社，1994年，第61页。

②高文：《中国汉阙》，北京：文物出版社，1994年，第67页。

③陶鸣宽、曹恒钧：《芦山县的东汉石刻》，《文物参考资料》1957年第10期，第41页图三。

④任乃强：《樊敏碑考略》，《说文》1944年第四卷合刊。

⑤重庆市文化局、重庆市博物馆等编：《四川汉代石阙》，北京：文物出版社，1992年，第45~48页。

⑥乌阳阙的材料尚待公布；有关忠县邓家沱石阙的有关材料可参见李锋《重庆忠县邓家沱石阙的初步认识》，《文物》2007年第1期。

⑦蒙重庆市三峡博物馆原副馆长刘豫川研究员见告。

阙之间的关系值得加以注意。至于两者之间为何相距达1800米之遥，笔者认为至少有两种原因可以考虑：其一，可能受到人为因素的影响；其二，也有可能系自然力影响所致。对于前一种原因可以举出一个相似的例子加以佐证：1983年2月，在四川省凉山彝族自治州昭觉县四开区好谷乡曾发现一处东汉时期的石表、石阙，出土有石构残件若干，两者相距不过数米，当为同时期所建。据当地彝族群众介绍，近年来此地不断出土残石，其中一件为石狮，出土时已无头无足，仅余狮身，作伏卧状，当地彝族群众的传统习俗认为这些带有雕刻的石头都是不祥之物，所以石狮刚出土不久就被人们运至1公里以外的土沟中掩埋掉了。①由此可见，由于人为因素影响，本为一处的遗迹被人为分割为两处，形成相距1000多米之遥的现状。第二种原因也可能存在。由于长江沿岸自然环境的改变极为剧烈，因江水冲刷、水土变化、江岸移动等各种自然因素的影响，距今1000多年的遗迹旧貌被改观的可能性也不能排除。至于属于哪一种原因造成忠县石兽和石阙两相分离，仅仅根据现有材料还无法加以解答，但可以肯定的是，由石兽与石阙、石表等共同形成的一套礼仪制度与范式，在汉晋时期已经形成，并在考古材料和文献材料上都有大量佐证，忠县新发现的这尊石兽也应当不会例外。

---

①高文：《中国汉阙》，北京：文物出版社，1994年，第82~83页。

二

对于我国汉晋时期出现的这类带翼石兽,过去学术界在定名上曾有过较多讨论。一种观点认为这类石兽当中独角的称为天禄,双角的称为辟邪,无角的则称为符拔,[1]其依据主要为《汉书·西域传》和《后汉书·班超传》等文献记载。《汉书·西域传》载乌弋山离国"有桃拔、师子、犀牛"。颜师古注:"孟康曰:桃拔一名符拔,似鹿,长尾,一角者或为天鹿,两角者或为辟邪。"另《后汉书·班超传》载月氏"贡奉珍宝、符拔、师子"。李贤注:"《续汉书》曰:符拔形似麟而无角。"另一种意见则认为独角的可称为麒麟,双角的称为天禄,无角的则称为辟邪,其依据主要为《尔雅》和《古玉图谱》。《尔雅》记载:"麟,麇身牛尾一角。"《古玉图谱》则记载天禄为双角,辟邪无角。[2]而也有学者认为以上两种说法都缺乏确切依据,不论独角或双角,都应当称为麒麟。[3]

事实上,除了狮子(即古籍所载的"师子")、犀牛之外,所谓天禄、辟邪、麒麟这类动物并非真实存在,它们不

151

---

①朱希祖:《天禄辟邪考》,《六朝陵墓调查报告》,中央古物保管委员会编,1935年。

②转引自朱偰《建康兰陵六朝陵墓图考》,北京:中华书局,2006年,第6页。

③杨宽:《中国古代陵寝制度史研究》,上海:上海古籍出版社,1985年,第152页。

过是人们心目当中对传说中来自西域的不同"神兽"的某些想象图画而已。近年来在重庆忠县邓家沱发现的石阙画像当中，也有龙虎、凤凰、朱雀、天鹿、天马等各种"神兽"图像出现，有的还带有文字榜题。按照发掘整理者的定名，其中"天鹿"位于左阙斗石的背面，整幅图案是由天鹿、飞兔、鸾鸟、木连理组成，天鹿居中而立，头上见一耳一角，肩生双翼，榜文已漫漶不清；天马位于左阙斗石的右侧面，整幅图案为一马昂首而立，马身饰卷云纹，带有榜文题记"天马"；"天禄"位于左阙斗石的左侧面，整幅图案为站立的"天禄"，形体似鹿，但头上长有三只锥形角与两耳，身饰圆点纹，肩似生翼，榜文已磨蚀不存。[①]由此可见，这些神兽与古籍记载的形象也并不完全吻合，不能视为现实生活中实际存在的动物。

但是，这些神兽在汉代以后大量出现，应当与当时中国古代人们的知识背景随着汉通西域大大扩展有关，尤其是这些神兽当中有不少带有翼的作风，许多学者都已经指出这很有可能是受到西方的影响，反映了早期中外文化交流的一些情况。如朱偰先生曾指出："故与其谓天禄、辟邪由西域传至中国，毋宁为石兽附翼之作风，及天禄、辟邪之名称，来自西亚之为得也。"[②]国内学术界还有意见认为，我国古代造型艺术中在圆雕动物中新出现的狮子和有翼兽可能来自波斯和北印度，而一些人首兽身的有翼人物脱胎于亚述和波斯艺

①李锋：《重庆忠县邓家沱石阙的初步认识》，《文物》2007年第1期。
②朱偰：《建康兰陵六朝陵墓图考》，北京：中华书局，2006年，第6～7页。

术。①也有意见认为古代波斯和大夏艺术中的有翼兽取材于袄教经典《阿维斯塔》中的翼犬森莫夫和翼马波加斯，大月氏黄金艺术品中的翼龙和带翼的维纳斯，当是受袄教艺术影响产生。②还有的意见则认为中国的有翼神兽与欧亚各地的"格里芬（griffin）"神的传播影响有关，其在中国艺术中的出现似可上溯到春秋中期或至少是晚期，主要流行于公元前6世纪到公元6世纪这一段，与格里芬在波斯、中亚和欧亚草原的流行期大致同步而略晚。③具体到东汉时期在四川等地发现的大型有翼神兽石刻，目前有两种主要的观点：一种观点认为，四川的东汉带翼石兽受到西域外来文化艺术影响而产生，④而另一种观点则认为中亚并无此类石兽，其源头应当在关中地区去寻找，并提出其可能的传播路线是"周至—秦岭—汉中—芦山"⑤。

总而言之，虽然在对这类神兽的定名问题上学术界说法

---

①沈福伟：《中西文化交流史》，上海：上海人民出版社，1985年，第67～74页。

②林梅村：《大夏黄金宝藏的发现及其对大月氏考古研究的意义》，收入其文集《西域文明——考古、民族、语言和宗教新论》，上海：东方出版社，1995年。

③在上述诸多研究中，以李零搜集材料较为全面系统，此说见其《论中国的有翼神兽》一文，《中国学术》2001年第1期（总第5辑），北京：商务印书馆，2001年。

④沈福伟：《中西文化交流史》，上海：上海人民出版社，2006年，第63～64页。

⑤林梅村：《中原与西域大型石雕艺术的关系》，《古道西风——考古新发现所见中西文化交流》，北京：生活·读书·新知三联书店，2000年，第162页。

有所不同，其在考古实物形态上的表现也各有各异，但大多数学者提出它们当中的有翼神兽在其艺术构思与主题来源上很可能受到西方有翼神兽系统的影响，这一点笔者也持赞同意见。因此，忠县新发现的这尊石辟邪我认为也可以将其归入汉晋时期这类有翼神兽当中来加以讨论。它的考古发现，在我国汉晋时期大型有翼神兽石刻的分布与传播路线方面，填补了一个重要的空白点。

对于忠县这尊石辟邪的时代，目前还没有充分的材料可以确考。联系上文所举考古和文献材料加以综合考虑，将其断代汉晋时期似无大误。在考虑它的来源及传播路线时，可以结合其他出土材料来加以分析。从目前已知的考古材料来看，四川西部地区发现的石阙、石兽的年代多在东汉晚期，忠县邓家沱石阙的年代对发掘资料做过初步整理研究的李锋将其与川西地区发现的汉代石棺画像比较之后，认为两者之间有相似之处，年代可能相距不远，也应在东汉晚期；但同时又提出两者之间在题材和风格方面仍然存在着比较突出的差别，邓家沱石阙画像中常见的龙、赤乌、嘉禾等灵瑞，都曾出现在东吴的年代中，"这种灵瑞崇拜时尚对于当时画像题材的影响应该是不言而喻的。因此，邓家沱石阙的年代可能不早于三国时期"①。由此看来，李锋对邓家沱石阙所做出的基本年代判断应是东汉晚期至西晋。不仅如此，他还注意到，虽然邓家沱石阙所在的忠县位于川东，但从阙上的

①李锋：《重庆忠县邓家沱石阙的初步认识》，《文物》2007年第1期，第76～77页。

"故绵竹□……"的铭文上看，阙上主人生前曾在绵竹任职和生活过，绵竹位于成都附近，因此进一步推断"邓家沱石阙上的画像与成都附近的简阳、新津、荥经、彭山等地的画像多有相似之处，而与重庆忠县的石阙画像明显有别，邓家沱石阙的画像应当渊源于成都附近"①。如果李锋的推断无误，邓家沱石阙画像的年代要稍晚于川西地区的石阙，同时在风格上受到川西成都附近一带的影响，那么我们同样可以考虑忠县出土的这尊石辟邪的年代似乎也可以定在汉晋时期，在风格题材上也受到川西地区影响的这种可能性。只是在目前的资料情况下，要最后证明这一点还需要对这尊石辟邪出土地点周围的相关考古遗迹，尤其是与周围石阙的分布关系寻找更多线索。

三

近年来，川东地区忠县、万州等地相继发现汉晋石阙、有翼石兽，对我们考察南朝陵墓神道石刻的渊源问题也提供了新的线索。据统计，在南京、江宁、句容、丹阳一带的六朝陵墓附近共保存有33处石刻，②其组合方式是以石兽、石柱、石碑成对列置于陵墓神道之前，显然已经成为一种较为规范化的丧葬礼仪制度。对于这种陵墓神道制度的渊源，过去学术界已有不同意见，如早年滕固便认为："六朝陵墓的

---

① 李锋：《重庆忠县邓家沱石阙的初步认识》，《文物》2007年第1期，第77页。

② 罗宗真：《六朝考古》，南京：南京大学出版社，1994年，第92页。

石兽与宗资墓的石物比较接近，可知其渊源于河南一带"，
"有翼兽的输入，不必从一个地方来的，也不止是一次传入
的……六朝陵墓上的有翼兽，可断言为渊源于汉代"。[1]罗宗
真也曾指出："无论如何，六朝陵墓前石兽，看来是和汉代
石兽有密切关系，而汉代石兽有一部分又受到西方的影响。
所以到了六朝，此类石兽就综合了我国固有遗风和西方二者
的因素。"[2]在讨论关于六朝陵墓石兽的具体来源时，不少学
者都引证《南齐书·豫章文献王传》的一段记载：

> 上（齐太祖）数幸巍第。宋长宁陵隧道出第前路，
> 上曰："我便是入他冢墓内寻人"。乃徙其表阙麒麟于东
> 岗上。麒麟及阙，形势甚巧，宋孝武帝于襄阳致之，后
> 诸帝王陵皆模范而莫及也。[3]

根据这一记载，学者们多从河南一带去寻找南朝有翼神
兽的来源，如杨晓春认为："《南齐书》载南朝宋时由襄阳
得石兽，南阳与襄阳相距不远，西晋以来士人南渡时，由南
阳至襄阳者为数不少，南阳石兽的做法可能就是在移民过程
中传到襄阳的。由此看来当时石兽做法的传播是从南阳经过
襄阳再到建康。"[4]

---

①滕固：《六朝陵墓石迹述略》，收入古物保管委员会编辑委员会《六朝陵
墓调查报告》，古物保管委员会，1935年。

②罗宗真：《六朝考古》，南京：南京大学出版社，1994年，第94页。

③《南齐书》卷二十二，北京：中华书局，第414页。

④杨晓春：《南朝陵墓神道石刻渊源研究》，《考古》2006年第8期。

这一观点有其合理的一面。在南朝之前的陵墓石刻当中，东汉后期的河南一带的确已有一批陵前有翼神兽的石刻发现，如上文中提及的河南南阳"宗资墓"前的一对石兽，不仅见诸《后汉书·灵帝纪》、欧阳修《集古录》、沈括《梦溪笔谈》和赵明诚《金石录》等文献记载当中，后来还有人将1959年发现于南阳卧龙岗的两件石兽比定为宗资墓所出的这对石兽，其形象均为带翼的石兽。[①]河南地区出土的有翼神兽当中，尤其以1954年出土的"藁聚成奴"作天禄、辟邪石兽最具代表性，石刻的造型与本文所论的这尊忠县出土石辟邪具有许多相似的风格特点，如两者均为卧兽，均站立于长方形的台座上，四肢作行进状，尤其是肩上的多重短翼及尾部所披覆的毛发的雕刻式样与手法，两者如出一辙，唯前者有吐出的长舌，[②]后者因头部下部已损无法加以比较。此外，在河南洛阳伊川县彭婆镇东高屯村、[③]洛阳孟津区老城乡油坊街村、[④]洛阳市涧西区孙旗屯防洪渠工地[⑤]等地也曾有同类石兽出土，其形制特点亦基本一致。

①中国美术全集编辑委员会：《中国美术全集·雕塑编》之二《秦汉雕塑》，北京：人民美术出版社，1998年，第88、89页。

②杨泓：《美术考古半世纪——中国美术考古发现史》，北京：文物出版社，1997年，第121页。

③洛阳古代艺术馆：《洛阳关林》，郑州：河南人民出版社，1985年，第31页。石兽高1.14米、长1.72米。

④此系洛阳市文物考古工作队霍宏伟先生提供资料，石兽高1.9米、长2.97米。

⑤此系洛阳市文物考古工作队霍宏伟先生提供资料，石兽高1.09米、长1.66米。当时出土两件，另一件为天禄，现藏中国国家博物馆。

河南出土的有翼
神兽之一

洛阳伊川出土的
有翼神兽

洛阳孟津出土的
有翼神兽

洛阳涧西出土的
有翼神兽

四川芦山发现的东汉有翼神兽

但是我们同样不能忽略的是，除河南地区之外，东汉晚期出土这类有翼神兽最为集中的另一个地区，则是四川成都附近地区。除上文中已经提及的芦山樊敏碑及阙前石兽、雅安高颐阙前石兽之外，近年来，在这一地区先后还发现了多尊带翼神兽，其中主要为墓前的神道石兽，也有用于城门门阙之下的石兽，笔者对此有专文论及，[1]此不赘述，但有一点需要特别指出的是，四川地区发现的这批东汉时期的有翼神兽，其造型特征和南朝陵墓前发现的有翼神兽也是十分相似的，尤其是肩生短翼、口中吐舌的重要特征与之极其类同。

由此我们就不能不提出一个值得思考的问题，即南朝陵

①参见本书所收作者《四川东汉大型石兽与南方丝绸之路》一文。

墓石刻的另一个重要的来源，有无可能是在长江上游？经过重庆三峡地区顺江而下传播到长江中下游地区？从时代上来看，河南与四川地区出土的有翼神兽时代几乎同时，两者之间似乎看不出直接传播影响的痕迹，笔者曾提出它们有可能同时是沿着丝绸之路"神兽西来"路线上的两条分支。而长江下游地区的南朝陵墓石刻迄今为止都未发现东晋陵前的遗存，中间正好有一个从东汉晚期至两晋时期的缺环。如上所论，重庆忠县发现的邓家沱石阙以及这尊石辟邪的年代从画像的雕刻风格、题材内容等各方面的情况来看，较川西地区稍晚，从时空分布上看，恰好处在从四川东汉晚期到长江中下游一带南朝时期的过渡阶段，因此这种可能性显然是不能排除的。

　　从文献资料和历史背景两个方面再做分析，固然西晋时期中原士人南渡可能将河南南阳一带的有翼神兽经襄阳传至南朝，但东晋六朝时期由于北方战乱及各地政权割据，导致传统的由西北丝绸之路至中原的交通阻绝，致使西域与南朝之间交通路线发生变更，主要依靠由益州（今成都）至青海吐谷浑再达西域诸国，①使经长江上游接连长江中下游的水路交通得以加强。在这一重要的历史背景之下，来自西域的有翼神兽经过长江上游地区的四川、重庆一带顺江而下传入南朝也是可能的。据《高僧传》记载，当时许多求法或弘法

---

　　①这方面的史学论述较多，其中有代表性者可参考唐长孺《南北朝间西域与南朝的陆路交通》，收入其论文集《魏晋南北朝史论拾遗》，北京：中华书局，1983年；周伟洲《丝绸之路的另一支线——青海道》，《西北历史资料》1985年第1期。

的中外僧人正是通过这条通道往来西域与南朝之间，①从而也在这条道路上遗留下来不少佛教遗迹。②不仅如此，甚至过去一些与南朝尚无交流往来的西域国家，如芮芮、于阗、渴盘陀、末国、波斯国等，也是在这一时期通过这一通道"始通江左，遣使贡献方物"③。我们知道，任何一条成熟的交通路线的形成和利用，都绝不是在短时期内可以完成的，尤其是可以作为官方遣使往来的正式交通要道更是要经过长期的开发、探索才能发挥其功能。因此，作为历史上连接长江中下游与长江上游的"江水道"——长江水道的发展与形成，应当早在南朝之前便已经初具规模，其中汉晋时代更是一个重要的发展阶段。忠县这尊新发现的带翼石兽和邓家沱阙、乌杨阙等考古遗存的发现，与这一历史背景应当有着密切的关系，从某种意义而言，它们或许正是这个时期川渝古代先民们融汇中外文明、传承中华历史的实物见证之一。

---

①唐长孺：《南北朝间西域与南朝的陆路交通》，收入其论文集《魏晋南北朝史论拾遗》，北京：中华书局，1983年。

②霍巍、罗进勇：《岷江上游新出南朝石刻造像及相关问题》，《四川大学学报》2001年第5期。

③如《南齐书·芮芮传》载，芮芮自元嘉五年（428年）后，"常由河南道而抵益州"；粟特于元嘉十八年（441年）向南朝入贡；《南史·于阗传》载，于阗在梁天监九年（510年）方"始通江左，遣使献方物"。

盐源青铜器中的"一人双兽纹"青铜枝形器

人与兽，从来就是人们关注的话题。对于人兽之间相互关系的理解和描绘，也成为世界古代美术史上广为关注的一个重要题材。在欧亚草原地带曾经发现的"一人双兽纹"，是否也在遥远的中国西南地区有所发现呢？四川盐源青铜器当中发现的一些青铜枝形器，为我们探寻其在中国西南地区的源流演变提供了重要线索。

一、盐源发现的青铜枝形器

近年来，西南地区新出土的考古遗物当中，包括了一批在四川省盐源盆地出土的青铜器，这是一批全新的考古材料，反映出中国西南青铜时代考古取得的新收获。其中，以在盐源干海、双河地区采集的一批青铜树枝状的饰片最引人注目。有关这批器物的出土情况，西昌当地的考古学者曾有过报道。据介绍，这批青铜饰片已知的确切出土地点有干海小堡子村和双河毛家坝村，其中又以毛家坝出土最多，多为当地村民种植苹果树掘坑所获，与之伴出的器物还有陶双耳罐（耳有大小之分，有的腹部饰有漩涡纹，并施有红白黑彩绘）、陶单耳罐和铜戈、矛、钺、镞、三叉格剑等。鉴于干海、双河两地皆为战国时期土坑墓和石棺葬密集分布的区域，所以当地学者推测这批青铜饰片可能皆出自墓内，"且是作为安葬时的祭祀品，与其他器物共同埋葬的"[①]。

这批青铜饰片均为范铸，一次浇铸成型，长13～21厘米，宽9～10厘米，下方带有一短柄，虽然形制看似多样，但其造型上的特点实际上可以归纳为以下诸点：

第一，整个饰片的造型如同向两边分叉的一叶树枝，中轴为一树干，在树干的顶端圆环状饰物的上方站立着对称的一对动物，这对动物往往是相向而立，头部相对，动物造型以双马为多，其余有双羊、双虎等，我们可以统称其为"双兽纹"。

第二，在双兽纹的下方位于树干中轴位置上，多出现有一尊人像，形同武士，腰间挎有短剑一类的兵器，双手或单手上举牵引驾驭着双兽，双脚分立于饰片下端的圆环状饰物上。

第三，树干的两侧分出二至三枝树枝，上饰有对称分布的圆环状饰物，其间用短线相连接，作为动物或人像的背景。

第四，双兽纹当中的双马纹有的在马背上出现有骑者的形象，骑者作挺身状，一手牵马，一手赶马。

---

①刘世旭：《四川盐源县出土的人兽纹青铜祭祀片考释》，《四川文物》1998年5期。

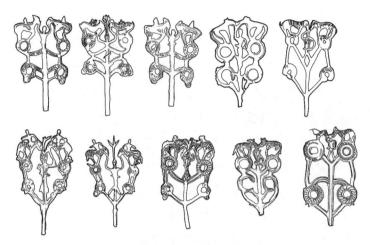

盐源发现的青铜器枝形器

（承凉山州博物馆馆长刘弘先生提供）

　　关于这类青铜饰片的定名、性质、年代等问题，已经有学者做过一些讨论。对于其年代的看法相对比较一致，一般认为其为战国至汉初之物。[①] 对其性质的讨论也有较为一致的意见。如刘弘将这类青铜饰片定名为"枝形器"，认为它是一种通天的神树，也是人神相通的天梯。树端所立之人，即为能够登天沟通天地人的巫师，树上的双兽双马应是巫师升天时的坐骑，即张光直先生所称的"蹻"。枝干上圆环状的饰物他认为可能为太阳的象征，而这种枝形器从总体上结合巴蜀古史来看就是神话中"若木"的形象。[②] 刘世旭将这类青铜饰片定名为"祀片"，认为其"乃是墓主所属民族，

　　①刘世旭：《四川盐源县出土的人兽纹青铜祭祀片考释》，《四川文物》1998年5期；刘弘：《若木·神树·鸡杖》，《四川文物》1998年5期。

　　②刘弘：《若木·神树·鸡杖》，《四川文物》1998年5期。

长期盛行神树崇拜和在丧葬祭祀中实行死后归魂等而铸造的一种特殊祀物"①。林向先生将这类青铜饰片称为"铜树"，认为其应当归入象征"神树"类的器物。他指出，盐源铜树上的圆环状物应代表太阳，"它有炽热的日心和四射的光芒"，"干海铜树反映出显然接受三星堆文化的传播，是对'建木之西'的神树'若木'的崇拜"。对于干海铜树上的骑马人，他认为其"应该是上下于天地的神灵——太皞等的众神之类"②。综上所述，可知目前四川学术界比较趋同的意见是将其与广汉三星堆出土青铜神树相类比，认为盐源发现的这批青铜饰片在造型和寓意上都具有与三星堆青铜神树相似的文化因素，是具有太阳崇拜的神树，如古史记载中的"若木"之类，上面出现的人与马，都是可以通达于天地之间的众巫与其乘骑。笔者认为，这些意见对我们深入探讨盐源青铜文化与四川盆地早期青铜文化之间的关系及其神灵崇拜系统的发展演变关系，都是颇具启发意义的。从定名上来讲，刘弘据其形态特征定名为青铜"枝形器"，在目前没有更多证据的情况下相对较为可取，下文中笔者也将沿用这一定名来加以讨论。

在前人研究的基础上，笔者拟从一个新的观察角度提出一些思考。这些思考，来源于两个重要的启发，第一是德国蒂宾根大学史前及中世纪考古研究所全涛博士曾经注意到这

①刘世旭：《四川盐源县出土的人兽纹青铜祭祀片考释》，《四川文物》1998年5期。

②林向：《中国西南出土的青铜树——巴蜀文化区树崇拜的源流》，《巴蜀考古论集》，成都：四川人民出版社，2004年，第244~245页。

批盐源出土的青铜枝形器，认为其可能与欧亚草原文明中的"双马神"图像属于相同的母题。据我所知，他曾经撰文对此加以讨论，只是此文迄今未见正式发表。[①]第二是林向先生在他的论文中曾提到盐源青铜枝形器上马的图像可能与象征神龙有关，"以马为龙亦畜牧民族的一种宗教反映。马有 X 光式像，更是萨满文化的表现。它们是萨满巫师沟通天地的最主要助手，它们应该是能载人（神）沿天梯神树——若木上下于天地的神马"。[②]林向先生的观察，从一个新的角度提出来应当考虑更为广阔的古代游牧民族对于"神马"的崇拜问题。正是在这些意见的启发之下，笔者联系欧亚文明中近年来一些新的研究成果，拟将盐源发现的这批青铜枝形器放置到一个更为广阔的空间当中来加以观察和思考。

二、欧亚文明中的"双马神"崇拜与"一人双兽"母题

如上所论，盐源青铜枝形器图像上最为重要的特征，是在树枝顶端出现有双马或双兽相对的主题，有的只见双马或双兽，有的还在双马或双兽之下出现一个牵马人的形象，这个牵马人，也可以认为是象征驯服双马或双兽的神灵。

一个值得注意的现象是，在欧亚古代文明当中，类似这样的母题曾经大量发现于西亚、希腊和印度等地，近年来有

---

①仝涛：《四川西昌青铜器上的双马神像》，未刊稿，系作者见告。

②林向：《中国西南出土的青铜树——巴蜀文化区树崇拜的源流》，《巴蜀考古论集》，成都：四川人民出版社，2004年，第244～245页。

学者对于中国本土之外出现的所谓"双马神"与"一人双兽"母题曾做过较为系统、深入的研究，①极大地开阔了我们的学术视野。

林梅村根据中亚大月氏人墓地"黄金之丘"（Tillya-tape）——阿富汗席巴尔干王陵出土的宗教艺术品揭示中亚吐火罗人（大月氏人）的原始宗教龙神崇拜中龙与马的关系："大月氏人龙神的艺术形象有两个特点。第一，大都表现了马蹄和马鬃，其艺术原形显然是马；第二，往往成对出现。我们认为，吐火罗人的龙神源于古代印欧人宗教中的双马神。"②此外，林梅村近年来从西域语言学研究的角度也提出来一些新的认识："我们最近无意中发现，吐火罗人所谓的神其实是龙。龙字在吐火罗语B方言中写作 nãge/nãg（龙），在A方言中写作 nãke/nãk（龙），在楼兰方言中写作 nãga（龙）。这些词形清楚地表明，吐火罗语神、龙两字为同源词。……值得注意的是，吐蕃人称马为'hrang',这个读音十分接近汉语的'龙'，……凡此表明，龙乃原始汉藏语对马的称谓。"③在林梅村的提示下，笔者进一步观察注意到，在大月氏人的"黄金之丘"中出土的一件双马神黄金坠饰

①这一研究专题中具有代表性的论著如林梅村《吐火罗人与龙部落》，收入其文集《汉唐西域与中国文明》，北京：文物出版社，1998年，第79~81页；郭物《一人双兽母题考》，余太山主编：《欧亚学刊》第四辑，北京：中华书局，2004年，第1~33页。

②林梅村：《吐火罗神祇考》，收入其文集《古道西风——考古新发现所见中西文化交流》，北京：生活·读书·新知三联书店，2000年，第7页。

③林梅村：《吐火罗人与龙部落》，收入其文集《汉唐西域与中国文明》，北京：文物出版社，1998年，第79~81页。

上，可以清楚地看到双马神像的肩部生出有短而丰满的翼，翼分为三支羽翅，上面各镶嵌有宝石，但马的身躯却已被拉长，尾部向上扭转，形体如同中原汉地龙的身躯。[1]由此证明林梅村所提出的吐火罗人的"龙神"源于古代印欧人"双马神"的论证是有根据的。

中亚"黄金之丘"发现的"双马神"像的两个特征令人

"黄金之丘"（Tillya-tape）阿富汗席巴尔干王陵出土的
一人双兽母题金饰件

（采自Victor Saranidi *The Golden Hoard of Bactria: From the Tillya-tepe Excavation in Nothern Afghanistan,*New York,1985,Fig45）

---

①采自 Victor Saranidi，*The Golden Hoard of Bactria: From the Tillya-tepe Excavation in Nothern Afghanistan,*New York,1985,Fig45。

关注，其一，顾名思义，所谓"双马神"的母题往往正是成对出现的双马；其二，事实上在双马之间，还有一头戴冠的"神人"（神灵）双手牵马，象征着对双马的驯服与驾驭。这些双马神常带有双翼，是可行于空的"天马"。从某种意义而言，它也是欧亚文明中流行的各种"一人双兽母题"中的一个重要类型。①

在印欧人的原始宗教中，双马神是其原始宗教传说中最为古老的神祇，据雅利安人的宗教传说，双马神是一对孪生的青年神使，常在黎明时刻降临，给人类带来财富，免除灾难和疾病。而在印度—伊朗许多部族的宗教观念中，马一般又是太阳神的象征或者帝王的标志。印度婆罗门经典《梨俱吠陀》和古代祆教经典《阿维斯塔》中，马的形象被赋予了多种含义，或许都最终可以溯源到印欧人双马神崇拜体系。②

在欧亚草原地带的考古材料中，遗留有许多双马神崇拜的图像与遗迹，包括双马神石像、双马头埋藏习俗等。随着欧亚草原古代游牧部落的不断分化并向四方迁徙，斯基泰人、塞人、中亚的大夏人、粟特人当中都曾经流行过这一崇拜，并在考古材料上有所反映。如1969—1970年，在哈萨克斯坦发现的伊塞金人墓当中（时代约为公元前5世纪），墓主人头冠的基座上有双马神像，其特点是双马"带翼长角"。前述阿富汗北境席巴尔甘东北5公里处的黄金之丘（Tilly-Tehe）第2号墓主人的耳坠上的图案更是耐人寻味，其式样为双龙守护国

---

①郭物：《一人双兽母题考》，《欧亚学刊》第四辑，第7页。

②郭物：《一人双兽母题考》，《欧亚学刊》第四辑，第5～7页。

王的一人双兽母题，双兽的后半身向后翻转，又具有双马神的韵味，可以说是龙与马的合体形象，具有典型的欧亚草原艺术特点。此处墓地的时代约在公元前1世纪至公元1世纪，其中第4号墓墓主被推定为大月氏王公丘就却之父，类似的以龙为主题的艺术品被认为是大月氏本族的文化艺术，而这一体现龙神崇拜的母题也有学者认为"实际上是源于古代印欧人宗教中的双马神"①。

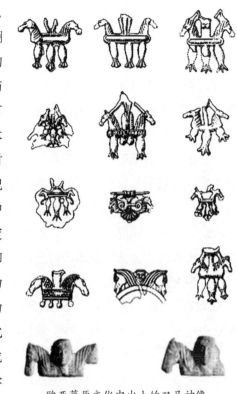

欧亚草原文化中出土的双马神像

（采自M.s.Thompson *The Asiatc or Winged Artemis* The Journal of Hellenic Studies）

除"双马神"之外，具有这种"一人双兽"母题的考古学资料曾在欧亚古代文明的不同地域十分流行，而且年代都较早，从公元前3000年左右到公元前1700年左右。郭物曾

---

①林梅村：《吐火罗神祇考》，《古道西风——考古新发现所见中西文化交流》，北京：生活·读书·新知三联书店，2000年，第7页。

列举了部分西亚、希腊、中亚和印度等地发现的一人双兽母题图像，认为其中最早的例子出现在古代埃及耶拉孔波利斯装饰墓当中（其墓主可能是公元前3400年或公元前3300年纳格达二期耶拉孔波利斯的一位国王）。在两河流域无论是在建筑浮雕还是圆形印章上，都有很多"一神双兽"的母题，题材丰富，有的是一人操两蛇或两牛，有的是一神人左右各搂抱一匹人面兽身怪兽，有的是在一个神像的狮子底座上有鸟首人身的神人双手各牵一头狮子的形象，等等。其中尤其值得提及的是，在美索不达米亚艺术中，中间的太阳神（Shamash）渐渐由有翼圆盘代表，其旁边则由七种双兽守护，他认为这一母题反映出古代美索不达米亚人对太阳神的崇拜。^①根据郭物所作的资料分析，所谓"一人双兽母题"最为集中的发现是在伊朗高原西部的扎格罗斯山区的卢里斯坦（Luristan），在卢里斯坦发现的具有游牧风格的文物均出土于石板围成的墓中，其年代约为公元前2000年到公元前1000年。这里出现有大量以一人双兽为母题的青铜器，种类包括马镳、权杖头、饰牌、护身符等，这一母题的主体是一人驾驭双兽，双兽大多为西方流行的"格里芬"一类怪兽，用以表现"英雄对于自然的控制"^②。

类似上述这样的资料，在欧亚古代文明的考古学遗存中是极为丰富的，国外学者早年便从不同的角度广泛涉及这一

---

①郭物：《一人双兽母题考》，《欧亚学刊》第四辑，第3页。

②郭物：《一人双兽母题考》，《欧亚学刊》第四辑，第4页。

欧亚文明中的一人双兽图像

（采自 M.s.Thompson *The Asiatc or Winged Artemis* The Journal of Hellenic Studies）

问题，汇集有大量此类考古材料。[①] 近年来对这类资料加以对比研究的中国学者除郭物之外，还有李零，他在对"有翼神兽"的研究当中对此类题材也有所涉及。[②]由于不断丰富的考古资料使学术视野不断开阔，不少研究者也开始关注在中西方古代文明交流的过程中，这些题材的传播情况与影响中国古代美术的问题。

目前，在我国青铜时代的考古资料中，曾有类似这种双马神的图像发现。如在晚商青铜器族徽当中曾发现有一站立的人双手各牵一匹马者，如《金文编》著录的屯簋、作父辛尊、作父丁尊上的"双马与大马"。有学者指出，这些母题也可能是吐火罗系统牧民崇拜的双马神，因为晚商时期中国与欧亚草原的文化联系已经开始，这些母题从形式上看和欧

①M.s.Thompson: *The Asiatc or Winged Artemis* The Journal of Hellenic Studies ,Vol.29(1909)286～307.

②李零:《论中国的有翼神兽》《再论中国的有翼神兽》，均收入其论文集《入山与出塞》，北京：文物出版社，2004年。

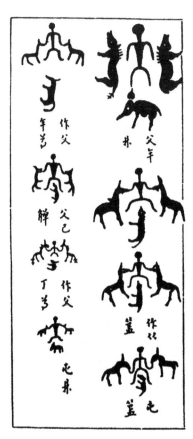

晚商青铜器族徽当中出现的一人双兽母题（采自郭物《一人双兽母题考》，《欧亚学刊》第四辑）

亚大陆其他地区的一人双兽母题十分接近，估计内涵也同为祈求繁殖与健康之意。有学者认为，春秋晚期到战国时期，我国中原北方地区同中亚、西亚的联系进一步密切，开始出现了大量与《山海经》等文献记载内容相似的大量神怪动物题材，有翼神兽也大致在这一时期传入中原黄河流域，一些"一人双兽母题图像"也有可能通过草原游牧民族将其传入中土。①进入秦汉之后，尤其是汉武帝通西域之后，中国与西域的文化交流不断增多，更是有越来越多的外来文物出现于中国，双马神之类图像及其对"天马""龙神"的崇拜也在中原和周边各族中广泛流行。

那么，既然在晚商至战国、汉代中原地区已经可能受到

①郭物：《一人双兽母题考》，《欧亚学刊》第四辑，第8～9页。

来自欧亚地区某些文化因素的影响，在这个历史背景之下我们重新来审视盐源青铜器群当中包括本文所论的"一人双兽纹"青铜枝形器的文化源流问题，就不能不充分考虑到以北方草原文化为媒介，西南地区接受某些外来文化因素的可能性。

三、盐源青铜枝形器的再探讨

在对盐源青铜器当中这类造型独特的"一人双兽纹"青铜枝形器做进一步探讨之前，我们有必要首先回顾一下这类青铜器伴出器物的总体面貌以及盐源在西南上古史中所处的历史环境。

从盐源干海、双河这批青铜枝形器的伴出器物来看，具有十分明显的游牧民族文化的特点，虽然由于这批器物多系采集得来，没有准确的出土背景资料，但据当地考古工作者的调查意见，干海和双河一带都是土坑墓和石棺葬分布密集的区域，因此包括这批青铜枝形器在内的许多青铜器有可能也是从土坑墓和石棺葬当中出土，所以与岷江上游石棺葬文化之间的关系也十分密切。如同刘弘所言："文献记载，雅砻江流域与岷江上游地区曾拥有同一民族背景。这一史实在考古学文化上也能得到印证。雅砻江流域与岷江上游地区，在战国至西汉初俱为石棺类文化分布地带。"①

例如，陶器中出土有陶双耳罐，有的在腹部还施有漩涡

---

① 刘弘：《若木·神树·鸡杖》，《四川文物》1998年5期。

纹，这类器物与岷江上游地区石棺葬中发现的陶双耳罐具有共同特征，在陶双耳罐上施以黑、白、红彩绘的做法也见于岷江上游石棺葬文化。

再如，伴出的青铜器中有铜戈、矛、剑等，其中以三叉格剑最为多见，从形制上看具有战国至汉初"西南夷"地区青铜兵器的特点。以盐源青铜器当中出土的一种"双圆柄形剑首青铜短剑"为例，笔者曾观察过其中的两柄，一柄编号为A135号，短剑为直刃剑，柄端各有一呈涡状的圆饼形饰，剑茎的格与剑首部的纹饰用连珠纹连缀成的三角形纹样，在三角形的外周同样饰以一周小圆点组成的连珠纹。另一柄编号为A91号，除柄的格首部稍狭外，与前者形制别无二致。①这类双圆饼形剑首的青铜短剑在中国西南地区过去曾多有发现，最早注意到这类考古材料的是长期从事西南地区民族考古的汪宁生教授，他指出："我国从内蒙古到辽东半岛、南至长城一线的广大北方地区发现的青铜器，别具风格，它们和远在云贵高原上的石寨山文化之间也存在着一定的联系。北方青铜器中一些典型器物，在石寨山文化中仍可找到痕迹。内蒙古、河北一带发现一种青铜短剑，剑首作双圆圈状或饰双圈纹，过去称'鄂尔多斯式剑'，这种剑在永胜九龙

---

①此系笔者赴西昌考察期间，蒙凉山州博物馆刘弘馆长厚意提供的资料。据刘弘先生见告，西昌盐源境内近年来发现的此类青铜短剑总数已达二十多柄，资料有待正式公布。在"三星堆与南方丝绸之路青铜文化展"上也展示有数例这类青铜短剑。

潭曾发现多件。"①后来，童恩正教授在其《我国西南地区青铜剑的研究》一文中，将我国西南地区的青铜剑分为"巴蜀系统"与"西南夷系统"两大体系，提出在"西南夷系统"的云南洱海地区曾出土过一类青铜剑，"茎端作双圆饼状，此式剑不见于中原地区，在西南其他地区亦未发现，但在我国北方草原地区所谓'鄂尔多斯式铜剑'中则有与之相似者"。②其后，在他的另一篇颇有影响的论文《试论我国从东北至西南的边地半月形文化传播带》中又再次引证道："（云南）德钦纳古所出茎首作双圆饼形的短剑，是长城以北战国时代最常见的一种形式，高浜秀《鄂尔多斯青铜短剑的型式分类》一文中的FⅠ式、FⅡ式、GⅡ式、GⅢ式均属此类。"③

如同童恩正先生所观察的那样，出土这类青铜短剑较多的另一个地点是滇西北高原，笔者可举下述几例为代表：滇西北德钦县纳古石棺葬采集到的一柄青铜短剑为长三角形，中起圆柱形脊，下端饰以三角形纹，无格，茎扁平，茎首作双圆饼形。④云南剑川鳌凤山墓葬出土的Ⅰ型剑，茎较扁平，上饰圆圈纹或回形纹，无格，茎首作双圆饼形，剑身呈

---

①汪宁生：《试论石寨山文化》，《中国考古学会第一次年会论文集》，北京：文物出版社，1980年。

②童恩正：《我国西南地区青铜剑的研究》，《考古学报》1977年2期。

③童恩正：《试论我国从东北至西南的边地半月形文化传播带》，《文物与考古论集》，北京：文物出版社，1987年。

④云南省博物馆文物工作队：《云南德钦县纳古石棺葬》，《考古》1983年3期。

长三角形，柱脊，后端饰三角形纹。①滇西洱海地区永胜县金官区在修建龙潭水库时，曾出土这类双圆柄首剑25件，这是出土数量最大的一批，②据描述，其茎部为扁平的长条形，其上布满同心圆纹，茎首作成双圆饼形，内有同心圆纹线。云南西北部宁蒗县大兴镇古墓葬M5近棺顶处的填土中曾发掘出土过一柄铜柄铁剑，形制也为双圆饼首，但与上述各例不同之处在于其一为铜柄铁剑，其二柄作镂孔纽辫状，无格。③此外，据张增祺先生介绍，云南陆良县板桥一带也曾发现过这种双圆饼形首的铜剑，器形和云南传统的青铜短剑不同。④

最令人不可思议的是，远在西藏最西部的阿里地区札达县皮央村墓地中，也曾出土过一柄与四川盐源所出极为相似的青铜短剑，这两个地点发现的青铜短剑的形制、纹饰和风格如同姊妹，如果不加以仔细辨识，很难区分。⑤

所以，根据上述考古资料的对比分析笔者曾研究认为，盐源青铜器当中这类双圆柄形剑首青铜短剑的来源，显然是来自北方草原地带，从其在西南地区的分布情况推测，有极

①阚勇等：《云南鳌凤山古墓发掘报告》，《考古学报》1990年2期。

②参见云南省博物馆文物工作队《云南德钦纳古石棺墓》注释4引，《考古》1983年3期。

③云南省博物馆文物工作队：《云南宁蒗县大兴镇古墓葬》，《考古》1983年3期。

④张增祺：《中国西南民族考古》，昆明：云南人民出版社，1990年，第206页。

⑤四川大学考古学系等：《西藏札达县皮央·东嘎墓地发掘简报》，《考古》2001年6期。

大的可能是通过横断山脉走廊从青藏高原或西北地区传入川西和滇西北高原的。[①]

由此可见，从盐源青铜器上反映出来的这些北方草原文化特征并不是孤立出现在某一件或某一类器物当中，就其总体面貌而论，它们不仅与横断山脉地带"西南夷"各地青铜文化之间联系紧密，也与北方地区战国以来的草原青铜文化之间有一定联系。

再从西南地区上古民族分布活动的角度考察，不少学者都注意到，文献记载战国至西汉初年，盐源所在的雅砻江流域与岷江上游地区同为"笮人"的分布区，"笮人"与司马迁《史记》所记载的"巂""徙"以及晋人常璩《华阳国志》中所记载的"冉駹"等都被认为是"西南夷"当中位于"西蜀徼外"的游牧民族。《史记·西南夷列传》载："自巂东北君长以什数，徙、笮都最大。"《华阳国志·蜀志》记载："汶山曰夷，南中曰昆明，汉嘉、越巂曰笮，蜀曰邛，皆夷种也。"这类被称为"夷种"的游牧民族以横断山脉形成的南北河谷通道为交通要道，在其往来迁徙的过程中完全有可能带来许多来自更为遥远的域外青铜文明因素。林向先生也曾推测，制作盐源青铜树枝的民族有可能是居住在若水（雅砻江）之上的笮人，"他们中的一部分很可能是顺'藏彝走廊'南下的氐羌系统的古代民族，所以特别重视马匹"，[②]

①霍巍：《试论西藏及西南地区出土的双圆饼形剑首青铜短剑》，《庆祝张忠培教授七十岁论文集》，北京：科学出版社，2004年。

②林向：《中国西南出土的青铜树——巴蜀文化区树崇拜的源流》，《巴蜀考古论集》，成都：四川人民出版社，2004年，第246页。

这一推测也不无道理。

下面，让我们再回过头来对盐源青铜器当中这批枝形器做一些观察和分析。从其纹饰母题而论，特点十分鲜明，顶部的双马或双兽两两相对而立，形态固定稳定，与欧亚草原流行的"双马神"图像十分相似。在双马或双兽的下方有的枝形器上出现有一个牵马者的形象，这与前揭中亚阿富汗"黄金之丘"出土的"双马神"黄金坠饰上的构图形式几乎也是相同的。如果我们按照本文的标准将盐源发现的这批青铜枝形器的图像母题也定名为"一人双兽"母题，应当是可以成立的。笔者还观察注意到这批青铜枝形器上驾驭着双马或双兽的这尊人神图像，虽然它的形体较小，制作也较简单粗糙，但其基本形态是直立姿势，服饰似为对襟交叉的长袍，腰间佩有短剑之类的兵器，一手上举牵引着双马或双兽。这很容易使人联想到在伊朗扎格罗斯山区卢里斯坦与大量"一人双兽"母题的青铜器同出的一尊被学术界称为"军神像"的青铜人神像。这尊青铜小像高37.7厘米，时代约为公元前8世纪至公元前7世纪，也是身穿对襟衣领的长袍，腰间佩剑，一手上举，手掌中空，作向上牵引状[①]，其造型特点与盐源青铜枝形器上的牵马者有相似之处。

如前所述，在时代更早的美索不达米亚美术考古资料中，以带翼圆盘象征太阳的图像较为流行，这大约是世界各古代文明中较为常见的情况，人们对于太阳及其光芒的感性

---

①霍巍：《广汉三星堆青铜文化与古代西亚文明》，《四川文物》1989年S1期，插图三。

认知和崇拜观念常常通过某种图案化的表现形式来加以表达。盐源青铜枝形器上承载"一人双兽"的载体也是圆形的图案，四川本地的学者们倾向于将其比定为太阳的象征物，这也是一种合理的解释。

此外，与此相联系的另一个证据是，在西亚和中亚青铜时代至早期铁器时代的器物与图像当中，青铜杖头出现较为普遍，

伊朗扎格罗斯山区卢里斯坦（Luristan）出土的青铜人像（采自霍巍《广汉三星堆青铜文化与古代西亚文明》插图三）

如上揭卢里斯坦青铜器当中与"一人双兽"母题的饰物同出的便有大量权杖头。而富有对比性的资料是在盐源青铜器当中，也曾经发现过一种被考古学者称为"鸡杖"的青铜杖，刘弘对此描绘甚详："盐源出土的铜杖，杖端立有一铜鸡，可将其称为鸡杖，鸡杖通高138厘米，杖径1.3厘米，共分为粗细一致的九节，每节长13.7～15.7厘米。杖身中空，内插入木棍使铜杖两两相接，最下一节为镦。杖端托一圆盘，圆盘直径4厘米，厚0.6厘米，向上一面满饰云气纹。圆盘四方各有一环，环套环挂一圆形叶状饰片，圆盘上立一雄

鸡，杖身通体饰阴浅鱼纹。"刘弘对此作出的解释是："（鸡杖）它是酋长或巫师（上古时期这两种身份往往一人兼而有之）手持的权杖，持有此杖者不但表示持杖之人拥有人间统治权，也表示他掌握着通过神树登天沟通天地的神权。"[1]有必要提及的是，在盐源出土的这批青铜枝形器当中，有的下面带有銎，是否也是用作青铜杖首值得考虑。

从目前已知的考古材料来看，至少我们可以得知，盐源青铜器当中存在着代表权威的铜杖已成为

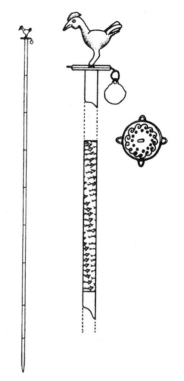

盐源发现的青铜鸡杖（采自刘弘《若木·神树·鸡杖》，《四川文物》1998年5期）

事实。众所周知，在中原汉地商周青铜文化体系当中，主要是以鼎、簋等礼器组合以及棺椁车马制度来体现墓主人的身份等级与社会地位，也间接地反映着当时社会的权力与等级制度，权杖在这一系统当中并不流行。因此，盐源青铜文化当中出现权杖这一事物，其来源就很值得我们思考。值得注

---

①刘弘：《若木·神树·鸡杖》，《四川文物》1998年5期。

意的是，在云南青铜文化当中，也曾发现过与盐源青铜器相似的青铜杖首以及双兽母题的铜编钟。如江川李家山墓地中出土过鸡形铜杖首；[1]晋宁石寨山 M19、M20 墓地中各出土一组 7 件鸟首铜杖首。[2]另在滇西青铜文化的检村、直力大石墓当中，也曾出土过青铜杖首，上面饰有立鸟的形象，与盐源所出的青铜"鸡杖"的杖首形制上相似。这类器物出土时，其下端銎内还往往残存有一段木柄，銎上并有对穿的小圆孔两个，可见其是纳于銎内组合成一柄"铜首木杖"。

不仅如此，在滇西青铜时代墓葬中出土的铜编钟上，也有本文所论的"双兽"母题存在，如其中一件编钟上饰有一对相对坐的立兽，两兽张开大口，前爪向外，蹲坐于地，尾巴上扬，图像均衡分布在编钟器腹部的两侧。[3]

我们可以将西南地区发现的这类双兽母题与中亚发现的公元前 4 世纪巴泽雷克第二号古墓中出土的双兽铜牌饰做一个比较，应当说两者都表现出大致相同的动物装饰意匠，只是中间没有神人出现。

笔者认为，盐源青铜器以及"西南夷"地区青铜器当中出现的上述这样一些文化因素，就目前所知的考古资料我们还无法从中原青铜文化体系中去寻求其来源，而在欧亚青铜

①张增琪：《滇国与滇文化》，昆明：云南美术出版社，1997年，第222~224页。

②云南省博物馆：《云南晋宁石寨山古墓群发掘报告》，北京：文物出版社，1959年，第94页。

③云南省文物队：《云南祥云大波那木椁铜棺墓清理报告》，《考古》1964年第12期。

滇西青铜文化中的双兽母题青铜编钟与青铜鸟杖首
（采自云南省文物队《云南祥云大波那木椁铜棺墓清理报告》，
《考古》1964年第12期）

巴泽雷克二号墓中出土的对兽牌饰
（采自郭物《一人双兽母题考》，《欧亚学刊》第四辑）

文化中却存在着一些相似的文化因素，这就使得我们不能不提出另一种可能的解释思路：盐源青铜器以及"西南夷"地区青铜文化中出现的"一人双兽母题"、青铜鸟杖首等事物，一方面固然体现出当地土著文化的特点，但另一方面是否也存在着以北方草原文化为媒介，受到更为遥远的欧亚文化中某些因素的影响这种可能性。所以总结笔者的认识可以归纳到一点：盐源青铜文化当中具有浓厚的游牧民族文化色彩，而战国秦汉时期活动在西南边疆的游牧民族曾在十分广阔的地域内迁徙活动，他们存在着将更为遥远的欧亚地区的某些文化因素通过横断山脉所形成的通道带到"西南夷"各地这种可能性。在盐源青铜器当中发现的"一人双兽"母题的青铜枝形器以及青铜鸡杖等，有可能是在本地土著文化传统的基础上，吸收一定的外来文化影响形成的产物。

这里，要特别强调指出的是，虽然笔者提出在盐源青铜器中存在着外来文化影响因素这种可能性，但这并不能否认其中占据主流的仍是当地土著的文化传统。有许多学者都观察注意到盐源青铜器与广汉三星堆青铜文化在文化传统上的承继性这一问题，这是很有意义的一种观察思考方法。只是笔者还想提及的一点是，我们还应当注意到早在三星堆青铜文化当中，便已经出现了一些不同于中原青铜文化系统的文化因素，如其中的青铜神树、青铜头像与面罩、黄金面罩及金杖等，既是当地土著文化传统的强烈体现，同时也有可能在一定程度上体现出不同文明之间的交流与影响。^①因此，在我们观察思考三星堆青铜文化与"西南夷"青铜文化之间的文化传统与土著特点的同时，也不应忽视不同文化间的交流与互动这一问题。李学勤先生曾经主张要开展"比较考古学"方面的研究，他在其《比较考古学随笔》一书中所提出的五个可以进行比较的层次，即第一个层次，是中原地区各文化的比较；第二个层次，是中原地区与边远地区文化的比较；第三个层次，是中国文化与邻近地区文化的比较；第四个层次，是包括中国在内的环太平洋诸文化的比较；第五个层次，是各古代文明之间的比较。^②在目前中国西南考古研究当中，我认为李学勤先生的倡导具有指导性的意义。

综上所述，"一人双兽"母题曾经在很大的地域范围内长时间流行，其构图形式在欧亚各地虽然总体上是固定的，但也有所变化，尤其是中间作为驾驭双兽的神人，可能在不同的民族和不同的地域环境当中被赋予不同的形象与含义，从而导致双兽的形态设计与表达方式也产生不同的变体。以上笔者虽然提出了应当放开我们的眼界，从更为广阔的视野来考察与审视盐源青铜器当中这些因素的来源问题，但是对于如此长久而广大的时空范围而言，目前我们还找不出充分的考古学与文献学方面的证据来复原和勾勒出这些文化因素流传到古代西南地区的过程与细节。因此，笔者提出这样一

---

①霍巍：《广汉三星堆青铜文化与古代西亚文明》，《四川文物·广汉三星堆遗址研究专辑》，1989年。

②李学勤：《比较考古学随笔》，桂林：广西师范大学出版社，1997年，第1~7页。

些新的思考，仅仅旨在抛砖引玉，引起学术界的讨论批评，问题的最终解答，还有待于中外学术界长期的艰苦工作与共同的努力研讨。

第三编

松赞干布陵的古史传说与考古探索

公元7世纪初，祖国各族人民进入一个新的发展时期。与大唐王朝基本同时，在青藏高原也兴起了一个强大的地方性政权——吐蕃王朝。松赞干布是吐蕃王朝的开国君主，他不仅通过兼并战争统一了过去的高原诸部，还创立法制、设立职官、发展生产、迁都拉萨，通过迎请唐宗室之女文成公主入藏，进一步密切了和中原王朝的关系，成为西藏古史上一位著名的君主。关于松赞干布的生卒年历来学术界颇存争议，[①]对于他死后的葬礼和陵墓的情况，长期以来也主要依靠文献记载、历史传说来加以推测。随着西藏考古工作的不断深入和发展，近年来对松赞干布逝世后吐蕃君臣为其建陵的情况，也有了更为可靠的依据。

一、关于松赞干布陵的古史传说

在今天西藏自治区山南地区琼结县境内的琼结河畔，分

---

①藏族简史编写组：《藏族简史》，拉萨：西藏人民出版社，1985年，第23页。

布着一个规模宏大的陵区，东西长约2500米，南北宽约1500米，面积为350多万平方米。整个陵区被冲沟分割为东西两区，两区相距约1公里。据敦煌古藏文文献等的记载，自吐蕃第二十九代赞普（即国王）赤聂松赞起，历代王室成员的陵墓开始营建在一个叫作"顿卡达"的山谷平原内，后来被称为东陵区。到了松赞干布之后，发生了一个重要的变化，开始在与东陵区一沟相隔的穆日山脚琼结河畔兴建新的陵区，因其位于顿卡达沟之西，即被称为西陵区，也有直接称为穆日山陵区的。这个新陵区内所建造的陵墓，都有高大壮观的封土堆（墓丘），而且基本形状都是方形覆斗式，和中原地区的汉唐陵墓外观有相似之处。1961年，国务院将这个陵区正式公布为中华人民共和国成立后第一批国家重点文物保护单位之一，所以后来很多人只知道藏王陵就是西陵区，而不知道隔着一条山沟还有它的另外一半——东陵区的存在。

为何会在旧有东陵区之外再新建这样一个新的西陵区？我认为很有可能与松赞干布去世之后，其后继者极为尊崇他的历史功勋，有意为其选择和开辟新的墓地，从而与过去的先君先王有所区别。[①]这一点也可从藏族古史记载当中得到印证。如在《汉藏史集》《雅隆尊者教法史》《西藏王统记》等史书中，称松赞干布陵的名称为"穆日穆波"，意为葬在"穆日山坡麓地带"的王陵。另一部由藏族近代史家让穷多

①霍巍：《试论吐蕃王陵——琼结藏王墓地研究中的几个问题》，《西藏考古》第1辑，成都：四川大学出版社，1994年。

结撰著的史书中，也记载称松赞干布的陵墓建在"琼达"，而据意大利著名藏学家对这个地名的解读，它就是指今天的琼结河畔的某一处平原，直到后世仍称建在琼结城堡之下的这处平原为琼达。①

让穷多结的著作中对陵墓的规模和墓内的华丽程度也有描述："其大小有一箭之遥，其占地约掷石之远，内中有五座神殿，此墓以其绚丽的装饰而闻名，它的秘称是穆日穆波。它的珍宝是分三次从全世界奉献出来的：五种神圣的供品、五种林中的珍奇、五种人间的瑰宝。世界的真如创造生命，并给予众生幸福。此时的世界是从珠山中而来，泥是从妖水中取来，大门向西朝着尼婆罗。在它的内室，陈列着五种供物，在中央，鬼域被金刚顶镇伏着，顶部是个各由十八腕尺长的柱子搭成的柱廊，它是由叫作白旃檀的檀香木料做成的。正中央是国王的御衣、各种不同的珍宝和无数珍贵的王冠。"墓内的情况还包括："四方墓冢分成格，丝纸拌于泥土中，以此塑成英主像，载上木车踏歌舞，安放圣像于墓中，奇珍异宝充于格，此风从此盛于世。"②和西藏古史记载中常见的笔法一样，在这些关于松赞干布陵墓的传说当中，也混杂进来较多的佛教文化色彩，与当时吐蕃时代的实际情况可能不完全相符。对于西藏古史传说和文献记载中的松赞干布陵的情况，我认为既不可都奉为信史，但也不可一概视

---

①［意大利］杜齐：《藏王墓考》，北京：中央民族学院藏族研究所编：《藏族研究译文集》第1辑，1983年，第32页。

②转引自杜齐《藏王墓考》，北京：中央民族学院藏族研究所编：《藏族研究译文集》第1辑，1983年，第1～2页。

为夸张神奇的传说，对于当中具有参考价值的部分还应科学吸收。至少，我们可以从中知悉这样一些可贵的线索。

第一，从松赞干布陵开始，在穆日山下、琼结河畔兴建了一个新的陵区，即西陵区，而松赞干布则是第一位葬入这个陵区的吐蕃赞普（国王）；第二，这座陵墓的封土外观呈方形，与以往杂乱无章的墓葬封土形状有了很大的区别；第三，墓葬内部的结构和形制为方格状，随葬品按照不同的门类放进相应的区域，送葬的过程中可能采用了木车之类的葬具，随葬品中包括有死者"圣像"在内的各种奇珍异宝；第四，陵墓的建筑材料十分考究，在泥土之中还要掺和其他可以用于加固墙体的材料，等等。但是，仅仅依靠这些古史传说和文献记载是不够的，要真正科学地去认识藏王陵区和松赞干布陵，考古学的介入就十分重要了。

二、琼结藏王陵区中的一号陵

在西陵区（即穆日山陵区）内，从琼结河畔开始一直到穆日山脚下，分布排列着众多外观呈方形覆斗状的陵墓，那么，究竟其中哪一座陵墓有可能是松赞干布的陵墓呢？目前无论是国内外学术界还是民间形成的比较统一的认识，是将西陵区内编号为一号陵的这座陵墓比定为松赞干布陵。

首先，让我们从考古学的角度来观察一下这座陵墓的现状。一号陵位于琼结河东岸，西距琼结河约90米，墓葬的封土呈覆斗形，墓顶中央的地理坐标为北纬29°00′54.24″，东经91°40′47.73″，方向北偏东30°，海拔3816米。封土平面为方形，墓顶长96米、宽80米，墓底长135米、宽136米，现存封土高度18米。墓顶平面呈正方形，边缘四周多处有坍塌。墓顶中央有一座重建于1983年的寺庙松赞拉康，该庙占地面积约867.6平方米。墓顶南、北部各有一隆起的园丘。墓顶西南处和墓顶中央靠北的位置，现各有一房屋遗迹，前者属20世纪80年代的建筑，而后者则是原松赞拉康寺庙的建筑基址。此外，在墓顶东南角还有一处与地表平行的石砌遗迹，东西长6米、宽1米，对其性质目前还不明确。

为何在众多陵墓中将这座陵墓认定为松赞干布陵？这首先要从西陵区的布局谈起。根据文献记载提供的线索，松赞干布陵是第一座安葬在这个陵区内的陵寝，所以就有两种可能性存在：一是从穆日山脚下开始排列布置陵位；二是从琼结河畔开始布置陵位。如果是前者，那么从一号陵到其后的诸座陵墓至少在开始阶段是有一定规律可循的，但我们却发现，如从山脚下的陵墓起算，紧随其后的各陵（即现在编号的第五、六、七号陵）则完全不在一条直线上，基本上是按照山形地势择地安排陵位，让我们很难理解陵区初开时在空

松赞干布陵外观

间还十分宽裕的情况下，为何采取这种杂乱无章的布局方式。反之，如果换一种布局方式，不是从穆日山脚下，而是从琼结河畔开始排置一号陵（即现在一号陵所在的陵位），那么紧随其后的第二、三、五、六诸陵则正好呈南北向一字排开，井然有序，符合一般依山建陵用地的空间格局配置原则。

其次，从后世文献记载提供的线索来看，对松赞干布以后的诸陵陵位的记载都是以松赞干布陵作为起始点，依次向左（也就是从河岸方向朝后）一直排列到穆日山脚下的，才能使文献记载和现存的陵墓基本对位。如《西藏王统记》记

西陵区1至6号陵平面布局图

载，松赞干布之后的芒松芒赞陵墓是在"松赞干布陵的左方，被称为俄谢塞波"；而芒松芒赞之后的都松芒布支的陵墓又是在"芒松芒赞陵的左方，被称为僧格孜坚"，其他各陵则依此渐次向后排列。

其三，民间传说一直将一号陵比定为松赞干布陵，而且现今在陵墓顶上还建有一座据说是为守护松赞干布陵而建的拉康，故名为"松赞拉康"。虽然目前的建筑已是1983年恢复重建的，但其最初建立的时代据调查可以上溯到公元11世纪，[①]这就表明历史上将这座陵墓认定为松赞干布陵并加以保护的传统由来已久，不大可能毫无根据。

一号陵陵位及其墓主的确定，是比定其他各陵的标准点，具有极为重要的意义。迄今为止国内外学术界对于西陵区内安排的吐蕃各位赞普的陵位虽然还有许多不同的意见，[②]但基本一致地同意这座陵就是松赞干布陵，表现出很高的认可度，并以此为起始点，结合文献记载去比定陵区内其他各陵的墓主。

195

三、一号陵陵垣建筑的考古调查和试掘

近年来，我国考古工作者围绕一号陵开展了不少考古调查工作，其中最为重要的收获是发现了一号陵周围的陵垣建

————————

①据西藏大学中国藏学研究所夏吾卡先见告。

②王仁湘、赵慧民、刘建国、郭幼安：《西藏琼结吐蕃王陵的勘测与研究》，《考古学报》2002年第4期。

筑遗迹。^①早在1948年，意大利藏学家杜齐在藏王陵区内进行实地踏查时，便已经发现了这一独特的遗迹现象，他记载说："在河（笔者按：指琼结河）右面头一个自然形成的土丘，其顶端有一个属红教系统的小神堂，这就是人所共知的松赞干布的坟墓。周围有一圈环行路，但是仍可以清楚地看出一堵古老的墙壁的痕迹，把整个地方都围了起来。"^②遗憾的是，他独具慧眼的这个发现竟然没有引起人们足够的重视，以后便渐渐无人提及。直到2012年，由于接受国家文物局和西藏文物局对藏王陵制定保护规划的任务，我率领四川大学和西藏自治区文物保护研究所、山南地区文物局等联合组成的藏王陵考古队在陵区内开展工作，才又一次发现了这处早已被湮没在历史尘埃之下的陵垣遗址，并进行了试掘清理。

这段墙体的基础以条形石头在内外两侧砌垒，可辨最高砌垒层数为8层，石头之间以泥土黏合，黏合厚度2~5厘米，相互错缝，内外搭砌，显示出成熟的毛石墙砌筑技术。墙体中间以不规则的石块填垒，没有明显规律。在墙垣内侧至1号陵封土边缘，我们在发掘清理时还曾经发现一个人类活动留下的"活动面"，面积原来可能较大，已揭露出的部分估计约达33平方米，在上面发现有因为人为踩踏而嵌入地面的陶片、动物骨头、炭屑等遗迹现象，可以肯定当时曾有

①四川大学中国藏学研究所、西藏自治区文物管理委员会、山南地区文物局：《西藏琼结县藏王陵1号陵陵垣的试掘》，《考古》2016年第9期。
②[意大利]杜齐：《藏王墓考》，中央民族学院藏族研究所编：《藏族研究译文集》第1辑，1983年，第11页。

人在墙内活动过。"活动面"的地表较为坚硬，似乎采用过特殊的地面铺垫处理，从土层的色泽、坚实度观察，它和西藏民间传统建筑中使用的"巴嘎土"很接近。从调查和发掘的情况来看，一号陵的四面都有保存程度不同的陵垣残段掩埋在河水冲积形成的坡麓之下，最深处达到现在距地表2米以下。根据考古地层关

藏王陵早期陵垣建筑

系推断，陵垣形成的年代可分为早、晚两个大的时期，其中早期陵垣以编号为Q2的墙体为代表，墙体所在的考古学地层和一号陵基础部分所在的地层相同，都是直接在河滩的砾石层上砌建基础，两者可以归为同一时期。对"活动面"上采集到的木炭、羊骨标本进行了放射性同位素碳十四测年，其中编号为Beta381630的1件羊肋骨标本经过实验室预处理，提取骨胶原，得出的碳十四年代为公元645年至685年。这与松赞干布下葬年代基本吻合，可以确定是吐蕃王朝时期的遗存。而在墙体的外侧（即靠近琼结河的方向），则为古老的河相堆积，没有发现人类活动留下的遗址。这个发现再次证明一号陵可能是最早建在西陵区的陵墓，和文献记载与古

史传说相互吻合。

晚期陵垣以及与之共存的房屋遗址等属于后期不断修葺的建筑遗存，从中出土的陶器残片、珠饰等推测，时代大约可能晚到17世纪。

一号陵陵垣遗址的发现具有重要的意义，它首次确认了一号陵存在吐蕃时期的陵垣，这是藏王陵研究史中的重大突破，为研究藏王陵陵墓制度提供了重要的线索。我认为藏王陵区内陵垣建筑的设计，与唐王朝的陵垣制度关系密切。唐陵自乾陵始，在封土为陵的陵墓周边，都建有围绕封土的陵垣，四面设以门阙，在陵垣门外的神道两旁周列"石象生"等。吐蕃王朝在松赞干布时期通过与唐王朝的和亲、礼聘、通使往来等各种方式，都与唐代中央政府一直保持着密切的朝贡关系与文化交往。史书记载表明，唐蕃双方文化交往的过程中，吐蕃的丧葬文化也深受唐代礼制的影响，最高统治阶级的陵墓更有可能效仿唐制。回顾松赞干布的事迹，他在迎接大唐文成公主进藏时，便对唐代高度发达的物质文明和精神文明表达出倾慕之情，心向往之："文成，宗室女。贞观十五年正月十五日封，降于吐蕃赞普弄赞，命江夏王送之。弄赞亲迎于河源，见王，行子婿礼甚谨，叹大国服饰礼仪之美，俯仰有愧沮之色，谓所亲曰：'我祖父未有通婚大国者，今我得仰大唐公主，当筑一城，以夸示后世！'仍遣酋豪子弟，请入国学，以学诗书，从之。"① 此外，吐蕃王朝

① 〔宋〕王溥撰：《唐会要》上，卷六"和蕃公主"条载，上海：上海古籍出版社，2006年，第86页。

还曾经多次遣使前往唐朝参加唐代皇帝的丧礼，从中大约也深受其仪轨礼制的影响。在以往的研究当中，我们曾在藏王陵陵区内发现陵前石狮、具有唐碑风格的墓前石碑等文物遗存，均具有明显的唐代丧葬文化因素。本次试掘发现的陵垣遗迹，进一步证明藏王陵也如同唐陵一样，存在着陵垣，这就更加丰富了我们对于吐蕃王朝接受唐王朝丧葬礼制影响的基本认识。

一方面，一号陵晚期陵垣以及墙体内房屋遗址和出土器物的发现，也说明吐蕃王朝崩溃之后，后世建立的西藏地方政权还曾在藏王陵区进行过一系列修缮和祭祀活动，显示出藏王陵在西藏政治生活中具有的特殊地位。而这些晚期陵垣遗存的大致年代约为藏传佛教格鲁派建立的甘丹颇章政权时期（公元17世纪），可能也有某些特殊的政治背景。我们知道，五世达赖喇嘛的出生地就在琼结藏王陵邻近的雪村，他幼年时期曾在当地的日乌德钦寺出家，对家乡和藏王陵都存在某种特殊的感情。另一方面，出于政治上的考虑，他也希望通过修缮吐蕃王陵等举措来彰显其与吐蕃王室的特殊关系，以此为其创立的新政权谋求政治权威。如果这个推测无误，那么我们也可以考虑这些晚期的建筑是在五世达赖建立甘丹颇章政权之后兴建的。

这里，还可以举出一个藏王陵与五世达赖之间有关的史实：过去曾经位于赤松德赞陵前的墓碑（也有学者认为或为赤松德赞记功碑），原来的位置是在陵区内的河谷漫滩上，后来却被移到了今天雪村附近（现琼结县政府内），此碑现在的方向也正对准着五世达赖的家乡日乌德钦寺。对于这个现象的解释，有学者认为这也很可能与五世达赖时期围绕藏王陵开展的一系列政治建构和陵区建设有关，[①]这个推测我认为是有可能成立的。

四、结语

综上所述，从文献记载、古史传说，到考古调查与试掘，所有的线索都足以表明，位于穆日山西陵区内的一号陵，应当就是吐蕃王朝一代英王松赞干布的陵墓，虽然目前对其内部的情况还只能停留在文献记载和古史传说留给人们有限的想象空间，但从考古学观察到的陵墓建筑，尤其是其一号陵在陵区内所处的特殊位置、采用其他陵墓目前尚未发现的陵垣建筑等特别因素来综合考虑，松赞干布陵墓是名副其实的吐蕃"众陵之首"，这与考古学家们赋予它的编号"一号陵"正是名实相符。今后，随着藏王陵考古工作的不断深入，我们对于这座王陵和其他王陵的认识也会不断深化和细化，距离最终揭开掩盖在藏王陵和松赞干布陵上那层神秘的面纱，将不会太遥远。

①夏吾卡先：《吐蕃琼结桥碑的考古复查与研究》，《考古》2015年第6期。

唐使王玄策与日本奈良药师寺佛足迹石

王玄策是我国唐代著名的旅行家、探险家和杰出的外交使节，与著名的三藏法师玄奘是同时代人，他一生中曾经数度出使印度，并开拓和贯通了经由吐蕃、尼婆罗通往印度的道路——"吐蕃泥婆罗道"，对促进大唐与印度，以及唐王朝与吐蕃王国之间的交流往来做出过重大贡献。由于王玄策本人所撰的《中天竺行纪》未能像唐玄奘《大唐西域记》那样流传后世，在正史中也没有关于他本人的传记，其史迹主要散见于后人所辑录的各种文献资料中，所以对与他有关的史迹的搜求考证一直为学术界所关注。近年来，随着在西藏自治区吉隆县境内《大唐天竺使出铭》这一有关王玄策出使印度的实物资料的考古发现，①引起了国内外学术界再度对有关王玄策事迹研究的关注与探讨。

据史书记载，由王玄策在印度亲自考察、搜集并携回中国的若干佛教文物，不仅在中国广为流布，甚至远传到了日

---

①参见西藏自治区文管会文物普查队《西藏吉隆县发现唐显庆三年〈大唐天竺使出铭〉》，《考古》1994年第7期；霍巍《〈大唐天竺使出铭〉及其相关问题的研究》，[日]《东方学报》京都第66册，1994年；霍巍《〈大唐天竺使出铭〉相关问题再探》，《中国藏学》2001年第1期，等文。

本，对日本佛教文化和艺术也影响至深，其中最为重要的一例，便是至今还保留在日本奈良药师寺内的一块佛足迹石。对于这块佛足迹石，过去我国学者在研究王玄策事迹时曾有所提及并作过介绍与研究，①但笔者一直无缘亲见。2005年初，笔者利用到日本进行学术访问的机会，专程前往奈良药师寺对这一遗物作了实地考察，获得了一些重要的资料，可以对以往的介绍研究有所补充，特撰成此文，求正于方家识者。

一、关于铭文的释读

保存在奈良药师寺内的这块佛足迹石现存于寺内的大讲堂北面，是用近六面体的青灰色角砾岩做成。据药师寺内所获题为《国宝佛足石·佛足迹歌碑》的资料介绍，其石正面高69厘米，宽74.5厘米，在稍加平整后的石头上面线刻有佛足迹图案，在其周围四面刻有铭文和其他图案。②但目前上面的文字已大多漫漶难识。由于在铭文中出现有"大唐使人王玄策向中天竺鹿野苑中转法轮处因见迹得转写"等语，所

202

①最早在国内比较全面介绍日本奈良药师寺佛足迹石的，是已故的孙修身先生，其最初发表的相关论文为《唐朝杰出外交活动家王玄策史迹研究》，《敦煌研究》1994年第3期，其后经修改、补充后撰成《日本奈良药师寺佛足迹石》一文，收入其所著《王玄策事迹钩沉》一书，乌鲁木齐：新疆人民出版社，1998年。本文所引孙修身先生对铭文的释读主要参考此文。其后陆庆夫先生在其《关于王玄策史迹研究的几点商榷》一文的讨论中也涉及这块佛足迹石，参见《敦煌研究》1995年第4期。

②[日]藥師寺編印：《國寶佛足石·佛足迹歌碑》，2005年。

以成为王玄策事迹的重要史迹，长期以来也为日本学术界所高度重视，研究成果极为丰富。

日本学术界对佛足迹石各面所刻的铭文进行释读的工作，开始于18世纪后半叶的江户时代。最初在宝历二年（1752），便有野吕元丈发表过《佛足石碑铭》一文，是为日本学术界研究此通佛足迹石的嚆矢之作。但野吕元丈本人并未亲见实物，主要是根据来自奈良的著名拓工松井元英所拓佛足石铭文拓本进行释读。其后，在文政元年（1818），狩谷𣲖斋亲赴奈良，用七天时间对铭文作了实地考察之后，对野吕元丈所作释文再作校订，撰写有《佛足石纪》一文，收入其所著《古京遗文》一书中。次年（1819），真宗本愿寺僧人释潮音在编撰《佛迹志》一书时，进一步引证中国典籍《释迦方志》《法苑珠林》《观佛三昧经》等对佛足石所涉及的相关问题做了更为详细的考证。文政十一年（1829），小山田与清发表专著《南都药师寺金石记》，其中根据拓本再对《佛足石碑铭》等前人所作考释加以校订。[1]明治时代之后，对碑铭进行考释的学者阵容更为强大，其中较早期的有三宅米吉于明治十三年发表的《佛足石》一文，[2]文中纠正了过去学者的不少误释之处。其后，相继有保坂三郎的《西

---

[1]以上资料参见［日］齋藤理惠子《佛足石》，收入大橋一章、松原智美編著《藥師寺千三百年的精華——美術史研究のあゆみ》，第270~271頁，裏文出版社，2000年。

[2]［日］三宅米吉：《佛足石》，《考古學雜誌》第1卷7期，明治三十年。

京药师寺佛足石》、①橘健二的《药师寺佛足石铭文存疑》、②加藤谆的《佛足石——日本における》③等论著发表，基本上确立了对铭文考订的主体性意见，使铭文的释读大体能通。近年来，日本学者广冈义隆实地调查，进一步在前辈学者研究释读的基础上逐字对铭文作了释定，发表有详细的调查报告。④早稻田大学教授大桥一章也组织了对药师寺佛足迹石的调查研究班，其研究成员之一的斋藤理惠子连续发表有《佛足石纪校订》⑤《藥師寺佛足石の來歷について》⑥等文，对铭文的考释更为精细和深入。

但即使如此，就笔者目前所搜集到的日本学术界已发表的有关资料来看，在对佛足迹石个别文字的隶定上也略有不同，如上面提到的药师寺编印的《国宝佛足石·佛足迹歌碑》和另一份由斋藤理惠子所释定的题铭文字，⑦两者之间即存在一些释文上的细微差别。我国学术界过去也曾有对此石铭文释读的介绍，如早年柳诒徵先生曾在《王玄策事迹》

———————————

①[日]保阪三郎：《西京藥師寺佛足石》，《國華》第755期，1941年。

②[日]橘健二：《藥師地佛足石銘文存疑》，《南都佛教》第6期，1959年。

③[日]加藤諄：《佛足石——日本における》，《古美術》第24期，1968年。

④[日]廣岡義隆：《佛足石記》，上代文獻をよむ會編：《古京遺文注釋》，櫻楓社，1988年。

⑤[日]齋藤理惠子：《佛足石紀校訂》，安田暎胤、大橋一章編《藥師寺》，裏文出版社，1989年。

⑥[日]斋藤理惠子：《藥師寺佛足石の來歷について》，《美術史研究》第三十七卷，1999年。

⑦[日]大橋一章、松原智美編著：《藥師寺千三百年的精華——美術史研究のあゆみ》，裏文出版社，2000年，第272~276頁。

一文中引及此石铭文，①后来在陆庆夫先生的论文中又有所转引，②已故的孙修身先生对此石铭文也有更为全面的介绍与研究。③如果我们再将国内学术界对此石题铭的释读与日方释文两相对照，会发现其间的差异更大。为了方便国内学术界今后更好地利用这一资料并开展深入研究，笔者首先将几种主要的铭文释读以列表的方式罗列于后，以便于读者进行对照（每行文字前面的序列数表示原石刻文字的行数）。

表一：佛足迹石东面铭文释文对照表④

药师寺释文	斋藤理惠子释文	孙修身释文	柳诒徵释文
(1) 釋迦牟尼佛迹圖	釋迦牟尼佛迹圖	釋迦牟尼佛足迹圖	
(2) 案西域傳雲今摩揭陀國昔阿育王方精舍中有一大[石]	案西域傳雲今摩揭陀國昔阿育王方精舍中有一大石	案西域傳雲今摩揭陀國昔阿育王方精舍中有一大[石]	
(3) 有佛迹各長一尺八寸廣六寸輪相花文十指異是佛	有佛迹各長一尺八寸廣六寸輪相花文十指各異是佛	有佛迹各長一尺八寸廣六寸輪相花文十指各異是佛	
(4) 欲涅槃北趣拘南望王城足所踏處近爲金耳國商迦[王]	欲涅槃北趣拘南望王城足所踏處近爲金耳國商迦王	欲涅槃北趣拘南望王城足所踏處近爲金耳國商迦王	

①柳诒徵：《王玄策事迹》，《学衡》1925年第39期。

②陆庆夫：《关于王玄策史迹研究的几点商榷》，《敦煌研究》1995年第4期。

③孙修身：《日本奈良药师寺佛足迹石》，《王玄策事迹钩沉》，乌鲁木齐：新疆人民出版社，1998年。

④本文的原始文献保留了繁体字、异体字。

药师寺释文	斋藤理惠子释文	孙修身释文	柳诒徵释文
(5) 不信正法毀壞佛迹鑿已還生文相如故又捐於河	不信正法毀壞佛迹鑿已還生文相如故又捐□□	不信正法毀壞佛迹鑿已還生文相如故又捐於河	
(6) 中尋複本處今現圖寫所在流布觀佛三昧經	中尋複本處今現圖寫所在流布觀佛三昧經□	中尋複本處今現圖寫所在流布觀佛三昧經	
(7) 若人見佛足迹內心敬重無量衆罪由此而滅今又值遇	若人見佛足迹內心敬重無量衆罪由此而滅今□值遇	若人見佛足迹內心敬重無量衆罪由此而滅	
(8) 非有幸之所致乎又北印度烏仗那國東北二百六十裏	非有之幸所致乎又北印度烏仗那國東北二百六十裏	非有之幸所教乎又北印度烏仗那國東北二百五十裏	
(9) 入大山有龍泉河源春夏含凍晨夕飛雪有暴惡	入大山有龍泉河源夏含凍晨夕飛雪有暴惡	入大山有龍泉河源春夏含凍晨夕飛雪有毒惡	
(10) 龍常雨水災如來往化令金剛神以杵擊圍龍聞驚	龍常雨水災如來往化令金剛神以杵擊崖龍聞驚	龍常雨水災如來往化令金剛神以杵擊崖	
(11) 怖歸依於佛恐惡心起留迹示之于泉南大石上現其雙	怖歸依於佛恐惡心起留迹示之于泉南大石上現其□	龍王驚怖歸依於佛恐惡心起留迹示之于泉南大石上現其雙	
(12) 迹隨心淺深量有長短今丘慈國城北四十裏寺佛堂	迹隨心淺深量有長短今丘慈國城北四十裏寺佛堂	迹隨心淺深量有長短今丘慈國城北四十裏寺佛堂	
(13) 中玉石之上亦有佛迹齋日放光道俗至時同往慶	中玉石之上亦有佛迹齋日放光道俗至時同往慶	中玉石之上亦有佛迹齋日放光道俗至時同往慶	
(14) 修觀佛三昧經佛在世時若有衆生見佛行者及	修觀佛三昧經佛在世時若有衆生見佛行者及	修觀佛三昧經佛在世時若有衆生見佛行者及	

续表

药师寺释文	斋藤理惠子释文	孙修身释文	柳诒徵释文
(15)見千輻輪相即除千劫極重惡罪佛去世後想	見千輻輪相即除千劫極重惡罪佛去世後想	見千輻輪相除千劫極重惡罪佛去世後想	
(16)佛行者亦除千劫極重惡業雖不想行見佛迹者見	佛行者亦除千劫極重惡業雖不想行見佛迹者見	佛行者亦除千劫極重惡業雖不想行見佛迹者見	
(17)像行者步步之中亦除千劫極重惡業觀如來	像行者步步之中亦除千劫極重惡業觀如來	像行者步步之中亦除千劫極重惡業觀如來	
(18)足下平滿不容一毛足下千輻輪相轂輞具足魚鱗相次	足下平滿不容一毛足下千輻輪相轂輞具足魚鱗相次	足下平滿不容一毛足下千輻輪相轂輞具足魚鱗相次	
(19)金剛杵相足跟亦有梵王頂相衆蠡之相不遇緒惡	金剛杵相足跟亦有梵王頂相衆蠡之相不遇緒惡	金剛杵相足迹亦有梵王頂相衆蠡之相不遇緒惡	
(20)是爲勝祥	是爲休祥	是爲勝祥	

207

表二：佛足迹石南面铭文释文对照表

药师寺释文	斋藤理惠子释文	孙修身释文	柳诒徵释文
(1)大唐使人王玄策向中天竺鹿	大唐使人王玄策向中天竺鹿	大唐使人王玄策向中天竺鹿	大唐使人王玄策向中天磨□
(2)野園中轉法輪處因見	野園中轉法輪處因見	野園中轉法輪處因見	□國中轉法輪□目見
(3)迹得轉寫搭是第一本	迹得轉寫搭是第一本	迹得轉寫搭是第一本	迹得轉寫搭是第一本
(4)日本使人黃文本實向	日本使人黃文本實向	日本使人黃文本實向	日本使人黃書本實向
(5)大唐國於普光寺得轉	大唐國於普光寺得轉	大唐國於普光寺得轉	大唐國於普光寺得轉
(6)寫搭是第二本此本在	寫搭是第二本此本在	寫搭是第二本此本在	寫搭是第二本此本在
(7)右京四條一坊禪院向禪	右京四條一坊禪院向禪	右京四條一坊禪院向禪	吾京四條一坊禪院向禪

续表

药师寺释文	斋藤理惠子释文	孙修身释文	柳诒徵释文
(8)院禪披見神迹敬轉寫	院禪披見神迹敬轉寫	院禪披見神迹敬轉寫	院壇披見神迹敬傳寫
(9)搭是第三本從天平勝	搭是第三本從天平勝	搭是第三本從天平勝	搭是第三本從天平勝
(10)寶五年歲次癸巳七月十五日盡	寶五年歲次癸巳七月十五日盡	寶五年歲次癸巳七月十五日盡	寶五年歲次癸巳七月十五日盡
(11)廿七日並一十三個日了檀	廿七日並一十三個日作了檀	廿七日並一十三個日作了檀	廿七日並一十三個日作□檀
(12)主從三位智努王以天平勝	主從三位智努王以天平勝	主從三位智努王以天平勝	立從三位智努王以天平勝
(13)寶四年歲次壬辰九月七日	寶四年歲次壬辰九月七日	寶四年歲次壬辰九月七日	寶四年歲次壬辰九月七日
(14)改王字成文室真人智努	改王字成文室真人智努	改王字成文室真人智努	改王寫成文室真人智努
(15)畫師越田安萬書寫	畫師越田安萬書寫	畫書手越田安萬書寫	畫師越田安萬書寫
(16)神石手□□□呂人足	神石手□□□呂人足	神石手□□□呂人足	□石手□□□呂人足
(17)□仕奉□□□人	匠仕奉□□□人	□仁奉□□□人	□仕奉□□□人

表三：佛足迹石西面铭文释文对照表

藥師寺釋文	齋藤理惠子釋文	孫修身釋文	柳詒徵釋文
(1)至心發願爲	至心發願爲	至心發願爲	
(2)亡夫人從四位下	亡夫人從四位下	亡夫人從四位下	
(3)茨田郡主法	茨田郡主法	茨田郡主法	
(4)名良式敬寫	名良式敬寫	名良式敬寫	
(5)釋迦如來神	釋迦如來神	釋迦如來神	
(6)迹伏願夫人	迹伏願夫人	迹伏願夫人	
(7)之靈駕遊	之靈駕遊	之靈駕遊	

续表

藥師寺釋文	齋藤理惠子釋文	孫修身釋文	柳詒徵釋文
(8)無勝之妙邦	無勝之妙邦	無勝之妙邦	
(9)受□□□□之	受□□□之	受□□□□之	
(10)聖言永脫有	聖□永脫有	聖□水既有	
(11)漏高證無爲同	漏高證無爲同	漏高登無爲同	
(12)霑三界共契一真	霑三界共契一真	霑三界共契一真	

此外，佛足迹石南面第十行方画外下方有铭文三行，各家释文一致，均为"知识家□男女大小""三国真人净足""三国真人净足"。另在此石北面亦存有铭文三行，各家所释内容亦一致，均为"诸行无常""诸法无我""涅槃寂静"。但在此石的东北隅上还有一行铭文，药师寺释文为"观佛迹"三字，斋藤理惠子释文仅有一"观"字，以下均缺，孙修身释文亦为"观佛迹"三字。

比较以上各家释文，可见日方两份释文的内容相对最为接近，而中方孙修身及柳诒徵两释文则与之有一定差异。笔者认为由于此石铭文现已磨蚀漫漶，难以识读，中方学者很难再据原物进行亲自观察与考订，柳诒徵释文（以下简称"柳释"）其来源称为"日本奈良药师寺佛迹碑"，可能系从早年日方释文抄录而得，而且只录出了此石的南面铭文，其余各面铭文均阙。孙修身释文（以下简称"孙释"）出处虽未明指，但笔者判断大体上也可以肯定是依据日方释文而来，但可能是依据年代较近的新释辑出。相对而言，日方因占有地利之便，又有长期以来的观察与考释工作的基础，上述两份释文均系根据原石的铭文释定的结果，其可信程度自然更高。所以，从原则上讲，中方两释文与日方的存异之处，笔者认为应当据日方学者的研究成果加以补正。具体而言，有下述各处：

1. 东面铭文第7行药师寺释文为："若人見佛足迹内[心]敬重無量衆罪由此而减[今又值遇]。"斋藤理惠子释文为："若人見佛足迹内心敬重無量衆罪由此而减今□值遇。"而孙修身释文则为："若人見佛足迹内[心]敬重無量衆罪由此而减。"孙释显然下脱有"今又值遇"四字，当从日方释文补之。

2. 东面铭文第10行药师寺释文为："龍常雨水災如來往化令金剛神以杵擊[崖]龍聞[驚]。"斋藤理惠子释文为："龍常雨水災如來往化令金剛神以杵擊崖龍聞驚。"孙修身释文为："龍常雨水災如來往化令金剛神以杵擊崖。"孙释此行显然下脱"龙闻惊"三字，但在孙释的第11行开头有"龙王惊"三字，与日方两释文比较，显系将第10行末尾三字误释入第11行开始三字，且"龙王惊"三字当从日方所释，改为"龙闻惊"为当。

3. 东面铭文第19行日方两释文均为"足跟亦有梵王顶相"，而孙释为"足迹亦有梵王顶相"，当从日方释文改释为"足跟"。

4. 南面释文第1、2两行唯柳诒徵释文（以下简称为"柳释"）为"中天竺磨□□国"，这与日本学术界早期释文相同（详见后文），但其他各家均释为"中天竺鹿野苑"，此为后来新的释定，柳释显然是沿袭了早期日方释文之误，当从后释改定为"中天竺鹿野苑"为是。

5. 南面释文第2行末尾两字各家均释为"因见",唯柳释为"目见",当从各家所释改为"因见"。

6. 南面铭文第7行各家所释均为"右京四条一坊禅院",唯柳释为"吾京四条一坊禅院",当从各家所释改为"右京"。

7. 南面铭文第8行各家均释为"敬转写",唯柳释为"敬传写",当中"传"字当系"转"字之误释,当从各家所释改为"敬转写"。

8. 南面铭文第14行各家均释为"改王字成",柳释为"改王写成",当从各家改之。

9. 南面铭文第15行日方两释文及中方柳释均为"画师越田安万书写",而中方孙释为"画书手越田安万书写",笔者认为孙释恐误,"画书手"三字不可解,恐系与下行(第16行)铭文中"神石手"三字混同造成的误释,当从日方释文改释为"画师"为当。

10. 南面铭文第16行各家均释出为"神石手"三字,唯柳释释为"□石手",当从各家之释补一"神"字。

11. 南面铭文第17行日方两释文及中方柳释均为"仕奉",而孙释为"仁奉",若联系上下文来看词意难通,当从其他各家释文改释为"仕奉"为当。

12. 西面铭文第10行药师寺释文为"圣言永脱有";斋藤理惠子释文第二字未释出,但亦释为"圣□永脱有"。孙修身释文为:"圣□水既有",孙释第三、四两字显系误释,当从日方释文改释之。

13. 西面铭文第11行日方两释文均释为："高證无为"，而孙释为"高登无为"，其"登"字显系"證"字之误，当从日方释文改释。

上述意见是否妥当，尚祈方家识者指正。另据笔者在日本京都大学人文科学研究所参加由高桥时雄教授所主持的"王玄策事迹研究班"所了解的情况来看，此研究班也对药师寺佛足迹石铭文这一与王玄策史迹密切相关的遗物做了深入研究，其研究成果将于近期正式公布发表，[①]我们可以密切关注和期待这一成果可能带来的新的突破。

二、关于铭文内容的几个问题

对于珍藏在日本奈良药师寺内这块极为珍贵的佛足迹图及其铭文所涉及的内容，日本学术界长期以来进行过许多富有成效的研究。过去我们对日方的研究成果了解不多，笔者根据此次访问日本奈良药师寺所搜集到的资料，拟对日本学术界对此石铭文研究中所涉及的几个主要问题概略做介绍，以便国内学术界同行了解一些相关情况。同时，也顺带就国内学术界的一些研究意见提出一点笔者粗浅的看法。

（一）药师寺佛足迹石是王玄策从何处拓来

在过去很长一段时间，日本学术界也曾将佛足迹石南面铭文中第1、2两行文字"大唐使人王玄策向中天竺鹿野園中

---

①参见高田時雄《インド往還——王玄策研究》，《京都大學人文科學研究所2004年研究要覽·人文科學研究のフロンティア》。

轉法輪處因見"中很关键的地名"鹿野园（苑）"一度释读为"摩□国""摩□□陀国""摩揭陀国""磨□□国"等，并且联系到唐道世《法苑珠林》中的记载"贞观二十三年（649）有使图写迹来"等语，认为这块佛足迹石的蓝本就是王玄策从摩揭陀国拓来，并最后传来日本的。这个认识对于中国学者也无疑有所影响，从上述柳诒徵先生的释文中也可以折射出这一点来。直到昭和三十年（1955），保坂三郎才首次将其释读为"鹿野园（苑）"，从而一改前说，在日本学术界产生了很大影响。近年来，日本学术界经过反复地观察与考释，基本上肯定了这一意见，将原来所释的"摩揭陀国"改释为"鹿野园（苑）"遂已成为定说。已有学者更进一步地对其与王玄策的关系明确指出："实际上铭文中所记并非'摩揭陀国'，而是'鹿野园（苑）'，所以佛足迹应当是根据鹿野苑的佛足迹图写而来的。《法苑珠林》所记摩揭陀国的佛足迹，实际上与药师寺的这块佛足迹并没有直接的关系。文献上并没有能够确认王玄策曾图写鹿野苑图佛足迹的记载，只是至少可以肯定黄书本实在唐长安普光寺所见到佛足迹石，也许应当与王玄策从鹿野苑图写而来的佛足迹图有关。"①日方学者经过近一个多世纪以来的研究探讨最后形成的这一认识，是值得我们加以重视的。

但在近年来中方学者发表的研究意见中，孙修身先生仍然力主日本药师寺的这块佛足迹石就是王玄策从摩揭陀国图

213

---

①[日]斋藤理惠子：《藥師寺佛足石の來歷について》，《美術史研究》第三十七卷，平成十一年。

写而来的观点。孙先生可能没有注意到上述日本学术界对药师寺佛足迹石铭文中地名误识的修正意见，在他近年来所发表的论文中，仍然沿袭了日本学术界的陈说，多处将药师寺佛足迹石铭文释为"大唐使人王玄策向中天竺摩揭陀国中转法轮处因见迹得转写"①，这与他在同一论文中对此石铭文的正确释读是相互抵牾的。而且，他以此作为推测药师寺佛足迹石铭文是"出自王玄策之书"的一条重要论据，也自然就不能成立了。

综合目前日本学术界对药师寺佛足迹石铭文的考订意见，其系从中天竺鹿野苑而不是从摩揭陀国图写而来，《法苑珠林》所记摩揭陀国的佛足迹，实际上与药师寺的这块佛足迹并没有直接的关系，这一点应当成为定论，不应再有误传。

（二）关于药师寺佛足迹石的书写与刻工

在药师寺佛足迹石南面铭文第15、16、17三行文字中，涉及此铭的书写与刻工等问题。孙修身先生将第15行铭文释为"画书手越田安万书写"，而柳诒徵先生及日方学者均释其为"画师越田安万"已如前揭。孙释"画书手"三字难解，应以"画师"为确，这样全句为"画师越田安万书写"便文通字顺。之所以要请象越田安万这样的"画师"来"书写"佛足迹石，可能是因为上面不仅有铭文需要书写，还有包括佛足迹图在内的若干图像需要描摹的缘故。

①分别见于孙修身《日本奈良药师寺佛足迹石》第165及166页引文，《王玄策事迹钩沉》，乌鲁木齐：新疆人民出版社，1998年。

关于第16行铭文中的"神石手□□□吕人足"，包括孙修身先生在内的过去许多学者多从"神石手"三字的字面上去理解，将其解释为"石手"——亦即刻写佛足迹石文、图的"石匠"；而"神石手"则为"优秀的石匠"之意。近年来，日本佛教美术史家吉村怜提出了一个新的见解，认为此处的"神石手"可能不是指"石匠"，而是指人名。其主要论据为在正仓院文书《故大镇家解》中，曾出现了"书吏正八位上神直石手"的记载，他认为这里所出现的"神直石手"应是一个实际存在的人物，很可能就是曾担任过东大寺"大镇"一职的文室真人智努的书吏，也就是药师寺佛足迹石的书写者。如果这一推测成立的话，第15、16两行铭文或许应当释为两句，即"画师越田安万、书写神石手"；而第16行末尾及第17行的文字应当连起来释为"□□吕人足、匠仕奉□□□人"。前一句应是刻写镌刻之类工匠的姓名，后一句则可以理解为监工之类人物的姓名。① 这个意见虽有相当的新意，但毕竟文中因脱落过甚而不可识出之字太多，目前还没有被日本学术界完全接受，但也应引起我们的注意，便于在今后的研究工作中继续关注对此有无新的线索发现。另外，孙修身先生将第17行铭文中的"仕奉"二字释为"仁奉"，文意难通，有可能系误释或排印错误所致，也应加以校正。

215

———————

① 吉村怜：《藥師寺佛足石記と書者'神直石手'について》，《美術史研究》八，昭和四十六年。

（三）药师寺佛足迹石的来源问题

按照药师寺佛足迹石铭文的记载，此佛足迹图曾几经转写，首先是唐代使节王玄策从天竺国释迦牟尼初转法轮处（最初说法处）的佛教圣地鹿野苑按所见佛足迹图拓写；此后再由日本入唐的黄书本实在唐代长安的普光寺见到并拓写后，将其携回日本，安置在日本平城京右京四条一坊禅院；而药师寺的这块佛足迹石是对黄书本实拓本的再次转写并镌刻之后才最后形成的。

据日本学术界的考证，认为保存有入唐留学僧黄书本实图写而来的佛足迹图的"平城京四条一坊禅院"，最初是为了收纳由日本齐明七年（661）归国的日本入唐留学僧道昭请来的大量经论文书，在天智元年（662）建立于飞鸟元兴寺（即飞鸟寺），后来随着平城迁都才迁移到此。因此，黄书本实从唐普光寺转写来的佛足迹图，也应当首先是收藏于飞鸟元兴寺内的禅院内，平城迁都后才随着道昭请来的大量经论文书一道，迁移到了平城京右京四条一坊禅院。黄书本实回到日本的具体日期史载缺如，只能大致推定在7世纪后半叶，而智努发愿刻石制成佛足迹石则应是在其之后数十年的事情。[①]然而值得注意的是，早在智努发愿刻石之前的天平十九年（747），在正仓院文书当中已经记载了从这个禅院向东大寺借出了包括"《佛迹图》一卷"在内的大量经、论之类文书。日本学者足立康在其《药师寺佛足石的造显年

---

①［日］斋藤理惠子：《藥師寺佛足石の來歷について》，《美術史研究》第三十七卷，平成十一年。

代》一文中，认为正仓院文书中所记载的"《佛迹图》一卷"，应当就是黄书本实所图写而来的佛足迹图。[①]但是，在东大寺所借经论中虽然包含有这卷《佛迹图》，其后并没有发现东大寺有刻造佛足迹石的记载与之相对应。这就不能不提出一种假设，实际上，在奈良时代佛足迹石信仰可能十分流行，除了由智努发愿刻成的这块佛足迹石之外，不排除还有别的佛足迹石被安置于其他寺院的这种可能性。

对于现今安置在药师寺内的这块佛足迹石的原置地点，自江户时代以来也一直是日本学术界长期聚讼未决的一大问题，由于在其铭文中并未出现药师寺之名，所以对其原置地点先后有药师寺说、兴福寺说、智努私宅说、唐招提寺说、法华寺说等假说提出，[②]迄今为止也还是一个悬而未决的疑案。

正是由于上述这样一些复杂的情况，日本奈良药师寺内的这块佛足迹石应当说还有许多与当时历史背景相关联的问题始终不是十分清楚。中国学者陆庆夫先生曾经提出过一个意见，认为从与唐使王玄策的关系上而论，奈良药师寺的佛足迹并非王玄策拓回之原物，仅仅只是一件"仿制品"。他认为，在佛足迹石旁的两道铭文（笔者按：指本文所列东面及南面的两道铭文）一开始可能是当年的创制者就已经将它们分为两个部分来加以记述：一个部分是通过转引《西域

①[日]足立康：《薬師寺佛足石的造顕年代》，《考古學雜誌》第40卷之11，昭和四年。

②[日]斋藤理惠子：《薬師寺佛足石の來歷について》，《美術史研究》第三十七卷，1999年。

记》的记载对龟兹、摩揭陀等国所见佛足迹石这一圣迹的记载，另一个部分则是对药师寺之佛足迹石来历的记载，两者原为两事，不可混为一谈。①与陆庆夫先生相同的看法在上揭日本学者加藤谆的《佛足石——日本における》一文中也已经提出过。②说明中日两国学者在这一点上是有所共识的。如果基于这样一种认识的话，那么药师寺内现存的这块佛石迹石与大唐使节王玄策之间就只能说是一种间接的关系，我们在利用这一材料研究王玄策史迹时必须注意到这一点，一方面不否认其珍贵的历史价值，但另一方面也要对其存在的问题有所把握。

三、与唐代文献之间的相互关系

在唐代的史料中，记载中天竺和龟兹国等地佛足迹的文献有若干条，其中主要见于《法苑珠林》《释迦方志》《大唐西域记》和《慈恩寺三藏法师传》等，过去的论者多已提及，笔者不再一一列举。那么，药师寺所存的这块佛足迹石与这些文献之间是什么关系？彼此之间是否能够相互对应？也一直是中日双方学者所关注的重要问题之一。

我国学者孙修身先生将上述文献中所描述记载的"佛足迹图"归为两大系统，认为以唐玄奘《大唐西域记》《慈恩寺三藏法师传》所记为一系统，而《法苑珠林》《释迦方

---

①陆庆夫：《关于王玄策史迹的几点商榷》，《敦煌研究》1995年第4期。

②［日］加藤谆：《佛足石——日本における》，《古美术》第24期，1968年，第30页。

志》所载则为另一系统，后者应当主要取材于王玄策的《中天竺国行纪》。他所举出的理由有四条：第一，撰写《法苑珠林》和《释迦方志》的道世、道宣与王玄策关系过往甚密；第二，《法苑珠林》开宗明义指出其资料来源"依玄奘法师《行传》《王元（玄）策传》及其西域道俗"写成；第三，道世的《法苑珠林》中，对王玄策的书名多有不同的名称，《西域传》亦是其中之一；第四，《法苑珠林》中有"贞观二十三年（649）有使图写迹来"之语，这就排除了其取材于玄奘《大唐西域记》的可能性，证明其来源"必本于王玄策的记事"。由此他认为此铭"和《法苑珠林》《释迦方志》所记相近，而同玄奘《大唐西域记》的记事差异较大。这就是说，铭文中书名《西域传》，是王玄策《中天竺行记》的又一别名"[1]。

实际上，日本学术界早在上揭江户时代发表的《古京遗文》《佛迹志》等论著中，也已经注意到佛足迹石铭文中所引《西域传》中记载的佛足迹图与《大唐西域记》和《释迦方志》等文献之间的关系问题。如对于药师寺佛足迹石东面铭文第2行"案西域传云今摩揭陀国昔阿育王方精舍中有一大石"的理解，有学者认为两相比较之下，从佛足迹石铭文中所引《西域传》对佛足迹石的记述内容来看，其与《释迦方志》之间的关系要较《大唐西域记》更为接近。[2]还有学

　①孙修身：《日本奈良药师寺佛足迹石》，《王玄策事迹钩沉》，乌鲁木齐：新疆人民出版社，1998年，第164~166页。

　②［日］大桥一章、松原智美编著：《藥師寺千三百年的精華——美術史研究のあゆみ》，裏文出版社，2000年，第276~277頁。

者注意到，在对佛足迹图纹饰的描述上，铭文所引《西域记》称其"各长一尺八寸，广六寸，轮相花文，十指各异"，而类似的描述也见于《法苑珠林》和《释迦方志》。在《法苑珠林》卷二十九"感通篇·圣迹部"下对王舍城佛足迹的描述："长尺八寸，广六寸，轮相华文，十指各异。"《释迦方志》卷下也记载其"长尺八寸，广六寸，轮相华文，十指各异"。而《大唐西域记》则只记载佛足迹"十指各皆带花文"，却并无"十指各异"之语，可见两者之间在细微之处仍有不可忽视的差异。[1]日本学术界的这些看法与孙修身先生的见解是基本一致的。应当说孙修身先生在自己独立研究的过程中也提出了同样的见解。这些意见对于将来区分来源不同系统的佛足迹石，具有重要的启发意义。

但是，在对此石铭文与唐代文献的对应关系上，还有一处疑点也是中日双方学者都十分关注的。在上引《法苑珠林》中引《西域传》对摩揭陀国佛足迹做过记述之后，还有"（唐）贞观二十三年（649），有使图写迹来"等语，这里所涉及的唐使，从时间上看最有可能的便是王玄策。据《旧唐书·天竺传》记载，王玄策使团第二次出使时为贞观二十二年（648），以王玄策为正使，蒋师仁为副使，使团共领三十人，恰会中天竺王尸罗逸多死，国中大乱，其臣那伏帝阿罗那顺反叛，王玄策在紧急情况下逃往吐蕃，分别从吐蕃、泥婆罗得到救兵，得以平息叛乱，并俘阿罗那顺于当年（也

---

①[日]加藤諄：《佛足石——日本における》，《古美術》第24期，1968年，第30页。

就是贞观二十二年）返回长安。这一记载虽与《法苑珠林》中所称贞观二十三年（649）"有使图写迹而来"之事相当接近，但也有疑问存在：第一，如上所述，药师寺铭文中明确记载王玄策拓写佛足迹石是从中天竺的鹿野苑而非摩揭罗国，在地点上有所不同；第二，《法苑珠林》载"有使图写而来"之事是在贞观二十三年，而非二十二年，其中存在有一年的误差。

在日本《新修大正大藏经》图像部第十二收有京都东寺观智院所藏纸本"佛足图"，其中赞偈称："朝散大夫王玄策贞观中奉使婆罗门礼拜图写携来，……睹其希奇之物，愿其广为流布，今日得见其力"（?）等语，①可见王玄策在贞观年间奉使天竺并图写佛足迹图之事，不仅见于《法苑珠林》，而且其所图写的佛足迹图也的确流布到了日本。所以，日本学术界倾向于《法苑珠林》与药师寺佛足迹石铭文所引《西域记》所载本为一事，只不过药师寺佛足迹石铭文是将两件史事分别加以了记载：其东面铭文系引用大唐记事介绍了摩揭陀国佛涅槃处佛足迹的情形；而其南面铭文则是对这块佛足迹石来历过程（其中包括王玄策如何从鹿野苑拓来第一本）的记载，两者应当区别加以对待，才能解释这一抵牾之处。

我国学者孙修身先生因力主日本药师寺内所存的佛足迹石即为王玄策从印度摩揭陀国拓回，再传至日本，所以他认为《法苑珠林》所载"有使图写而来"之事为贞观二十三

---

①［日］《大正新修大藏经》图像部第十二。

年，有以下几种可能性："一是道世等将带回图的时间误作拓片的时间记入书中，日使黄文书本实照录再误。二是，因为王玄策押解俘虏归国，仍留随员在其国处理后事，于当年拓得此本带回献上，故有此异。三是，王玄策平定叛王，使印度诸国震惊，……王玄策归来不久，多有印度诸国遣使来唐朝贡，并献上此图，这里所说'有使'，有可能指唐使，亦有可能指印度国使人。以上诸种推测，从当时讲，唐朝派往印度的使者，只有王玄策一行，故作上述推论。我们认为，不管何种情况，此图为王玄策所得，刻于长安普光寺内，在中国流传，也写在书中，继而远传日本。"①

笔者认为，这里有几点是需要加以廓清的。第一，细审现存于药师寺的这块佛足迹石铭文，其中并未出现有关唐贞观二十二年有使写图之事的任何记载，与道世《法苑珠林》所载本无相涉，所以孙先生所称日使黄文书本"照录再误"之事便无从提起。第二，孙先生既然认为当年（贞观年间）唐朝派往印度的使者只有王玄策一行，此图必为王玄策所得，而同时他又将《法苑珠林》中所说的"有使"解释为"有可能指唐使，亦有可能指印度使人"——换而言之，此图还有可能并非为唐使节王玄策而是由其他的印度使节传来中国，这显然是前后矛盾和自相抵牾的论说，使人难以理解。第三，其实诸多线索本来均可证明唐道世《法苑珠林》所载唐贞观二十二年"有使图写"天竺印足迹之事，很有可

①孙修身：《日本奈良药师寺佛足迹石》，《王玄策事迹钩沉》，乌鲁木齐：新疆人民出版社，1998年，第166～167页。

能与王玄策在天竺图写佛足迹石携回大唐之事本为一事，之所以出现贞观二十二年和二十三年之间一年时间的误差，不排除其他一些原因，如史书年代的误记①等，在没有找出充分证据的情况下，似不必强加解释更为妥当。

如上所述，现存于日本奈良药师寺内这块佛足迹石及其铭文的发现，如同有学者指出的那样，它联系着中、印、日三国，为世界文化交流提供了一个极好的例证，是应该引起足够重视并深入进行研究的。②但过去我国学者在研究唐代著名外交家王玄策的相关事迹时，对此还缺乏足够的关注。已故的孙修身先生是笔者所知第一位可能实地考察过此石原物，并将其较为全面地介绍到国内并作过深入研究的学者，虽然他的某些意见和观点也许还有可供进一步商榷之处，但其首倡之功却是不可磨灭的。借此机会，笔者也向在王玄策事迹研究中做出过杰出贡献的已故的孙修身先生表示深切的悼念和衷心的敬佩，并希望以此小文作为引玉之砖，以期引起对于这一问题更多的讨论与学者同仁的批评指正。

①陆庆夫先生也认为有王玄策二使印度归唐在贞观二十二年，《法苑珠林》所载"二十三年"可能为误记。参见其《关于王玄策史迹研究的几点商榷》，《敦煌研究》1995年第4期。

②陆庆夫：《关于王玄策史迹研究的几点商榷》，《敦煌研究》1995年第4期。

"惟有东风旧相识"：泸州宋墓的时代风格

　　宋代，中国封建社会进入一个新的转型时期。而宋代墓葬，从一个侧面反映出这个时期社会风貌所发生的巨大变化，让我们能够从考古现场如同亲临其境一般去感悟和体味宋代社会的精致、典雅与人文气息。其中，位于四川省泸州境内发现的一批宋墓石刻，就是一个典型的例证。

一、世风变革中的泸州宋墓

　　四川泸州宋代石室墓，以其精美而丰富的石刻装饰最具特色。众所周知，墓葬装饰的出现，基于古人"事死如生"的理念，认为死者在地下仍然可以像生前一样地"生活"，而墓葬就如同其地下的家园宅第一般，需要加以装饰。中国古代对棺、椁、墓室等三重地下空间都曾有过多种装饰手法的运用，如在棺、椁、墓室内外绘制彩画、施以雕塑、装贴金银，等等，这种独特的艺术形式被学者称为"黄泉下的美术"，以标识这一"特殊人类创造物的本质及其根本目的"①。从先秦、两汉至唐，大量彩绘棺椁墓、画像砖墓、画像石墓和壁画墓的出现，形成了中国古代墓葬装饰艺术的主流形式，而宋代四川雕刻石室墓的出现，则成为这个历史进程中最后的一个高峰。

约从两宋之际开始，人们营建地下墓室的观念悄然发生了变化。一方面，南方地区的湖南、江西、福建等地，开始出现了一批带有"复古"色彩的竖穴土坑墓，这类墓葬不加任何装饰，而以墓室坚固、棺椁密封、具备良好防盗和防腐条件为追求目标，墓葬中往往出土有墓志，墓主人身份多为朝廷官员及其眷属。由于保存条件良好，墓中不仅时有保存完好的衣物、丝织品、书画等出土，甚至还出土过多具古尸，如江苏金坛南宋周瑀墓，出土时不但衣物保存完整，尸体也尚完好。②这种丧葬礼俗在南方地区的出现，与宋代理学家二程、司马光、朱熹等人的倡导有着直接的关系。《朱子家礼》一书中，朱熹弟子和后人对营建这类以糯米石灰浆、三合土为筑墓材料、被称为"灰椁"的墓葬整套施工过程，有过详细的记录。③

另一方面，在中原北方地区，简约和奢华之风并存。在一批结构简单的砖室墓出现的同时，也出现了一批"高屋大冢"式的仿木建筑雕砖壁画墓，从北宋中期以后，特别是神宗以后尤其流行。其中，年代最早的是郑州南关外宋仁宗至

①［美］巫鸿著，施杰译：《黄泉下的美术：宏观中国古代墓葬》，第1～2页，北京：生活·读书·新知三联书店，2010年。

②镇江市博物馆等：《金坛南宋周瑀墓》，《考古学报》1977年第1期。

③霍巍：《宋元明墓葬的尸体防腐技术》，《四川大学学报》1987年第4期。

和三年（1056）墓，[1]年代稍晚者有著名的"白沙宋墓"——河南禹县白沙发现的宋哲宗元符二年（1099）赵大翁家族墓。[2]赵大翁及其家族的墓葬共发现三座，尤其以赵大翁本人的墓葬最具代表性，它分为前、后两室，中间有过道，前室顶部有覆斗式的藻井，后室为六角形尖顶，在墓室的顶部和四壁彩绘壁画，前室入口两侧画门卫和兵器，东西两壁绘出墓主夫妇"开芳宴"的场景，后室则绘出墓主人卧室的情景，有对镜着冠的妇人，有持物供奉的侍女。墓室虽然豪华，却没有使用墓志，说明赵大翁没有任过职官。[3]宿白先生根据赵氏三墓壁画中皆绘出金银、货币等题材推测，"此三墓之赵家，不仅为一有土地之地主，并很有可兼营商业"[4]。

处在南北文化交汇地带的四川地区，宋代墓葬同样显现出两种在丧葬观念上截然不同的类型：一类是长方形的砖室墓，集中发现在以成都为中心的平原地区，多双室或三室并列，墓内不施装饰，南宋时期还发现形制更为简约的砖室火葬墓。而另一种类型则是带有雕刻的石室墓，它们多发现在近山区的泸州、宜宾、大足、重庆、广元、昭化、绵阳、彭山、大足等地，另外在贵州、云南等地也有少量发现。若按

---

[1]河南省文化局文物工作队第一队：《郑州南关外北宋砖室墓》，《文物》1958年第5期。

[2]宿白：《白沙宋墓》，北京：文物出版社，1957年。

[3]中国社会科学院考古研究所编著：《新中国的考古发现与研究》，北京：文物出版社，1984年，第598页。

[4]宿白：《白沙宋墓》，北京：文物出版社，1957年，第104页。

今天的行政区划，主要集中分布在川东南、渝西和黔北三大区域内。①

简约与奢华，成为反映在宋代丧葬习俗上泾渭分明的两种风潮。②与唐代等级制度森严的墓葬体制相比较，可以观察到一个有趣的现象：唐代从皇室成员、贵族官僚到一般百姓，都流行随葬墓志，并以墓室、龛室、天井、过道的多少，壁画的有无，随葬品的丰简来区别等级高下。而宋墓却恰恰相反，朝廷命官往往喜用不事装饰、坚固而狭小的竖穴土坑墓，保持了随葬墓志的旧习，在墓中往往随葬书画、瓷器、金银器等生前喜爱之物；而建造和使用装饰豪华、带有雕刻的石室墓的主人，却大多并非具有品级的朝廷官吏，往往只是具有相当财力的地方豪绅，他们不大喜用可记载彰显其"显赫家世"的墓志，也没有太多精致的随葬物品入葬，而是将满腔热情和充足财富尽情挥洒在墓葬的奢华装饰之上。四川泸州宋墓，正是在这样一种历史背景之下的产物，在它华丽装饰的背后，折射着唐宋之际社会风俗流变的斑驳光影。

泸州宋墓中有的也出土有墓志铭，隐约透露出墓主人的

---

①中国社会科学院考古研究所编著：《新中国的考古发现与研究》，北京：文物出版社，1984年，第600页。

②宋代的丧葬礼仪和唐代相比较，一个最显著的特点是官方礼仪和私家礼仪开始并行，如官修的《政和五礼新仪·庶人丧仪》和司马光私修的《司马氏书仪·丧礼》、传为朱熹家人弟子所修的《朱子家礼·丧礼》等都在同时流行，在不同地区呈现出对各种丧葬礼仪所产生不同影响的结果。可参见朱瑞熙、刘复生等《宋辽西夏社会生活史》，北京：中国社会科学出版社，1998年，第170~177页。

身份与家世。如泸县宋墓中的喻寺镇一号墓，在墓室棺台与后壁之间竖立墓志一通，为"□□古君德骏墓志铭"，虽然在墓志中声称其家祖曾为"怀安望族"，但从为其撰、书墓志的人士"从政郎怀安军军学者教授赵涣""从政郎黎州州学教授李延上""从政郎前广安军军学教授卫崇"的官职来看，都不过是宋代"从九品"的文官，[①]可以推测墓主人的身份等级也不过为地方上的乡绅而已。另外，在泸县奇峰镇二号墓中也出土有一方墓志铭，简略记载了墓主的生平："宋故陈公讳鼎字国镇，享年六十一，官至承奉郎，时淳熙丙午十二月十三日既大祥，惟吉葬之铭曰……"据《宋史·职官志》记载，承奉郎官品为"从八品上"，而为其撰写墓志铭的人士为"迪功郎大宁监学官杜谦"，在宋代也是"从九品"的小官。[②]所以，考古发掘工作者推测，"从泸县宋墓中出土的墓志铭来看，墓主人大都是南宋中期一般的地方官绅"[③]，这个判断大体无误。

恰恰是这些官品不高的地方官绅，热衷于修筑豪华的地下石室，使得泸州宋代石室墓的雕刻装饰成为当地的一种时尚，这和中原北方白沙宋墓中赵大翁家族的情形十分相似。由于缺少墓志、墓碑等材料，我们无法全面掌握这些墓主的

---

①四川省文物考古研究所、成都市文物考古研究所、泸州市博物馆、泸县文物管理所编著：《泸县宋墓》，北京：文物出版社，2004年，第71页。

②据《宋史·职官志》记载，迪功郎在宋代崇宁时为"将仕郎"，政和时改为"迪功郎"，从九品。

③四川省文物考古研究所、成都市文物考古研究所、泸州市博物馆、泸县文物管理所编著：《泸县宋墓》，北京：文物出版社，2004年，第179页。

身份、地位和来历，刘复生认为他们可能是南宋时期随着泸州权任的加重，大量汉民移居此地，数代之后，形成的家族墓葬群，[①]可备一说。迄今为止，在四川盆地南宋石室墓中墓主人品级最高者，为川中华蓥市发现的南宋安丙及其家族墓，其中安丙的墓室砌成象征性的单间三进式，墓室外还建有天井式墓道的规模宏大的陵园建筑，[②]安丙在《宋史》中有传，也出土有墓志，两者相互结合起来看，他在生前最高曾官至一品，并为朝廷封疆大吏，[③]如此高品级的官吏使用当地豪绅流行的石室墓，这在四川南宋石室墓中也算是一个特例。从另一个角度来审视，说明南宋四川地区墓葬制度和丧葬习俗上的这些变化，既可在社会地位相对较低层的地方官绅群体中反映突出，流俗所变，也同样影响到个别高品级官员。

二、预建在地下的"家园"

民俗学调查表明，川南、渝西和黔北一带的宋代石室墓，当地百姓往往称其为"生基"，由于时代久远，时人多已不解其意。所谓"生基"，实际上就是在死者生前预建的

---

①刘夏生：《泸州宋墓墓主人寻踪——从晋到宋：川南社会与民族关系的变化》，收入泸州市博物馆编《泸州市博物馆藏宋墓石刻精品》，北京：中华书局，2016年，第184~197页。

②四川省文物考古研究院、广安市文物管理所、华蓥市文物管理所：《华蓥安丙墓》，北京：文物出版社，2008年。

③四川省文物考古研究院、广安市文物管理所、华蓥市文物管理所：《华蓥安丙墓》，北京：文物出版社，2008年，第142~146页。

墓室，也可称为"寿堂"。四川宋墓中，这种预建墓室的习俗十分流行，既有预建石室墓，也有预建砖室墓者。在成都金鱼村一座宋墓当中，其后室后壁龛中置放有一尊高约20厘米的青砂石圆雕男子立像，同时出土两块"买地券"，其中一块上书铭文：

> 大宋淳熙九年（1182），岁次丙寅，十二月丁酉朔，初四日庚子。今有奉道弟子吕忠庆，行年四十六岁，九月十六日生，遂于此成都县延福乡福地，预造千年吉宅，百载寿堂。以此良辰，备兹掩闭，所祈愿闭吉之后，四时无灾厄相侵，八节有吉祥之庆。今将石真替代，保命延长，绿水一瓶，用为信契。立此明文，永保清吉。①

文中的"预造千年吉宅，百载寿堂"，和"生基"是同一回事。这座墓的墓主人吕忠庆四十六岁时预建此生墓，并刻石记事将他的写真石像和地券一道纳入墓中。此墓出土的另一块地券是大宋嘉定四年（1211）吕忠庆六十五岁死后下葬时才埋藏入墓的，两相对照，其间相距十九年。泸县牛滩镇征集到玉峰村施大坡二号墓（2000NTYM2）中出土有一通额题为"张氏族谱"的石碑，与之同出的还有武士、青龙、白虎、侍仆、飞天、花卉等浮雕石刻，可以确认其也是宋墓

---

① 张勋燎、白彬：《中国道教考古》，北京：线装书局，2006年，第1036~1037页。

中的遗物。在这通石碑上，除记载了墓主人张悦世系、排行之外，还记载了墓葬破土动工以及完成修建的情形，在文末特别指明："……将被恩宠以荣及祖宗焉，庆吉之日始叙其略勋□，建于寿堂之□，以昭来世之□。"[①]不仅点明了这类墓葬的性质为"寿堂"，而且还指出寿堂的营建不仅能够"荣及祖宗"，还可以"以昭来世"。

综观泸州地区的宋代石室墓，大多为双室、三室甚至多室并列的合葬墓，其中尤其以夫妻合葬墓为多，或在同一墓圹内营建两个并列的墓室，可称为"同坟同穴异室合葬"；或在两个不同的墓圹内分别营建墓室，可称为"同坟异穴合葬"。其共同的特点在于，这些墓葬都是先挖出长方形竖穴式墓圹，然后再用精心雕刻的条石和石板砌建墓室，各墓原来均有独自设立的墓门，可以根据需要先后各自开启或封闭。[②]宋人苏轼在《书温公志文异圹之语》中，对蜀人这种墓葬已有高度关注："《诗》云：'谷则异室，死则同穴。'古今之葬皆为一室。独蜀人为一坟而异藏，其间为通道，高不及肩，广不容人。生者之室，谓之寿堂，以偶人被甲执戈，谓之寿神以守之，而以石瓮塞其通道。既死而葬则去之。"[③]预

①四川省文物考古研究所、成都市文物考古研究所、泸州市博物馆、泸县文物管理所编著：《泸县宋墓》，北京：文物出版社，2004年，第172页。

②泸州地区的宋墓保存相对完整的可以泸县宋墓为代表，已清理发掘的六座宋代石室墓均为这种形制，可参见四川省文物考古研究所、成都市文物考古研究所、泸州市博物馆、泸县文物管理所编著《泸县宋墓》，北京：文物出版社，2004年。

③张志烈等：《苏轼全集校注》第十九册，石家庄：河北人民出版社，2010年，第7397页。

建这样具有多室并列特点的地下墓葬，是生者对死后世界做出的终极安排，或夫妻，或父子，或家族，他们生前共同生活在一起，死后也要合葬于一座坟茔之中，在设计理念上是将地下的墓茔预设为死后的"共同家园"。在泸州博物馆收藏的一方宋墓石刻上，刻出二人共奉一方莲花为座、莲叶覆首的牌记，其上铭曰："郁哉佳城，岗连阜崇。宜尔君子，归安此宫"，①正是这种理念最为形象、直接的诠释。

　　既然作为地下家园，泸州宋墓的营建采用了大量模仿生人居室的手法，其共同的特点是在长方形的墓室内石砌仿木结构的建筑。如在泸县清理出的几座形制保存尚完整的石室墓，都是将墓葬开凿在岩层之内，然后用经过精心雕刻的条石和石板砌成墓道、墓门和墓室。墓门两侧的门柱内雕刻守门的武士，门上方有整块石板雕成的门楣，扣压在门柱之上。墓门之后为墓室，为了表现仿生人居室的意趣，在墓室的顶部安置有纵向和横向的屋梁，梁上雕刻仿木结构的斗拱，墓顶的前部和后部往往还砌成方形、三角形的藻井多重，叠涩向上升起；藻井的上部砌成人字形的屋面，在建筑结构上一如生人居室。墓室之内，更是按照生人居室加以布置，在左右两个侧壁上设壁龛，墓室后壁设后龛，各龛之内都雕刻出仿木结构建筑的门额和门扉，装饰有花卉、鸟兽、

①此件石刻现收藏于泸州石刻博物馆展厅内。

人物等各种图案和纹饰，^①将墓主人生前精致、细腻地现实生活情景尽可能鲜活地"复制"在地下空间，让冰冷的石室变得充满生机和情趣。

三、传承与创新：泸州宋墓石刻的时代风格

与中原北方地区宋、辽、金时期发现的砖雕墓、壁画墓等装饰墓相比较，泸州宋墓全部采用当地的石材雕刻砌建而成，形成独特的墓葬装饰风格。这一方面可能与自然环境和条件有关，由于泸州处于四川盆地南部的丘陵地带，多有红砂岩的小山丘便于就地取材，可供采石建墓，另一方面，也与四川地区自汉代以来重视"以石为棺""以石为墓"的丧葬观念有着密切联系。

泸州是四川地区汉代崖墓和汉代画像石棺重要的分布区域。"崖墓"顾名思义就是开凿在崖壁上的墓葬，而"画像石棺"，则是在石质的棺材上雕刻以各种画像而得名，前者是死者的葬所，后者是死者的葬具，在许多情况下两者都常常并存于一地，显示出在丧葬功能上的互补性。四川地区汉代为何盛行这种"依山凿墓"和"以石为棺"的丧葬习俗？前人曾经从神仙巫术信仰、厚葬之风盛行、经济发达、特殊

233

---

①参见四川省文物考古研究所、成都市文物考古研究所、泸州市博物馆、泸县文物管理所编著《泸县宋墓》，北京：文物出版社，2004年。此报告中所揭示的青龙镇金宝村、奇峰镇红光村、喻寺镇南坳村等处已进行抢救性清理的六座宋代石室墓，均属这一类型的墓葬。

的自然资源、铁工具的普及等多个方面加以推测，[①]这些原因固然可备一说，但从根本上而言，笔者认为是与"长生不朽"观念联系紧密的"石葬具崇拜"现象分不开的。

长生与不朽，可以说是中国人最古老、最普遍的世俗欲望，两汉之际更是发展到极致，黄老之术、升天求仙、方士道家的盛行无不与之相关。[②]人们常以"海枯石烂"来比喻石头的坚久与不朽，而石质葬具（包括石棺、石椁）和崖墓由于其特殊的质地属性，与"不朽"更是可以直接挂钩。早在《礼记·檀弓》篇当中，便有孔子弟子曾子讲述孔子论葬的一段话："昔者，夫子居于宋，见桓司马自为石椁，三年而不成。夫子曰，若是其靡也，死不如速朽之愈也，死之欲速朽，为桓司马言之也。"由此可见，石椁与死者身后是否可以"速朽"或者"不朽"密切相关。《汉书·刘向传》记载秦始皇陵中"石椁为游馆，人膏为灯烛，水银为江海，黄金为凫雁"，显然也是"长生不朽"理念下对秦始皇"地下世界"的设计。秦汉以来大量石质棺椁葬具的出现与流行、汉代崖墓与画像石墓在四川地区的盛行，究其根本原因，恐怕还在于此。

宋代石室墓"以石为葬"的风习，从某种意义而言，也是在这一观念影响下发展形成的产物。前文中我们曾列举成都金鱼村宋墓出土有青砂石圆雕的墓主人"石真"像，伴出的买地券上铭刻其含义为："今将石真替代，保命延长，绿

①罗二虎：《汉代画像石棺》，成都：巴蜀书社，2002年，第256～260页。
②余英时著，侯旭东等译：《东汉生死观》，上海：上海古籍出版社，2005年，第22～46页。

水一瓶，用为信契。立此明文，永保清吉。"类似的墓主"石真"像在南宋华蓥安丙墓中也有发现，雕刻在墓室后龛的中央，①时代稍早的前蜀王建墓后室设有石床，其上也坐有墓主王建的"石真"像。②张勋燎先生认为，这类"石真"像都是墓主生前营建"寿堂"时放入，以代死者求长生之"石真"，系与道教信仰有关的遗存。③泸州宋代石室墓中还有不少墓主人的形象出现，很可能也与这种观念信仰相关。甚至在一些墓葬当中，墓主人并不一定出现，而只是在后龛上雕刻出一把空着的交椅，交椅两侧有手捧器皿的男女仆侍站立相侍，④其寓意可能也是在等候遥远的将来墓主人的亡灵和肉体归来之时享用。成都营门口乡发现的南宋墓中出土有陶制的墓主人形象，但同出的买地券上却刻书"祈愿（闭）吉之后，福如山岳，寿比松椿。今将石真替代，水干石碎，方归本堂"⑤，表明墓主人的形象虽然是用陶像代替的，但其性质仍然被认为是"石真"，只有等到"水干石碎"之时，墓主人才会"方归本堂"。这种对石头坚久性质的崇拜，以及对其在丧葬仪礼中象征性意义的理解，与汉代

---

①四川省文物考古研究院、广安市文物管理所、华蓥市文物管理所：《华蓥安丙墓》，北京：文物出版社，2008年，第142~146页。

②冯汉骥：《前蜀王建墓发掘报告》，北京：文物出版社，图版四五：1。

③张勋燎、白彬：《中国道教考古》，北京：线装书局，2006年，第1035页。

④四川省文物考古研究所、成都市文物考古研究所、泸州市博物馆、泸县文物管理所编著：《泸县宋墓》，北京：文物出版社，2004年，图版五八。

⑤转引自张勋燎、白彬《中国道教考古》，北京：线装书局，2006年，第1037页。

可以说是一脉相承。

我们很容易发现，汉代泸州画像石棺上的一些题材，似乎在宋代石室墓雕刻中还可以窥见其流踪遗影，但由于时代的变迁，新的因素也在不断出现。例如，汉代石棺上的青龙、白虎等"四神"图案中的神灵动物，在宋代石室墓中仍是主要的题材之一，甚至基本的构图、线条和赋形都极为相似。但四神当中的朱雀，在宋代石刻中新出现的正面形象却更接近于佛教艺术中的"迦陵频迦鸟"[1]，可能受到佛教图像的影响。四神当中的玄武，在宋墓石刻中多为龟蛇合体，还有一些已经演化为"龟游莲叶"的构图，融入了更多祈求长寿、追求永生的含义。

汉代画像石棺中的"妇女启门"（或称"半启门"）这一主题图案，在唐、宋时期的墓葬和与墓同性质的佛塔、佛塔式的经幢中开始再度流行，[2]泸州南宋石室墓中不仅有妇女启门的场景，也有男子启门的情景出现。汉代画像石中最典型的"妇女启门"图案，是四川芦山县东汉建安十六年（211）王晖石棺前面挡板上的雕刻，画面中的妇人半身露于半启的门外。[3]目前考古发现最早的一例半启门图案是山东邹城卧虎山2号西汉晚期墓石椁，石椁东端外侧刻两扇门

---

①参见四川省文物考古研究所、成都市文物考古研究所、泸州市博物馆、泸县文物管理所编著《泸县宋墓》，北京：文物出版社，2004年，彩版四三之2、3；彩版四四之2、彩版四五之2等图。

②宿白：《白沙宋墓》第54页，注释第75条曾列举多项有关"妇女启门"题材的考古事例。

③高文编：《中国画像石全集》第7卷，郑州：河南美术出版社，2000年，第11页，图14。

扉，一人手中持节，从门缝中探出半个身子。[1]对于这一题材所隐含的意义，学术界讨论的热情近年来十分高涨，提出了各种可能性。[2]笔者认为，汉代的"妇女启门"象征意义是清楚的，首先，从图像所在位置上看，它们通常位于墓室向外开放的一侧，具有外向性特点；其次，启门者的身份特殊。如王晖石棺中的女子肩上有羽毛状的飘带，裙下也有向上翻飞的飘带，表明其身份不是凡界中人，而是天上的仙女；山东邹城卧虎山汉画像石门缝中露出的人物手中持节，其身份也应是引领死者"升仙"的导引者。类似这种持节使者的形象在四川地区汉代画像石棺中曾多有发现，罗二虎认为其身份应为"道士"或称"方士"，他解释说"这些道士在画像中出现，都与帮助墓主升仙有关"，其共同的特征是"着宽衣长袍，手持节杖"[3]。还有一些东汉画像石棺上的妇女启门图像虽然启门者没有显著的仙人标志，但从画像的整体布局来看，这类图像往往和西王母及其神仙系统相伴随，也应与"升仙"这一母题紧密相关。所以，从这个意义而言，巫鸿将山东、四川汉代画像中的半启门认定为"魂门"或"天门"的象征，[4]大体是可行的。

237

---

①邹城市文物管局：《山东邹城市卧虎山汉画像石墓》，《考古》，1999年第6期。

②有关近年来"妇女启门"题材讨论情况的综述，可参见郑岩《论"半启门"》一文，收于其论文集《逝者的面具：汉唐墓葬艺术研究》，北京：北京大学出版社，2013年，第379页。

③罗二虎：《汉代画像石棺》，成都：巴蜀书社，2002年，第199~200页。

④巫鸿著，郑岩、王睿编：《礼仪中的美术——巫鸿中国古代美术史文编》下册，北京：生活·读书·新知三联书店，2005年，第481~492页。

然而，宋墓石刻中再度出现的半启门图像，情况则要复杂得多。首先，从图像所在位置上看，它们往往位于墓室之内，最常见的位置是在后壁，与汉代画像石棺上的同类图像相比较，明显具有封闭性特点；其次，启门者的身份已发生变化，手中所持之物多为日常生活器具，因此不少学者将其比定为墓主的侍从、婢妾之属。①再次，启门者已不是单一的女性，男子也现身其中，②如泸县宋墓中有男子持书启门者、③男子持印盒启门者、④男子扛交椅启门者⑤等形象。郑岩试图构建一个有关"半启门"图像新的解释体系，但所列举出的各种推测和诠释只能让我们进一步认识到，与汉代画像石棺相比，唐宋时期这一题材已被赋予了全新的意义，以至于郑岩甚至认为"我们至今无法证明汉代的半启门图与唐

①如刘毅根据汾阳金墓的材料，将启门女子认定为墓主生前的侍女姬妾之属；郑滦明和郑绍宗则将辽宁宣化辽墓壁画中的此类人物比定为侍女和婢妾。分别参见刘毅《"妇女启门"墓含义管见》，《中国文物报》1993年5月16日第3版；郑滦明：《宣化辽墓"妇人启门"壁画小考》，《文物春秋》，1995年第2期。

②据郑岩披露，男子启门的图像在汉代已有所见，参见其《论"半启门"》一文，收于氏著《逝者的面具：汉唐墓葬艺术研究》，北京：北京大学出版社，2013年。但这种现象显然还并不普遍。

③四川省文物考古研究所、成都市文物考古研究所、泸州市博物馆、泸县文物管理所编著：《泸县宋墓》，北京：文物出版社，2004年，图一六六。

④四川省文物考古研究所、成都市文物考古研究所、泸州市博物馆、泸县文物管理所编著：《泸县宋墓》，北京：文物出版社，2004年，图二六、五九。

⑤四川省文物考古研究所、成都市文物考古研究所、泸州市博物馆、泸县文物管理所编著：《泸县宋墓》，北京：文物出版社，2004年，图一六五。

代以后该母题的流行有着必然的传承关系"①。在时下各种意见令人眼花缭乱之时，笔者更倾向回归到当年宿白在讨论白沙宋墓半启门图像时所作的解释："按此种装饰就其所处位置观察，疑其取意在于表示假门之后尚有庭院或房屋厅堂，亦即表示墓室至此并未到尽头之意。"②建墓者所企图营造的环境和氛围，正所谓"山重水复疑无路，柳暗花明又一村"的境界，让人在有限的墓室空间内去感受无限的空间拓展。

装饰手法上，在泸州地区宋墓石刻的表面，曾发现残留有红、白两种彩绘颜料，当是雕刻之后又用彩绘的方式加以描摹。考古发掘者认为"它借用壁画艺术手法，使浮雕石刻的表现力更加丰富"③。这种在石刻表面施以彩绘的做法，在汉代四川崖墓中早已出现，如中江塔梁子东汉崖墓中编号为M3的一座崖墓，在墓内就曾发现彩绘的壁画及其榜题。④这种在崖墓内绘制壁画的做法，应是受到中原地区汉代壁画墓装饰风格的影响，但是在四川地区阴暗潮湿的自然环境下，壁画的保存极其不易，所以很少在四川地区汉代砖室墓中发现，更为多见的仍然是采用烧制成的画像砖、雕刻成的画像石等方式来装饰墓室。在崖墓内绘制彩色的壁画，表明

---

①郑岩：《论"半启门"》，收于氏著《逝者的面具：汉唐墓葬艺术研究》，北京：北京大学出版社，2013年，第378~419页。

②宿白：《白沙宋墓》，北京：文物出版社，1957年，第54~55页。

③四川省文物考古研究所、成都市文物考古研究所、泸州市博物馆、泸县文物管理所编著：《泸县宋墓》，北京：文物出版社，2004年，第179页。

④四川省文物考古研究院、德阳市文物考古研究所、中江县文物保护管理所：《中江塔梁子崖墓》，北京：文物出版社，2008年。

早在东汉时期人们已经不再满足于以单纯的石刻来表现墓葬美术丰富的场景和细节，而希望借助彩绘的方式对装饰对象进一步加以渲染和强化。宋墓石刻在雕刻品的表面再加以彩绘描摹的手法，可以说也是自汉代以来这种艺术形式的延续。

虽然我们目前还无法解释泸州地区汉代以后至南宋之间，为何墓葬石刻装饰艺术会出现一个较长时段"空白"的原因，但这种石刻艺术传承的脉络却似乎并未完全中断，宋墓石刻承前启后，传承创新，形成新的时代风格。这种新的风格最为显著的标志是，与汉代石棺画像相比较，早期浓郁的神仙氛围已被生动的世俗生活所取代，人们对遥远"天国"的神往和描绘，已经转化为具体而形象的地下"家园"：从披甲执兵、镇守寿堂的男女武士，到手持各种生活器皿的男女侍从围绕其间；交椅、桌子、镜台、床榻、枕席、帏幔、帘屏、灯烛、书篋……世间生活的一应用具尽入室中；松、竹、兰、梅、牡丹、莲花、芙蓉、水仙、月季、桂花、秋葵等各种花卉，甚至具有地方特色的蜀葵、荔枝、龙眼等各类植物绕梁缠柱；仙鹤、神龟、奔鹿、飞马等神兽仙禽奔走眼底。墓室后壁出现的"妇女启门"、墓主人形象以及"夫妻芳宴"的场景，暗示着舒适生活一如生前。

这个看似仅仅是艺术史上时代风格转变的背后，应当隐藏着更为宏大的历史背景。按照一般的认识，南宋时期的四川，正面临蒙古铁骑的蹂躏，战乱中的社会动荡不安，哪来精细生活的闲情逸致？然而历史发展的进程却从来不是单线递进的模式，曲折反复之中常常另有洞天。若干中外历史学者已经惊奇地发现，恰恰是在南宋时期，社会生活的发展呈现出比前代更加繁荣、丰富和多姿多彩的情景，在中国文化史上形成了新的高峰。法国史学家谢和耐（Jacques Gernet）曾经高度评价13世纪的中国："其现代化程度是令人吃惊的：它独特的货币经济、纸钞、流通票据，高度发展的茶、盐企业……在人民生活方面，艺术、娱乐、制度、工艺技术各方面，中国是当时世界上首屈一指的国家，其自豪足以认为世界其他各地皆为外化之邦。"①南宋时期的四川泸州虽为"夷汉交界"之地，但其政治、经济地位却因民族关系、政治局势的变化不断提高，繁荣程度也不可低估。历史在此间遗留下来的这一座座石砌的豪华墓室和华丽的雕刻装饰，如同一个时代的缩影与写照，将昔日精致、典雅的生活镌刻在了永恒的天地之间。

---

① [法]谢和耐著，马德程译：《南宋社会生活史》，台北：中国文化大学出版部，1982年。

四川泸县宋墓研究札记两题

　　在我国宋代墓葬考古遗存中，四川泸县一带发现的宋代石室墓是南宋时期流行于四川盆地的一种墓葬形式，尤其以墓葬中丰富多彩的雕刻图案与纹饰而闻名于世，也引起学术界和社会各界广泛的关注。这批资料经过考古调查和发掘、整理后，正式公布的目前有《泸县宋墓》考古报告。[①]此外，张春新所著《南宋川南墓葬石刻艺术》一书中，对泸县宋墓石刻多有论及。[②]《中国国家地理》也曾以"泸县：千年石雕惊天下"为题对泸县宋墓中的石雕做过专题报道。[③]笔者在翻拣这些资料的过程中发现，对泸县宋墓石刻中某些图像的认定和解释已经开始悄然流行，但似乎还有可供商榷之处，笔者仅就其中两题试作讨论，以求教于学界。

---

①四川省文物考古研究所、成都市文物考古研究所、泸州市博物馆、泸县文物管理所编著：《泸县宋墓》北京：文物出版社，2004年。

②张春新：《南宋川南墓葬石刻艺术》，重庆：重庆大学出版社，2011年。

③萧易撰文、袁蓉荪摄影：《泸县宋墓：雕刻在石头上的南宋》，《中国国家地理》，2011年第6期。

一、"突火枪"与"火箭兵"

泸县青龙镇三号墓为一座长方形单室墓，由墓道、墓门、墓室、棺台等部分组成，早年被盗，但墓内的石雕保存情况良好。其中，墓门的左右两侧门柱相对位置上各有一尊武士像。据《泸县宋墓》考古报告描述，墓门左侧的武士高1.62米，头戴头鍪顿项，身披铠甲，肩披披膊，肩部披系肩巾，左右两臂缚臂韝，胸系革带，护腰外系带于腰前打结后斜向右下方飘起。这里，考古报告指出，武士"右肩背箭箙，箭箙内有箭三支，箭头朝上"，左手下垂持弓。[①]与之相对的墓门右侧的武士造型与左侧武士大致相同，也是"右肩背箭箙，箭箙内有箭三支，箭尾朝上"，但左手下垂按短斧柄，右手抓住一长发小鬼。[②]可知在考古报告中，对此墓墓门左右两侧的武士雕像均有平实、客观、准确的描述，尤其是对其右肩上所背负的兵器认定为"箭箙"，并无离奇之论。

然而，在《南宋川南墓葬石刻艺术》一书中，却对两位武士右肩所背的箭箙提出异议，认为就其造型来看，它们"不应该是箭箙"，而是一组"用铁箍紧系而成的管状器械"，是南宋"突火枪"的"石刻原型"，并推断"泸县青龙

[①] 四川省文物考古研究所、成都市文物考古研究所、泸州市博物馆、泸县文物管理所编著：《泸县宋墓》北京：文物出版社，2004年，第48页、图四二。

[②] 四川省文物考古研究所、成都市文物考古研究所、泸州市博物馆、泸县文物管理所编著：《泸县宋墓》北京：文物出版社，2004年，第49~50页、图四三。

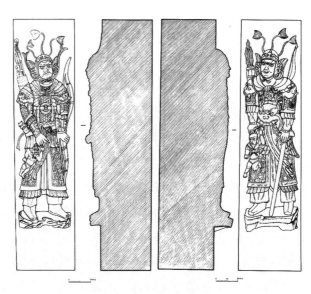

泸县青龙镇三号墓中的武士像

（采自《泸县宋墓》图四十三）

镇三号墓发现的石刻形象是南宋中晚期靠火药燃烧助推的新式兵器"。不仅如此，书中还进而论断"这个身披'突火枪'的将军应该就是目前世界考古发现的最早使用火器作战的军人——当然也就是中国最早的'火箭兵'"。其后《中国国家地理》在对泸县宋墓石刻进行专题报道时，不仅采用了"世界最早的'火箭兵'"这种提法，还进而引申发挥说："这个武士肩上背着个龙头形器物，内有弓箭数只，箭镞朝上，不像古代一般弓箭手的形象，箭镞都是朝下的，这样随时抽取就能自射击。在史书中有关科技的记载中，南宋已经出现一种叫'赣筒'的火器，就是后来'突火枪'的前身，这种火器靠火药燃烧产生动力，将筒内多只箭射出去，比传统弓箭更具威力。"①

　　然而，果真泸县宋墓中这两位武士肩上所背负的不是箭箙，而是一种类似"火箭"一般的火器吗？查阅宋代兵器史，这个时期的确已有使用火药的箭矢类兵器，但形制与之迥然不同。如在宋人所撰的《武经总要》一书中，曾列举过火球、火箭之类使用燃料火药的火器。但这些火器的形制特点都很突出，与泸县宋墓武士所背负者并不相似。例如，在对弓箭这类兵器的描述记载中，《武经总要》在书中曾记载有"火箭"的造型："箭有点钢、木扑头、鸣。点钢，精铁也；木扑头，施于教阅；鸣，戏射者。又有火箭，施火药于箭首，弓弩通用之。其傅药轻重，以弓力为准。"②此书中还有一种时人称为"鞭箭"的火器："鞭箭，用新青竹，长一丈，径寸半，为竿，下施铁索，梢系丝绳六尺。别削劲竹，为鞭箭，长六尺，有镞。度正中，施一竹臬（亦谓鞭子）。放时，以绳钩臬，系箭于竿，一人摇竿为势，一人持箭末激而发之。利在射高，中人如短兵。放火药箭，则如桦皮羽，以火药五两贯镞后，燔而发之。"③此外，书中还记载有一种名为"火鹞"的火器，有铁、竹两种，其形制特点与箭矢有相似之处："铁嘴火鹞，木身铁嘴，束杆草为尾，入火药于尾内。竹火鹞，编竹为疏眼笼，腹大口狭，形微修长。外糊纸数重，刷令黄色。入火药一斤，在内加小卵石，使其势

---

　　①萧易撰文，袁蓉荪摄影：《泸县宋墓：雕刻在石头上的南宋》，《中国国家地理》，2011年第6期，第102~103页。

　　②〔宋〕曾公亮：《武经总要》前集卷十三。

　　③〔宋〕曾公亮：《武经总要》前集卷十二。

重。束杆草三五斤为尾。二物与球同,若贼来攻城,皆以炮放之,燔贼积聚及惊队兵。"①

综上所述,这些火器由于要在箭端或箭尾加载火药筒,所以与一般可以插放在箭箙中的弓箭就大不一样,如"火箭"要施火药于箭首;而"鞭箭"则要下施铁索、梢系丝绳,施放的方式也十分特别;至于"火鹞"这种火器不仅要在尾部或身躯加以火药筒或火药袋,甚至有的还要加带小卵石以增强杀伤力,在形制上与泸县宋墓武士所背负的弓箭均相去甚远。明代人王圻、王思义编集的《三才图会》一书中,附有"火箭""鞭箭""火鹞"等宋代火器的图样,②一望可知与泸县宋墓武士所背负者并

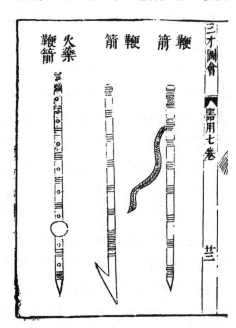

宋代兵器中的箭矢类火器"箭鞭"
(采自明·王圻、王思义编集《三才图会》)

①〔宋〕曾公亮:《武经总要》前集卷十二。

②〔明〕王圻、王思义编集:《三才图会》"器用七卷",上海:上海古籍出版社,据上海图书馆藏明万历王思义校正本影印原书,1988年,第1208~1210页。

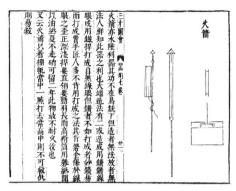
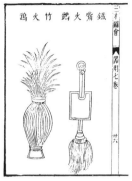

宋代兵器中的"火箭"（左图）与"火鹞"（右图）
（采自明·王圻、王思义编集《三才图会》）

无共同之处，明人的记载虽然也未必可以全信，但毕竟明代
去宋不远，应当可供参考。

此外，《三才图会》中还记载了一种称为"神机箭式"
的火器，从形态上看倒是与泸县宋墓中宋代武士所背负之箭
箙有某些相似之处，在一个长筒内插有三支矛头朝上的弓
箭。其图说记载："神机箭造法：矾纸为筒，内入火药，筑
令满实，另置火块，油纸封之，以防天雨。后钻一孔，装药
线，用箭竹为杆，铁矢镞如燕尾形，末装翎毛，大竹筒入箭
二矢或三矢，望敌燃火，能射百步，利顺风不利逆风，水陆
战皆可用。"[①]文中同时还附有一枚单体的火箭图样，其上端
缚有长方形的火药筒，表明其原理与上文所论的"火箭"相
似，既可单发，也可以束集为二矢或三矢群发，但显然它也

① 〔明〕王圻、王思义编集：《三才图会》"器用七卷"，上海：上海古籍出
版社，据上海图书馆藏明万历王思义校正本影印原书，1988年，第1210页
"神机箭式"。

247

不是一组所谓"用铁箍紧系而成的管状器械",与泸县宋墓武士背负的箭箙仍然区别显著。

这里，还有必要对所谓"赣筒"和"突火枪"略加分析。据《宋史》记载："开庆元年，寿春府造赣筒木弩，与常弩明牙发不同，箭置筒内甚稳，尤便夜中施

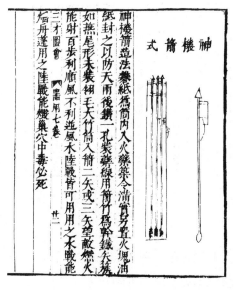

文献记载中的"神机箭式"
（采自明·王圻、王思义编集《三才图会》）

发。又造突火枪，以巨竹为筒，内安子窠，如烧放，焰绝然后子窠发出，如炮声，远闻百五十余步。"①这段文字讲得十分清楚，所谓"赣筒"，是指将木弩（弓箭）置于筒内发射，可增强其稳定性，但是否使用了火药作为助推力，则文中语焉不详；而所谓突火枪虽然以"巨竹为筒"，也要使用火药，但其中装置的是"子窠"而非箭矢。"子窠"或类似今天的枪弹，结合上文《武经总要》记载的"火鹞"一类火器的原理推测，很可能系小卵石一类的物体。因此，两者也

---

①〔元〕脱脱等撰：《宋史》卷一百九十七《志第一百五十·兵十一》，北京：中华书局，1977年11月，第四九二三页。

很难与泸县宋墓武士背负之物直接挂钩。

其实，宋墓中出现武士背负箭箙的图像以及在墓中帐幔中悬挂弓、箭、弓袋（箭箙）的做法十分常见，宿白先生在《白沙宋墓》一书中引《武经总要》前集卷十三之"器图"将其加以比较，对此早已做出过精当的考证。①泸县宋墓虽然在年代上要晚于白沙宋墓，但在文物制度上是一脉相承的，反映了宋代文化在墓葬制度上的一些共同特征。泸县宋墓武士所背负之物在考古学界并未产生歧义，考古报告中的定名也是比较平实客观的。在没有确凿的考古证据之前，笔者建议仍采信考古报告的提法较为可靠，而不要轻信"突火枪"与"火箭兵"之说。

二、"蒙古装女武士"

在泸县各地所征集到的宋墓石刻当中，武士形象的雕刻数量十分丰富。其中，在《泸县宋墓》考古报告中有划分为"C型武士"的4件标本十分引人注目，因为它们分别表现了四位戴兜鍪、披铠甲、执兵器的女武士的形象。

这四件女武士石刻分别出土于泸县牛滩镇滩上村三号墓与一号墓，其中标本一（2002NTTM3：1）出土于三号墓，人像与座通高1.42米，女武士头戴兜鍪，兜鍪上有缨饰贴于鍪顶之上，兜鍪无护耳，露出发际和耳垂。女武士身披铠甲，着护膊，铠甲外罩战袍，革带束腰，手执兵器，下身着

---

① 宿白：《白沙宋墓》第39页、第53页，北京：文物出版社，1957年。

甲裙，穿靴。标本二（2002NTTM3：2）与标本一同出一墓，人像连座通高1.49米。其服饰特点也是头戴兜鍪，兜鍪上的缨饰直立，兜鍪的形式与标本一略有不同，下缘较窄略向外翻，无护耳，兜鍪下沿露出发际，身披铠甲，有披膊，革带束腰，铠甲外披窄袖战袍，右手执剑。下身着甲裙，穿靴。

标本三（2002NTTM1：1）出土于一号墓，人像连座通高1.54米，头戴上窄下宽的兜鍪，兜鍪顶上有缨饰，兜鍪的造型比较特别，无护耳，露出发际与耳垂，身披铠甲，外罩战袍，革带束腰，战袍外也用巾带约束，并在腰前系结，双手执骨朵。下身着甲裙，穿靴。标本四（2002NTTM1：1）

泸县牛滩镇滩上村三号墓出土的女武士像
（采自《泸县宋墓》图107及图108）

泸县牛滩镇滩上村一号墓出土的女武士像

（采自《泸县宋墓》图100及图110）

　　与标本三同出于一墓，人像连座通高1.60米，也是头戴兜鍪，兜鍪顶部饰一长缨，兜鍪上饰有兽面图案，接近顶部刻一"王"字，身披铠甲，也着甲裙，足穿靴。

　　这四件女武士的雕像的确堪称泸县宋墓石刻中的精品，人物形象生动英武，服饰特点也十分鲜明，所以在考古报告中将其专门列为一个类型加以介绍，这是正常的，也是合理的。但是，考古报告中并没有将她们的族属由其服饰定为汉民族以外的其他民族。奇怪的是在《南宋川南墓葬石刻艺术》一书中，却将这四件石刻女武士定为"着蒙古特色甲衣的女武士"，并进一步解释称："在墓室中为什么会出现蒙古装束的女武士呢？据考古专家推测，男武士守护的是男性墓主人，女墓主人则由女武士守卫。加上当时该地由于宋元交兵，长期的拉锯战在此地展开，不排除蒙汉两族联姻的可能性。果真如此的话，则蒙古族的女墓主人由蒙古女武士护卫就不足为怪了。"①其后，《中国国家地理》以"发现中国仅存的蒙古女武士造像"为题，对此加以进一步发挥："蒙古女武士头戴典型的蒙古钹笠，铠甲上罩着质孙服——这是一种紧身短袍，方便上下马的元人服装，而脚上穿的鹅顶靴，更是不折不扣的蒙古武士的装束。"②

这里，有若干疑点不得不加以廓清。其一，此墓的"男性墓主"和"女性墓主"真有可能是汉蒙两个不同民族因为"联姻"遗留下来的墓葬遗存吗？其二，这四位女武士的装束果真是"蒙古服饰"吗？

我们先来讨论第一个问题。由于这四件女武士的石刻雕像都是征集而来，对其所在的墓葬情况在考古报告中未做详细的介绍。但《中国国家地理》有一段记载透露，它们可能出自一座宋代石室合葬墓："工人挖开厚厚的封土，露出'山'字形门楣与厚重的封门石。这是一个合葬墓，同坟异穴，三个墓室共用一个封土堆，这都是四川南宋石室墓常见的特征。三座墓室分布大同小异，都有武士、青龙、白虎、侍女造像，只是左右两边守护墓门的是两个女武士，正中这座为男武士，卢大贵（引者按：时为泸县文管所长）据此推

①张春新：《南宋川南墓葬石刻艺术》，重庆：重庆大学出版社，2011年，第53页。

②萧易撰文、袁蓉荪摄影：《泸县宋墓：雕刻在石头上的南宋》，《中国国家地理》，2011年第6期，第98～99页。

测，这是一个一夫二妻墓。"①结合《泸县宋墓》考古报告所记载的石刻征集情况来看，这个信息应是基本可靠的。征集到的这四尊女武士造像分别两两相对，出土于牛滩镇滩上村一号墓和三号墓，而在《泸县宋墓》关于征集的武士石雕像中还列出有"B型武士"，共两件，均为身穿袍服、外罩袍服，戴交脚幞头的男武士像，都是出土于滩上村二号墓。②按照其编号顺便来看，滩上村这座宋墓共有三个墓室，应是一号墓、三号墓居于两边，中间是二号墓，正好是两位男武士石雕像居于中央墓室的两侧，而在其左右两侧分别是一号和三号墓，各有两尊女武士石雕像。我们知道，四川南宋石室墓的这种结构一般多用于家族合葬，葬在各墓室中的应是一个家族的成员，最大几率是夫妻合葬墓。所以，当地考古人员推测其系一座"一夫二妻"合葬墓，这是极有可能的。那么，葬入这座墓葬的男主人如果是汉族，有可能和两位蒙古族的夫人合葬于一穴之中吗？这从宋代的家族合葬特点、当时的宋蒙关系等各方面因素来看都是很难成立的。在极其重视家族以血缘关系为纽带的两宋时期，很难想象能够容纳异民族的女子与汉族的男性主人结为夫妻、死后合葬于一墓之中。而且，正是由于这个时期宋元关系长期处于战争状态，双方在泸州神臂城一带展开了旷日持久的血战，死伤惨

---

① 萧易撰文、袁蓉荪摄影：《泸县宋墓：雕刻在石头上的南宋》，《中国国家地理》，2011年第6期，第98～99页。

② 四川省文物考古研究所、成都市文物考古研究所、泸州市博物馆、泸县文物管理所编著：《泸县宋墓》，北京：文物出版社，2004年，第112页、图103、104。

烈，在民族心理、民族情感上都处于对立状态，更难设想会有汉族士人会在这个时期娶敌方异族之女为妻妾，死后合葬在一起。

其次，就是这四位女武士的装束问题。之所以会有上面这个问题的提出，前提就是认定她们的穿戴从头到脚都是"蒙古武士"。事实上这是毫无依据的。我们首先来看女武士头上的装饰，《泸县宋墓》考古报告正确地指出她们戴的是宋代的"兜鍪"，在宋人所撰《武经总要》中也称其为"头鍪顿项"，所谓"头鍪"是指其头盔部分，"顿项"是用来保护肩颈部的装具，两者可分可合，在《武经总要》一书中都附有图可以参照。在敦煌第346窟所绘壁画中也可以见到这种装束的宋代武士形象。说她们是"蒙古女武士头戴典型的蒙古钹笠"，这种所谓"典型的蒙古钹笠"之说不知从何而来，是何形制也不得而知。再看她们身上的装束，都是在铠甲的外面披了一件战袍，而战袍和袄一样，都是宋代军人的常服，是一种相对较为轻松灵便的军士装束，在作战或日常巡逻时均可穿用，简而言之是一种便于行动的轻兵服装。[1]说她们"铠甲上罩着质孙服——这是一种紧身短袍，方便上下马的元人服装"也是没有依据的。因为元人的所谓"质孙服"，在汉文中也译为只孙、济逊、一色衣等，其形态是上衣连下裳，衣饰较紧窄且下裳也较短，在腰间作无数的襞积，原来是元人的戎服，后来成为从天子到百官，下至乐

①周锡保：《中国古代服饰史》，北京：中国戏剧出版社，1986年，第315页。

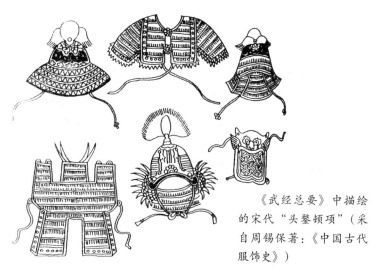

《武经总要》中描绘的宋代"头鳌顿项"（采自周锡保著：《中国古代服饰史》）

工、卫士均可穿着的官服，总称为"质孙服"①。周锡保《中国古代服饰史》第十二章"元代服饰"之图七所绘的四个人物从左至右分别为元代帝室的拖雷、元太宗窝阔台、成吉思汗等，除成吉思汗外，图中人物所着即所谓

敦煌壁画中的宋代武士像
（采自周锡保著：《中国古代服饰史》）

① 周锡保：《中国古代服饰史》，北京：中国戏剧出版社，1986年，第354~355页。

历史绘画资料中所见元人的服饰

（采自周锡保著：《中国古代服饰史》）

"质孙服"，与泸县宋墓中女武士的装束稍做比较就可知道两者绝不是一回事。最后，我们再来看这四位女武士脚上穿的靴子，有人说这"更是不折不扣的蒙古武士的装束"。而事实上靴虽然最早是来自北方草原游牧民族的服饰，但因其具有很强的环境适应性，既可防寒、防潮，也便于游牧乘马，还可以在日常生活中穿着，所以很早以来便已经被汉民族和其他民族广为接受，在北朝、唐、宋以来汉人的历史图像中，脚下着靴者的形象可以说数不胜数，又怎么能够以偏概全地将其认为是"不折不扣的蒙古武士的装束"呢？

因此，综上所述，认为泸县宋墓中发现的这四尊女武士的雕像是"蒙古装女武士"的论点是不能成立的。

三、余论

据考古调查，泸县境内19个乡镇共发现了数以百计已暴露的宋代石室墓①，这批墓葬无论是在墓葬形制、建筑方法还是在雕刻艺术等方面，都具有重要的学术价值。目前，这批珍贵的历史文化遗产正在引起学术界和社会各界的高度重视，对其所反映的宋代考古与宋代经济、文化、社会生活等广阔的历史背景也引起越来越多研究者的关注。尤其是这批宋代石室墓中出土的丰富多彩的雕刻艺术品更是引人瞩目，它们大都取材于南宋四川一带的世俗生活，构图巧妙、形象生动、刻工精湛，与北方地区所发现的宋、辽、金时期的雕砖墓具有许多相同的特点，同时又体现出浓厚的地方特色，当中所反映的各类社会文化、民间风俗以及丧葬制度等方面的资料更是弥足珍贵，有计划地对这批宋代石刻展开科学研究，并充分利用这批文物考古资料服务于人民大众，使其发挥科学、艺术等多方面的价值是十分必要的。但是在这个过程当中，我们也要注意尊重历史事实，在扎实的、科学的研究基础上来宣传和利用。

近年来，随着社会经济文化事业的不断发展进步，考古学这门被视为"象牙塔"之学的学科也逐渐走进寻常百姓家，考古学的新发现开始被社会大众广泛关注，而一些考古学家和文史工作者也逐渐从"后台"走上"前台"，直接面对社会和人民大众，承担起宣传和弘扬科学知识、历史文化，传承文明的职责，这是值得充分肯定的新气象。但是，有一种倾向也同时必须引起我们的高度重视，那就是在向社

①四川省文物考古研究所、成都市文物考古研究所、泸州市博物馆、泸县文物管理所编著：《泸县宋墓》北京：文物出版社，2004年，第4页。

会大众进行考古学科普教育和宣传的时候，一些没有经过充分论证的学术观点在新媒体的运作之下也很容易形成市场，影响视听，造成对历史事实的误判和对学术舆论的误导，本文举出的这两个例子就很有代表性。所以，我们认为，虽然任何学术意见的讨论都是自由的，但在没有确凿的证据之前，要把某些所谓"新观点"推向社会、引导大众，则需要持严肃、认真和慎重的态度。我们看到，《泸县宋墓》考古报告在处理这些考古材料的时候，叙事科学、客观而平实，不妄作"惊人之语"，始终遵循了学术界言之有据、持之成理的基本规范和原则，这是值得尊敬和效仿的做法。

考古学视野下的"藏羌彝走廊"与"一带一路"

　　"走廊"（Corridor）一词原本是一个建筑学、地理学的概念，与后来"丝绸之路"（Silk Road）这个概念的提出一样，很可能均与德国地理学家李希霍芬（F.F.Richthofen）有关。[①]当时中国被称为"走廊"的地带，最为著名的是"河西走廊"，也称为"甘肃走廊"（Gansu Korridor），由于它与古代"丝绸之路"有相互重合的一段，所以后来这个概念产生出更为丰富的人文内涵。

　　在中国大地上，另一个与我国西北"河西走廊"可以相提并论的所谓"走廊"，则是西南地区的"藏彝走廊"或称为"藏羌彝走廊"。只是这条走廊的提出，从一开始便是一个民族学与自然地理学相互融合的产物。从地理学角度来看，西北地区的"河西走廊"地处甘青，南北两面均为沙漠，中间有一条东西向的祁连山脉，山脉下的南北两麓较为平坦并有雪山融水的灌溉，由此形成沙海之中的一个个绿

---

　　①艾南山：《从地理学谈"藏彝走廊"》，石硕主编：《藏彝走廊：历史与文化》，成都：四川人民出版社，2005年，第139页。

洲，可供人们在此之间通行来往；西南地区的"藏彝走廊"
则是因为"喜马拉雅造山运动"形成闻名于世的"横断山脉
地带"，怒江、澜沧江、金沙江、雅砻江、大渡河、岷江六
条大江大河分别从北自南从这里穿流而过，在南北向的崇山
峻岭之中开辟出一条条天然的河谷通道，从而也为人们在这
些河谷之中通行来往提供了便利。如果说"河西走廊"最为
重要的作用是形成"陆上丝绸之路"中国境内最为重要的主
干道，那么毫无疑问，"藏彝走廊"最为重要的作用是自古
以来众多民族或族群南来北往、迁徙流动的场所，也是历史
上西北与西南各民族之间沟通往来的重要孔道，所以费孝通
先生才从这若干民族当中选择了"藏"和"彝"这两个西南
地区最为重要的民族作为"藏彝走廊"一词的指代。①

不少学者都认识到，这条被称为"藏彝走廊"的南北
民族大通道是一条"活的通道"，直到今天对于西部各民族
都还在发挥着重要的作用。并且，这条大通道开启和被远
古人们所利用的年代，也具有更为古老的历史。如同石硕
先生曾经论及的那样："由于各种文化的不断交汇流动，正
像考古遗址层层叠压的文化地层一样，在'藏彝走廊'中
保留了大量古老的历史文化积淀。今天，我们在'藏彝走
廊'中可以看到许多在其他地区已经完全消失或极为罕见

①石硕：《"藏彝走廊"：一个独具价值的民族区域——谈费孝通先生提出
的"藏彝走廊"概念与区域》，同氏主编：《藏彝走廊：历史与文化》，成都：
四川人民出版社，2005年，第13页。事实上，从这条走廊早期形成的历史
来看，古代羌人在这条通道上的活动要远远早于藏族和彝族，他们是这条通
道上最早的古代族群。因此，将它命名为"藏羌彝走廊"也并无不可。

的古老而独特的社会形态、文化现象与文化遗存。"①透过"藏彝走廊"发现的这些独特的考古学文化遗存，我们可以观察到一个重要的历史事实："藏彝走廊"与"一带一路"关系极其密切，从某种意义而言，正是由于"藏彝走廊"的存在，才将"一带"和"一路"紧密相连，形成一个连续的整体链条。

一、"藏彝走廊"是联通西南、西北地区的主干道

由西南通向西北地区，"藏彝走廊"形成的南北向多条河谷通道，应当是早期人类活动能够利用的最为便捷的通道。从现在已知的考古发现来看，早在新石器时代，来自黄河上游甘青地区的马家窑文化的彩陶器，便已经顺着岷江上游等地绕过成都平原南下到汉源狮子山遗址，②近年来，相似的文化现象在茂县营盘山遗址中也有发现。③到了龙山时代以及夏商时期，在岷江上游、大渡河上游与中游、雅砻江下游、金沙江·澜沧江中游、澜沧江上游等地的新石器时代

①石硕：《"藏彝走廊"：一个独具价值的民族区域——谈费孝通先生提出的"藏彝走廊"概念与区域》，同氏主编：《藏彝走廊：历史与文化》，成都：四川人民出版社，2005年，第28~29页。

②马继贤：《汉源狮子山新石器时代遗址》，《中国考古学年鉴（1991）》，北京：文物出版社，1992年。

③陈剑：《营盘山遗址再现"藏彝走廊"5000年前的区域中心——岷江上游史前考古的新进展》，石硕主编：《藏彝走廊：历史与文化》，成都：四川人民出版社，2005年，第300~314页。

261

文化当中，也都程度不同地出现了来自甘青地区的新石器时代文化因素，影响范围逐渐扩大。[①]

进入青铜时代，这种来自北方草原民族的青铜文化更是渗透到川西高原各地的"石棺葬文化"当中。其中，具有代表性的例证可举出炉霍石棺葬。目前，在炉霍县全县境内共发现28处、1800余座石棺葬。其中经过较大规模考古发掘、可以确认具有较为明显的时代特征、并有 ^{14}C 测年数据可以证明的早期石棺葬遗存，主要有雅砻江流域的炉霍卡莎湖、宴尔龙两处石棺葬墓地。其中，卡莎湖石棺葬墓地发现于20世纪80年代，[②]宴尔龙石棺葬墓地发现于2008年，是近年来中日合作进行"西南地区北方谱系青铜器及石棺葬文化研究"课题的共同成果之一。[③]

卡莎湖石棺葬中年代最早者和宴尔龙石棺葬中年代最早者均有可能早到商周时期，可以确认这是目前在川西北地区发现的最早的一批石棺葬。不仅如此，笔者在炉霍县博物馆中还观摩到，炉霍石棺葬出土陶器中还有一批彩陶器和小双耳陶器，其器形纹饰与造型风格均与黄河上游甘青地区马家窑、齐家、马厂、寺洼等考古学文化相似，虽系采集品，但

---

①陈苇：《先秦时期的青藏高原东麓》，北京：科学出版社，2012年，第293~324页。

②四川省文物考古研究所等：《四川炉霍卡莎湖石棺墓》，考古学报1991年第2期，图十九：11、12、17。

③四川省文物考古研究院、日本九州大学考古学研究室、甘孜藏族自治州文化旅游局、炉霍县文化旅游局：《炉霍县宴尔龙石棺葬墓地发掘报告》，收入四川省文物考古研究所编著：《西南地区北方谱系青铜器及石棺葬文化研究》，北京：科学出版社，2013年，第14~34页。

透露出一个极为重要的信息：炉霍石棺葬文化的上限，很有可能随着考古工作的进展朝前推进到新石器时代晚期和青铜时代早期。

上述两处石棺葬文化中都发现了大量与北方系统青铜器类似的器物，如曲柄剑、弧背形青铜小刀、动物形牌饰等。除曲柄剑之外，卡莎湖石棺葬中出土的弧背形青铜小刀、铜手镯、动物纹铜牌饰、螺旋式铜环、铜羊形饰、双联铜泡、玛瑙珠、绿松石饰品等均具有北方青铜文化的特征，尤其是在墓葬中还出土有大量细石器，更具北方游牧民族文化的特点。炉霍及川西北高原石棺葬文化中出现的这些北方青铜文化因素，显然与北方草原文化传入川西北地区有关，其年代至少可以上溯到商周时期。这就意味着，川西北高原施行石棺葬的古代族群中，一部分可能是来自北方的甘青地区，他们是北方青铜文化南下的直接传播者。

由此可见，这条南北向大走道的开启，至少可以上溯到新石器时代晚期至青铜时代。进入战国、秦汉以后的各个历史时期，这条通道更是成为连通西南、西北地区重要干道之一。延续到战国、秦汉时代的"石棺葬文化"当中，自商周以来便已出现的北方草原文化因素一直存在，人们对这条通道的利用程度有增无减。

文献记载表明，这条通道至迟从汉晋南北朝时期开始，其地位日显突出，一度成为南朝政权连接北方"丝绸之路"的主要通道。唐长孺先生在《南北朝期间西域与南朝的陆道交通》一文中论述："汉代以来，由河西走廊出玉门关、阳关以入西域，是内地和西北边区间乃至中外间的交通要道。

但这并非唯一的通路，根据史籍记载，我们看到从益州到西域有一条几乎与河西走廊并行的道路。这条道路的通行历史悠久，张骞在大夏见来自身毒的邛竹杖与蜀布是人所共知的事，以后虽然不那么显赫，但南北朝时对南朝来说却是通向西域的主要道路，它联结了南朝与西域间的政治、经济和文化，曾经起颇大的作用。"①据唐长孺先生考证，西晋末年以来，东晋、刘宋等南朝政权与北方的前凉、西凉和北凉这几个割据政权还一直保持着通使往来，但在当时的形势下，由于秦陇地区多被中原或地方政权所隔绝，自江南通往西域，多从长江溯江而上，先西行入益州，再由青海入吐谷浑境，然后借道前往西域。②而我们知道，从益州进入青海境内，所取道路往往就是循着本文所称的"藏彝走廊"溯江而上，北入青海，再与汉代以来开通的北方丝绸之路相连接，进而便可通向西域和中亚。由此可见，历史上这条通道所发挥的功能和作用，绝不可低估，它已经远远不再是一条中国内部区域性的通道，而是成为北方"丝绸之路"这样具有国际性通道的重要组成部分，影响十分深远。

---

①唐长孺：《南北朝期间西域与南朝的陆道交通》，收入《魏晋南北朝史论拾遗》，北京：中华书局，1983年，第168~169页。

②唐长孺：《北凉承平七年（449）写经题记与西域通向江南的道路》，收入《魏晋南北朝史论拾遗》，第168~195页。

二、"藏彝走廊"也是通向云南、东南亚的重要通道

我们进而还可以发现，"藏彝走廊"这条南北向的大通道不仅可以联系起西北、西南地区，顺着江河峡谷一直向南，即可进入云南、东南亚各地。近年来，中国社会科学院边疆考古中心和云南省文物考古研究所等合作，对云南南部耿马县境内的石佛洞遗址进行了考古发掘，遗址中出土的陶器以刻画、剔刺、压印等手法模仿涡纹、连弧纹、水波纹等纹样，发掘者认为，这种做法实际上是受到黄河上游马家窑文化彩陶纹饰的影响，可能暗示着马家窑文化的南下已经不仅仅局限在地理学上的横断山脉，而是已经影响到滇南地区。[1]

在云南青铜文化当中，已经有不少学者关注到，其中出现了不少与北方草原文化有关的因素，如动物纹牌饰、双环首青铜短剑、曲柄青铜短剑、弧背青铜刀、"卧马纹"装饰品、立鹿、马饰、有翼虎银带扣、狮身人面形图案、金珠与金饰片、蚀花肉红石髓珠等，有学者认为其中"有一部分来

---

[1]石佛洞遗址以往的发掘资料可参见吴学明《石佛洞新石器文化与沧源崖画关系探索》，《云南文物》第25期，1989年6月；王大道《再论云南新石器时代文化的类型》，收入《云南考古文集》，昆明：云南民族出版社，1998年，第41~58页。中国社会科学院考古研究所王仁湘先生于2003年11月在四川大学考古系举办的学术报告会上披露了新近的考古发现情况，正式报告尚待刊布。

自斯基泰文化；有的是我国北方草原文化遗物；还有一部分是受了以上两种文化的影响，由当地民族改制和创新的"[1]。笔者通过对带柄铜镜、双环首青铜短剑这两类器物的比较，认为其也可以归入北方草原文化影响到西南地区青铜文化的例证。[2]

国外学者也注意到北方草原文化和中国西南地区、东南亚等地考古学文化中的相似因素，认为尤其是在"最近的数十年间，中国西南地区和东南亚的考古研究取得了长足的进展，发现了大量和鄂尔多斯地区、中亚和欧亚草原的遗存非常相似的器物"，并试图采用西方人类学的"文化变迁理论"从进化、影响、传播与移民等不同的层面和角度对此进行解释。在他们当中，也开始有人认识到这些考古遗存之间出现的相似性因素，离不开特殊的地理环境，认为"论及中国西南及其邻近地区，我们遇到的是一种极其多样的自然环境，不同生态区在这里以一种特殊方式互相交融。高耸山脉之间的深谷及主要是自北向南流动的密集河网连接了各个方向的多条道路。这使多样、多向的交换成为可能；或者可以说交换是不可或缺的，因为各种经济和资源分布不均。鉴于交换路径的多样性，不仅仅需要考虑被广为引用的'草原联系'，还要关注和西藏、印度、东南亚及其他或远或近的诸

---

①张增琪：《中国西南民族考古》，昆明：云南人民出版社，1990年，第201~227页。

②霍巍：《论横断山脉地带先秦两汉时期考古学文化的交流与互动》，石硕主编：《藏彝走廊：历史与文化》，成都：四川人民出版社，2005年，第288~292页。

地区之间的联系"①。

在现有考古资料的背景之下，我们还难以清晰地勾勒出这种远距离文化传播和交流的具体路径、方式以及中转站、节点（集散地）、目的地等诸多细节，不过作一个最为宏观的观察也可以发现，来自青海、西藏和四川的古代族群如果沿着"藏彝走廊"进入云南，再通过云南、广西等地进入东南亚各国，在地理环境和交通路线上不仅可以说是完全可以支持的，甚至可以说这也是唯一可行的通道。已故学者李绍明先生曾指出："古代西南丝绸之路是从成都出发，经四川西南部，再经云南、越缅甸、印度、中亚，直至西欧的商道。这条道路所经之地有很大一部分在'藏彝走廊'地区。"②这是一个很有见地的认识。古代"西南丝绸之路"虽然也是一个有待考古发现来进一步加以深化、坐实的概念，但从文献记载及自然环境条件综合考虑，其中有很大一部分的确可能与"藏彝走廊"相互重合，只是前者的开辟年代或许更早。流经"藏彝走廊"的六江（怒江、澜沧江、金沙江、雅砻江、大渡河、岷江）当中，怒江、澜沧江都流出国境成为跨国界的河流，其间的河谷地带成为通向东南亚地区的天然通道也是顺理成章的。李绍明先生还推测："目前，中国西南部、中印半岛以及南亚的印度、尼泊尔、不丹、锡

---

①［英］安可著，陈心舟译：《文化传播、人群移动和文化影响：以西南地区与北方草原文化关系的研究为例》，《南方民族考古》第十一辑，北京：科学出版社，2015年，第67~80页。

②李绍明：《"藏彝走廊"研究与民族走廊学说》，石硕主编：《藏彝走廊：历史与文化》，成都：四川人民出版社，2005年，第8~9页。

金诸国分布着大量的藏缅语族的各族，这不仅说明北南交通早已存在，而且还说明这些民族的先民，有不少是沿着上述六江流域亦即藏彝走廊由北向南逐渐迁徙到现在住地的。"[1]这些都是有可能的。

三、"藏彝走廊"还是"高原丝路"的重要节点

如上文所论，"藏彝走廊"从纵向可自北而南，发挥分别连通我国西北、西南以及东南亚等国家和地区的历史作用。此外，从横向上的东西方向而论，"藏彝走廊"还是连通青藏高原"丝绸之路"（以下简称为"高原丝路"）的重要节点。需要稍加说明的是，本文所论的"高原丝路"，是一个广义的概念，指代自古以来通过青藏高原形成的与祖国内地、南亚、中亚等国家与地区之间的交通路网，过去学术界曾将这个路网中的某些路线或段落分别称为"唐蕃古道""蕃尼古道""麝香之路""食盐之路""第四条东西文化交流之路"，等等。[2]

"藏彝走廊"的现实行政区划大体上涵盖了今天甘肃省甘南藏族自治州及武都地区所辖部分县地，青海果洛藏族自治州以及黄南、海南、玉树藏族自治州所辖部分县地，四川

---

①李绍明：《西南丝绸之路与民族走廊》，收入氏著《李绍明民族学文选》，成都：成都出版社，1995年，第872页。

②如常霞青：《麝香之路上的西藏宗教文化》，杭州：浙江人民出版社，1988年；张云：《丝路文化·吐蕃卷》，杭州：浙江人民出版社，1995年。

阿坝藏族羌族自治州、甘孜藏族自治州等藏族聚居地。①毫无疑问，这个现实状况也是历史形成的这条民族通道上以藏族作为主体民族之一的客观反映。这些居留在青藏高原的藏族及其先民们，不仅开辟了这条民族大通道，而且在唐、宋、元、明、清各个历史时期不断继承和发展了这条通道，将其与跃上青藏高原的"高原丝路"东西相接，连为一体，从东向上加强了祖国内地与青藏高原各民族之间的广泛交流与密切联系；从西向、南向上则通过"高原丝路"拓展了与中亚、南亚各国人民之间的交流与联系。

与之相关的考古学遗存也是相当丰富的。首先可以提及的是，在西藏昌都境内的卡若遗址、林芝河谷等地发现的新石器时代文化和墓葬当中，其陶器形制、长条形磨光石斧、半地穴式房屋遗址、粟的发现等，与川西北高原、黄河上游甘青地区新石器文化有诸多相似因素，可以肯定是上述提到的昌都境内的古代文化遗存受到这些地区的影响。②"石棺葬文化"在藏东和藏南地区也有不少发现，在埋藏习俗上有一定相似性。③广泛分布于四川藏羌地区的石砌"碉楼"，在西藏高原的昌都、林芝、山南等地也有类似的遗存发现，石硕先生认为这也是在"藏彝走廊"上所保留下来的一种独特

---

①李星星：《论"藏彝走廊"》，石硕主编：《藏彝走廊：历史与文化》，成都：四川人民出版社，2005年，第34页。

②西藏自治区文物管理委员会、四川大学历史系：《昌都卡若》，北京：文物出版社，1985年，第150页。

③霍巍：《西藏古代墓葬制度史》，成都：四川人民出版社，1995年，第59~60页。

的古代文化遗存，与《后汉书》中所记载的"邛笼"之间有着密切的联系，并且与石棺葬的分布、石砌房屋建筑分布等文化现象之间也存在着某种微妙的对应关系。①

　　唐代吐蕃时期，在吐蕃王朝最为强盛之时，"藏彝走廊"的北端完全并入吐蕃版图之内，并且这一通道业已成为吐蕃王朝对唐之益州、南诏等西南诸地用兵、交往的重要干道之一。有学者考证认为，唐代吐蕃经藏东地区向东通往四川主要有南北两道：南道经今巴塘、理塘、康定一带抵嶲州、黎州和雅州；北道经今甘孜、丹巴、小金川一带抵维州、松州，②两道还连接和贯通青海东部的玉树地区，经玉树可与西北通长安、吐蕃的"唐蕃大道"相连接，这条道路可由长安经今宝鸡、天水、文县、松潘进入康区，由康区沿河谷西行，抵金沙江河谷，再经邓柯进入青海，经玉树及通天河河谷进入西藏境内。由于此道可以避开北面昆仑山之险，也可避开东面横断山脉险隘，所以成为当时吐蕃对唐朝用兵及双方使臣往来的重要通道之一。近年来，我国汉藏两族的文物考古工作者相继在汉藏交界的西藏高原东麓地带发现了一批吐蕃时期的摩崖造像。③由于这批造像的年代大多集中在公元9世纪，又都位于"唐蕃古道"沿线，所以从其

　　①石硕：《青藏高原碉楼分布所对应的若干因素探讨》，收入氏著《青藏高原东缘的古代文明》，成都：四川人民出版社，2011年，第385~407页。

　　②冯汉镛：《川藏线是西南最早的国际通道考》，《中国藏学》1989年第1期。

　　③霍巍：《青藏高原东麓吐蕃时期佛教摩岩造像的发现与研究》，《考古学报》2011年第3期。

陆续发现和公布开始，便引起了国内外学术界的高度重视和讨论。笔者认为，这批吐蕃造像发出强烈的信号提示我们注意，在唐蕃交流史上，不能忽略经过川西北高原和青海、藏东昌都一带，进入吐蕃腹心地带这条路线的存在及其历史上发挥的作用，从某种意义而论，这正是这条"藏彝走廊"横向联系"高原丝路"的一个有力物证。

唐宋之后，随着青藏高原与内地之间茶马贸易的兴起，"茶马古道"也开始形成。李绍明先生认为，两者之间也有密切的关系，他甚至还勾勒出了在"藏彝走廊"中"茶马古道"两条主干线的具体走向："还有横跨横断山脉从东到西的古道。这便是通常所称的'茶马古道'。其中一条西起今四川雅安，途经（天全）、泸定、康定、理塘、巴塘、昌都而达拉萨；从拉萨便可南下不丹、尼泊尔与印度。这条道路大体相当于今日的川藏公路。另外还有一条从今云南大理起，途经丽江、中甸、德钦、盐井到昌都再往西去拉萨的古道，这条路大体相当于今日的滇藏公路。"[①]笔者认为这个看法是完全成立的。

综上所述，我们可以看到，"藏彝走廊"不仅仅只是在纵向上连通了西北、西南地区，与北面的"河西走廊"、陆上丝绸之路（包括所谓"沙漠丝绸之路""草原丝绸之路"等）相接；而且向南则可直通云南、东南亚地区，从而与"南方丝绸之路""海上丝绸之路"直接或者间接地相接；在

---

①李绍明：《西南丝绸之路与民族走廊》，收入氏著《李绍明民族学文选》，成都：成都出版社，1995年，第874页。

东西方向上，则与路经青海、西藏等地的"高原丝绸之路""茶马古道"等横向相连接，成为中国最为重要的，也是名副其实的"走廊"。

四、结语

　　总结本文所论，我们可以透过一个新的视野来重新审视"藏彝走廊"（或称为"藏羌彝走廊"）在"一带一路"中的历史作用与现实意义。首先，这条走廊形成历史非常悠久，从自然地理上看先于人类的诞生便已经成形，但此时还并不具备任何社会学的意义，还仅仅是一个地理学的概念。随着人类对这一天然通道的利用，开始频繁地在高山河谷中迁徙往来、留驻生息，这条自然大走廊后来便被赋予了更多的社会学、民族学的含义，成为民族学家们所指的"主要是汉藏语系诸民族，尤其是藏缅语族诸民族迁移的地带"[①]。但若从考古学遗存加以考察，早在这些民族形成之前，这里实际上已经成为早期人类迁徙活动的通道，同时也为后来"藏彝走廊"的开启和最终定型奠定了基础。所以从这个意义而言，"藏彝走廊"更是人类交通史上具有独特意义和价值的研究对象，绝不仅限于民族学、人类学领域。

　　其次，从"网路结构"而言，这条从北而南的天然大通

──────────
　　①李绍明：《"藏彝走廊"研究与民族走廊学说》，石硕：《藏彝走廊：历史与文化》，成都：四川人民出版社，2005年，第11页。

272

道其本体虽然主要是在横断山脉地带，但其两端却一头与西北河西走廊——北方丝绸之路相接；另一头通过怒江、澜沧江等跨国河流经云南连接东南亚，从而直接或间接地与"海上丝绸之路"相接；其中腰处通过川西北高原、甘肃、青海等山脉峡谷地带，还与青藏高原上的"高原丝路"横向连通，如同一条扁担挑起了南北向与东西向的各个区域性文明中心，并向中亚、南亚、东南亚等国家和地区浸透与辐射，在我国内陆"一带一路"的网路节点上，其重要价值是独一无二的。

最后还必须看到，如同马克思和恩格斯所指出的："一个民族本身的整个内部结构都取决于它的生产以及内部和外部的交往的发展程度。"[1]王子今先生也曾强调："交通系统的完备程度决定古代国家的领土规模、防御能力和行政效能。交通系统是统一国家维持生存的必要条件。社会生产的发展也以交通发达程度为必要条件。生产技术的革新、生产工具的发明以及生产组织管理形态的进步，通过交通条件可以成千成万倍地扩大影响，收取效益，从而推动整个社会的前进。"[2]正是由于"藏彝走廊"所形成的交通网路，从而促进了西北、西南各族之间及其与我国中原地区、中亚、南亚、东南亚国家和地区之间密切的交流与互动，也才大大提高了中国西部地区各族群整体的政治、经济、文化发展水

---

①马克思、恩格斯：《德意志意识形态》，《马克思恩格斯选集》第1卷第25页。

②王子今：《康巴草原通路的考古学调查与民族史探索》，《四川文物》2006年第3期。

平，为秦汉以来中央王朝开发与治理西南边疆地区，使之最后融入中华民族多元一体的共同体当中，发挥着重要的历史作用。

第四编

展望中国神话考古的广阔前景

　　庞政博士的著作《汉代东王公图像研究》一书嘱我写序，这让我不禁想到近年来中国考古学研究中一个重要的领域——神话考古。如果仅从狭义的考古学去理解，"神话"和"考古"这两者之间完全是两个截然不同的范畴，神话虚无缥缈，考古讲究实证，似乎很难把两者扯到一块儿。但事实上，在出土和传世的考古材料中，有很大一部分都与神话传说有关。阅读前人的著作，我甚至认为，将神话考古作为一个研究领域，也未尝不能成立。

　　史前时代考古，除了建立考古年代学框架和区系类型体系之外，近年来人们越来越重视对于中国早期思想意识、宗教观念与原始文明基本内涵、神灵与祭祀等内容的探讨，如河南濮阳西水坡仰韶时代出土的蚌塑龙虎图像，其文化内涵就相当丰富，冯时先生认为这体现出远古人类的"观象授时"遗存，很有道理。同时，也可以推测，在距今6500年前远古先民的观念形态当中，如龙、虎这类神灵动物，尤其是龙的构建，已经包含了大量远古的神话因素，只是这些神话有的流传下来了，有的则已经佚失，当我们面对这些考古出土材料时，就需要具备这种眼光，从不同的层面去加以认知和阐释。

进入历史时期考古，我们更是要接触到许多和中国古代神话有关的考古材料，随着时代的发展，这个神话体系更为庞杂，中国本土的神灵，西方传来的神灵，有时还交互融合为一体，以更为丰富的面貌出现在文献记载和考古实物当中。例如，庞政博士这部著作当中所涉及的东王公图像，就是一个神话人物中的"大神"，只是过去更多的研究者是从宗教学或者从美术考古的角度来看待的。

庞政的这部著作特点比较突出，首先，他从考古资料的收集、整理和年代排比的工作入手，将目前考古所见的东王公（也包括西王母）图像作了系统的梳理，从流行地域和相关年代这一时、空关系框架上，确定了研究对象的考古学背景，从而使得整个研究工作不是零散的，也不是对个别材料的观察和阐释，而是具有一定时段、较为广阔空间的考古学考察，体现了考古研究的基本原则：一是要拿足够多的材料来说话（或至少有几分材料说几分话），二是对这些材料加以整理之后，可以看出其中的时、空体系和源流演变。

另一个我特别要推崇的特点，是本书合理地利用了传世文献材料，将考古图像材料和文献材料相互结合，观察东王公图像的源流演变，并且将其尽可能地放置到"原生状态"中去考察，从而能够发前人之所未发，形成自己独到的见解，这是尤其难能可贵的。

庞政在书中总结归纳出东王公图像的几个重要特征及其背后的历史意义和价值：第一，是东王公和战国秦汉以来逐渐流行的昆仑、蓬莱两大神话体系之间的关系。庞政认为，两汉时期，东王公与蓬莱神话的联系尚未明确建立，成熟期的东王公基本还是西王母的"镜像"。东汉晚期以来，东王公逐渐开始脱离西王母信仰，谋求独立神格与地位的提升，最终在道教等力量的推动下与东海蓬莱仙境相结合，治于海中蓬莱仙山之上。第二，东王公之所以从发展流变上看经历了从与西王母的结合，到脱离西王母而独立，并与蓬莱仙山相结合的过程，从时空节点上观察正处于汉末魏晋时期，而这个时期正是蓬莱神仙信仰再度复兴之际，图像的兴起与这一思潮之间有所关联。第三，东王公脱离西王母而独立，并与蓬莱神仙信仰的结合，既推动了蓬莱神仙信仰的复兴，也进一步促进了东王公独立神格和地位的获取，两者相辅相成。

这些观点是否能够最终被学术界所接受，可以在未来接受更多学者的学术检验，但我认为，这种求实创新的探索精神，是值得肯定的。

在我的学生当中，受我的影响，王煜曾经较为集中地关注和讨论过昆仑神话系统及其反映在考古材料中的诸多问题，发表过一系列的论著。庞政则更加专注于对蓬莱神话的研究。他们两人的博士论文，也都是围绕这两大神话系统的考古学研究展开的。庞政的这部新作，可以视为这一研究领域的进一步拓展。

我之所以同意他们去关注和研究这些看上去似乎并不那么"正宗正脉考古"的题目，源于我从内心深处一直以来就认为，无论是中国的考古还是外国的考古，只要是有值得研究的问题，这些问题本身也涉及历史发展进程中的人与社会、人与自然、人与神这些重大的话题，考古学为何要自设藩篱，自己跟自己过不去？

在方法论上也是这样，我从来喜欢跟学生讲邓公的一句话：管他白猫黑猫，能抓住老鼠就是好猫。做学问也是如此，考古的、美术的、文献的，只要能解决问题，"十八般武艺"都可以尽管使来，不管他哪门哪派。就拿庞政的这部新著来说，要说是历史时期考古的，可以；要说是美术考古，也未尝不可；要说是神话考古，也差不到哪儿去。所以贴什么标签不重要，实质性的内容更重要。当今一些考古研究的路子越走越窄，既没有"向四方的拓展"，更没有"向上的增高"（傅斯年语），我担心迟早有一天会没有饭吃的。路总是人走出来的，只要是认认真真地在做学问，眼观六路，耳听八方，总比闭目塞听要好。

当然，将来能不能形成一个叫作"神话考古"的研究领域，这还要看大家的认知和实践。就跟美术考古这个概念一样，一边讨论，一边深化，也是成绩斐然。至于是"考古美术"，还是"美术考古"，两者之间是否有分有合，各有侧重，近来也有学者在讨论，这都是好事。庞政这部新著的出版，我相信也会引发大家的关注。尤其是对昆仑神话和蓬莱神仙这两个大的神话系统的深入研究，从考古学的角度能够有什么作为，庞政也做出了一些回应，这都是我要向学术界加以推荐的理由。

庞政从本科、硕士到博士，都一直跟着我学习，视野比较开阔，文献底子也较好，曾经和我合作过好几篇论文。这部新作完全是他独立完成的，也可以视为他向学术界这个神圣殿堂交上的一张"门票"，希望他能够进入这个殿堂，既看到这个殿堂中的九弯八曲、漫漫长路，也看到其中的无限风光、多彩世界。前面的路还很长，我祝愿他能够踏踏实实地一步步走下去，前景一定会是光明的。

汉代信仰世界的折射

——读王煜《昆仑之上：汉代升仙信仰体系的图像考古》

汉代社会信仰世界的变迁处在中国古代思想史上一个极为重要的历史阶段。关于汉代社会的信仰世界，其内容十分丰富，层面也十分复杂。从纵向上看，汉代对于春秋战国以来诸子百家的思想多有继承和发展；从横向上看，从西域传入的佛教、本土兴起的道教几乎同时对这一社会交互产生影响，注入了许多新的因素。就其内部结构来看，如同余英时所指出的那样，还可以将汉代社会的思想分为"高层次（或正式的）思想"和"低层次（或民间的）思想"，①或如葛兆光所说的"精英和经典"以及"近乎平均值的知识、思想与信仰"。②

在汉代信仰世界之中，一个最为引人瞩目的话题，是人们如何看待生与死，如何想象死后的世界。人能够长生不死

①余英时著，侯旭东等译：《东汉生死观》，上海：上海古籍出版社，2005年，第3页。

②葛兆光：《中国思想史》第一卷《七世纪前中国的知识、思想与信仰世界》，上海：复旦大学出版社，1998年，第9~13页。

吗？如果不能，那么死后灵魂是否有知？如果灵魂有知，它的去向又该如何？肉体和灵魂会是相互分离，还是合为一体？生者与死者之间应当如何处理这些关系？各种方术、服食以及修炼能否有助于长生不死或死后升仙？这一系列问题是汉代上至帝王将相、下至普罗大众都普遍关心的话题。

对于这个历史悠久、体系庞杂的信仰世界，学术界所展开的研究有着深厚的积淀，古今中外，学者们各自切入的角度、关注的重点、利用的材料、提出的观点都浩如烟海，难以一一赘述。但是，将历史与考古、文献、图像相互结合起来进行综合研究，则是现代学术兴起之后的科学实践之一。以笔者有限的阅读经历而论，给我留下较为深刻印象的，首先会列举日本学者林巳奈夫的《汉代鬼神の世界》这篇论文。在这篇论文中，林氏所采用的基本研究方法，就是将考古材料如汉武梁祠、沂南汉画像墓、汉代铜镜等所出现的图案和纹饰，结合《山海经》《淮南子》等古籍文献，对其中的西王母、东王公、伏羲、女娲、天帝、风、雷、雨、电诸神逐一比定，然后再观察分析其可能存在的内在联系、排列组合以及所表现的寓意等问题。[①]此外，日本学者曾布川宽所著的《向着昆仑的升仙》（《昆侖山への升仙》）一书，大致的研究径路也是如此，只是进一步将目光聚焦到了汉代的昆仑神话这个系统。[②]中国学者从神话考古、美术考古的

---

①［日］林巳奈夫：《漢代鬼神の世界》，京都：《東方學報》1974年第46期，第223~306页。

②［日］曾布川寛：《昆侖山への升仙：古代中國人が描いた死後の世界》，東京：中央公論社，1981年。

视野出发，对于汉代信仰世界考古遗存的研究成果更是极其丰硕，在接下来我将推荐的王煜这部新著中，他做过很好的综述，可以提供给有兴趣做进一步研究的学者必要的知识背景。

王煜的这部名为《昆仑之上：汉代升仙信仰体系的图像考古》的新著，与既往的研究成果相比较，我个人认为其中一个最大的特点，是形成了他自己的认知逻辑和叙事体系，将过去零乱、分散、单一的汉代考古图像考证（他称为"图像考古"）进行了精心的梳理和整合，对于以昆仑神话为中心的汉代升仙信仰体系从不同的角度、不同的层理、不同的面向展开了精彩的论证，将过去许多看似关联度不高的考古现象加以联系和阐释，在前人研究的基础上提出了许多独创性的见解。他在广泛联系相关文献材料和考古图像的相互比对之后，逐渐建立起一个以昆仑、天门、西王母和天神为中心的信仰体系，如他所论，这也是一个关于"升天成仙的信仰体系"。大体而言，他认为西北方的昆仑一方面是天地最接近之处，另一方面又是时人认定的"天地之中心"，"天之中柱"，也是登天最为重要的天梯；昆仑之门在西汉前期的楚地还只是"始升天之门"，死者从这里开始升天的旅程，而到了西汉中晚期尤其是东汉时期以来，昆仑之门即是天门，成为天界的入口。西汉中晚期至新莽时期以来，原本拥有不死之药的西王母也加入这一信仰体系中，凡夫俗子要想进入天门，升入天界，还需在西王母那里获得仙药和仙籍。西王母的地位由此得到极大的提升和肯定。

接下来他重点讨论了"天界"，这是正对昆仑之上的北极星太一（天皇大帝）所统领的地方，人们虽不敢奢望能得拜太一，甚至太一能遣天马、象舆来迎，还可以通过太一之下的司命、天衢的引导者——手托日、月的伏羲、女娲，天关、天梁的管理者——牵牛、织女以及在风雨雷电诸神的管辖与统领之下，顺利地、风光地升天成仙，在"天堂"过上永远快乐的日子。而以上一切的前提，首先就是先要达到昆仑、西王母之地。因此，汉代墓葬中有大量关于墓主进发昆仑进而与各种神仙遨游天界的图像，便与之密切相关。墓主人或升仙之人在持节仙人的引导和扈从下，可以前往昆仑，向西王母索取仙籍和仙药，进入天门，升往太一统领的天界。

王煜在书中得出的一个结论性的论述：汉代昆仑升天信仰中有升天成仙的理论背景，即以昆仑为天地中心、天之中柱，其上为"太帝之居"；有升仙成仙的基本过程，在西王母处获得仙药和仙籍，进入天门；又有天界的主神太一及其从属、伏羲女娲及北斗司命等，俨然已经形成一个系统——或可称其为"昆仑神话系统"。基于这一认识，他进而对汉代考古资料中出现的其他一些图像和昆仑神话系统之间的关系展开了更深一层的探索。例如，他认为汉代凿通西域之后，出于时人对于西域地理、人文等各方面知识的进一步认识，开始将目光从传统的中土延伸到域外，由此在昆仑神话体系中出现了各种新的事物。

众所周知，汉代是中西文化交流的第一个高潮时期，正如《汉书·西域传》中所谓汉武帝时"遭值文、景玄默，养民五世，天下殷富，财力有余，士马强盛。故能睹犀布、玳瑁则建珠崖七部，感枸酱、竹杖则开牂柯、越嶲，闻天马、蒲陶则通大宛、安息。自是之后，明珠、文甲、通犀、翠羽之珍盈于后宫，蒲梢、龙文、鱼目、汗血之马充于黄门，钜象、师子、猛犬、大雀之群食于外囿。殊方异物，四面而至"。关于文中提的"天马"，笔者过去曾经从中外文化交流中有翼神兽西来的角度进行过讨论。①但王煜却进一步注意到这样一个历史事实，天马也同西王母一样，似乎有个"西移"的过程。

他依据文献详细地考证，《汉书·武帝纪》载元鼎四年（前113）："秋，马生渥洼水中。作宝鼎、天马之歌。"颜注引李斐云："南阳新野有暴利长，当武帝时遭刑，屯田敦煌界，数于此水旁见群野马中有奇者，与凡马异，来引此水。利长先作土人，持勒靽于水旁。后马玩习，久之代土人持勒靽收得其马，献之。欲神异此马，云从水中出。"可见此"天马"出于敦煌。不过，《礼乐志》又载第一首天马歌为"元狩三年马生渥洼水中作"，将此事定为元狩三年（前120）。《武帝纪》又载："（太初）四年春，贰师将军李广利斩大宛王首，获汗血马来，作《西极天马歌》。"此即《礼乐志》中的第二首天马歌，志云："太初四年诛宛王获宛马作。"太初四年（前101）为。《汉书·张骞传》又载："初，天子发书《易》，曰'神马当从西北来'。得乌孙马好，名曰'天马'。及得宛汗血马，益壮，更名乌孙马曰'西极马'，

①霍巍：《神兽西来：丝绸之路上的天马和翼兽》，《广西师范大学学报》2020年第1期。

宛马曰'天马'云。"可见，除敦煌、大宛的"天马"外，乌孙马也曾被称作"天马"。王煜推测，上述《西极天马歌》应该是合乌孙马（改为"西极马"）和大宛马（"天马"）而言的。汉武帝得乌孙马应在张骞第二次出使西域归来之后的元封年间（前110～前105），因《汉书·西域传》载："乌孙以马千匹聘。汉元封中，遣江都王建女细君为公主，以妻焉。"

经过此番周密的考订，再结合汉武帝认为"天马"可以托载升仙，进入昆仑、天门等的文献记载，不仅"天马"和西王母之间的关系可以进一步明晰起来，从两者在同一时期出现"西移"的现象，也折射出随着汉代丝绸之路的开通，传统的西王母信仰和外来的"天马"之类的有翼神兽图像在汉代社会开始流行，他们是如何在新的历史背景之下相互融合的这一暗藏在图像之中的时代余光。

又如，以四川地区为中心，在汉代考古中多见的钱树，既往的研究者虽然做过大量的研究，但很少关注钱树的整体性意义，尤其是忽略了对钱树枝叶的细致观察。王煜在研究中注意到，由于西汉中晚期以来，以昆仑、天门、西王母为代表的西方升仙信仰被人们广为接受，又由于张骞"凿空"以来，人们了解到西方尚有广大而神奇的国度，所以西域的许多奇闻逸事便有机会与西方升仙理想结合起来，西域传来的杂技和魔术就被时人认为是眩术或幻术，并与仙术密切相关。在汉代钱树的枝叶上，多出现以西王母为中心，两旁紧密地排列各种杂技和魔术图像，与西王母构成一个固定的组合。从图像考订可见，其中杂技有跳丸、叠案（安息五案）、都卢寻橦（含走索、高絙）、导弄孔雀，魔术有植瓜、种树。另有一持巾腾跃的图像尚不能确定，他认为"或许与盘舞同类（属于杂技）。这些已确定的杂技和魔术基本上都是在汉代由西域传来或受到西域的影响，只有'都卢寻橦'来自南海，而内容最完整细致的一类枝叶上的杂技和魔术则全部与西域有关"。《汉书·张骞传》载武帝时："大宛诸国发使随汉使来，观汉广大，以大鸟卵及犛靬眩人献与汉。"颜注："眩，读与幻同，今吞刀吐火、植瓜种树、屠人截马之术皆是也，本从西域来。"《后汉书·西南夷列传》载："永宁元年，掸国王雍由调复遣使者诣阙朝贺，献乐及幻人，能变化吐火，自支解，易牛马头。又善跳丸，数乃至千。自言我海西人。海西即大秦也。"这些文献记载为汉代钱树上这类图像的出现提供了很好的注脚。王煜在研究结论中指出：可见，摇钱树枝叶上具有典型意义的主要图像为"西王母—眩人"和"西王母—天门"。而其陶质和石质树座，其中不少由昆仑、天门、西王母构筑起关于西方升仙信仰的主体，而由树座（神山、神兽）、铜树（建木、天柱）、枝叶（西王母—眩人、西王母—天门）、顶枝（凤鸟、西王母—天门）及其他仙人、神兽、神仙意味的佛像组成的摇钱树正是这种信仰的体现。虽然也附加了墓葬图像中流行的其他一些内容和愿望，但它的主体内容和基本组合无疑属于昆仑神话这一升仙体系。正由于它是西方升仙体系的表现，所以才出现了大量的西方因素，如西王母、眩人、佛像、胡人、西域动物、有翼神兽等。笔者认为，这无疑将前人的研究又向前推进了一大步。

288

再如，对于汉代考古中多见的胡人形象，王煜在这部新著中也提出了一些看法，他认为可将这些胡人图像分为"胡人导引"和"胡汉交战"两类。一方面，《史记·大宛列传》中记载"安息长老传闻条枝有弱水、西王母"，去往昆仑、西王母之地自然需要这些西胡的引导。另一方面，"非我族类，其心必异"，西胡也可能是这段旅程上的阻碍者，要去往昆仑、西王母之地有时也需要打败阻路的胡人。所以他认为，汉代的"车马出行—胡人"（分为"胡人导引"和"胡汉交战"两类）图像中，车马出行队伍前端的胡人可能与墓主的西方升仙之旅有关，分别表达了跟随西域胡人的引导和打败西域胡人的阻碍，而顺利向西方昆仑、西王母进发。他推测："此种程式化的西域胡人形象，在墓葬中的意义可能还有许多与西方升仙有关。一些胡人甚至被表现为仙人（羽人）的形象，但他们的地位较低，应该也是协助墓主升仙的导引和侍从。"当然，汉代"胡人"图像的出现及其在社会生活中的实际运用，其历史背景显然更为宏阔、也更为复杂，其所折射出的时代余光更是多变。但王煜提出的这些观点颇具启发意义，也是值得深入探讨的。类似这样的例子，在书中还有不少，读者可以自己去体味，恕不一一赘述。

这部著作的另一个特点，在笔者看来，是对一些涉及汉代社会信仰世界的重大问题，作者也有更深层次的思考，为进一步的研究预设了方向。事实上，王煜已经意识到，从昆仑升仙，这仅仅是汉代社会信仰世界中的一种观念意识。时人对于死后去向的看法，最好的去处是"升天成仙"，但同时也还有与之相对应的"入地为鬼",这从东汉的一些陶瓶朱书文字中可以得知,所谓"生人属西长安,死人属东泰山",泰山既为众鬼所居,即由"泰山府君"管辖。对应少数隐居在世的高人,少数有可能成为名山大川之中飘忽不定的散仙,要是能升天成仙,则"神仙之录在北极,相连昆仑",但朱书镇墓文字中也有"黄神生(主?)五岳,主死人录,召魂召魄,主死人籍"的字句,虽然也是源于对高山的崇拜,但不限于昆仑,而是将"五岳"皆认作可去之途。

此外,如同蒲慕洲注意到的那样,与泰山经常并提的还有"蒿里",在传世文献和出土的镇墓文或地券中也常见,他认为"比较确定的是,东汉中晚期时蒿里已成为地府的代称之一""既然人死后埋入土中,汉人对于死后世界概称'地下',就是很合常情的一种观念"。[①]基于这些观念,汉代社会信仰世界中很显然还存在着与升天、升仙相对应的一种地下、地界的"社会结构",这种地下世界的结构是以世间的政治体系为模型而建立的,出现了不少仿照世间官吏而设立的阴间各级地下官吏。余英时也指出,据《太平经》所载,这种地下世界也称为"黄泉",这一观念起源甚早,"结合文献和考古发现的证据,可以得出如下观点:佛教传入中国以前,有关天堂和阴间的信仰,是和魂魄二元论的唯物观念紧密相连的。人死了,魂和魄被认为是朝不同的方向离去的,前者上天,后者入地。当佛教传入后,来世天堂和地狱

---

①蒲慕洲:《墓葬与生死:中国古代宗教之省思》,北京:中华书局,2008年,第204~208页。

相对立的观念才得以在中国思想里充分发挥"。①

正因为存在着这样一个地下世界，另一个问题也就不可回避，那就是考古材料中的镇墓、解注等与早期道教的关系。王煜一方面对张勋燎、白彬提出的早期道教以"解注"为主要方式施行法术表示赞同，但同时也提出更多的思考："然而，即便如此，解注的内容和一些特别的称谓是否必然是早期道教所特有，并非完全没有疑问。而且，解注只涉及'鬼道'方面，重在断绝人鬼，辟邪除病，神仙信仰和求仙实践当然也是早期道教信仰的题中之义。这一方面在考古材料中有什么反应？与本书中讨论的升仙信仰有什么区别？与解注等劾鬼信仰和实践又有什么关系（地域、阶层、死因等）？处于何种系统之中？"他虽然并未在书中予以更多的回应，但思路发展到此，接下来的研究理路也就不言自明了。

最后，我还想谈到，面对这样一个如此庞杂、多元的信仰世界，王煜能够清楚地认识到，他的这部新著不过仅仅是揭开了深潜于大海之下的冰山一角而已。用他自己的话来说："这本书虽然也是关于信仰系统的讨论，但重在形成，而略演变；强调全社会的趋同，而忽视地域、阶层的特点；着力梁柱架构，而搁置基石、瓦顶；所论者仙，所避者鬼，所忽者人。"此可谓如人饮水，冷暖自知。所以，我们可以期许，即使他本人可能因为研究目标和重心的转换而在学术研究上另有阶段性的安排，但他和他所指导的学生、四川大

①余英时著，侯旭东等译：《东汉生死观》，上海：上海古籍出版社，2005年，第146页。

学历史时期考古这个团队中的同人，是一定会有贤者能够在前人研究的基础上继往开来，把这个具有重要学术价值和历史意义的题目做下去，并不断取得新的进展。一代代人的薪火相传，希望总是会有的。

藏族金银器制作的历史传承与时代创新

　　蔡光洁、黄兴所著《藏族金工艺术》一书，是近年来难得一见的关于藏族传统工艺的田野调查报告，也是一本具有浓厚地域特点的学术著作。读了这本著作，我有一些感想和认识，加之作者蔡光洁在川大从事博士后研究期间，我曾是她的合作导师，她请我为此书写个序，我也正好利用这个机会向大家推荐这部书。

　　众所周知，藏族是我国多民族国家的重要组成部分，也是我国西南地区主体民族之一。藏族文化博大精深，为铸牢中华民族共同体意识和中华民族文化做出过重大贡献。在藏族诸多物质文化遗产当中，其金工艺术具有极其悠久的发展历史，也是藏族具有独创性的工艺技巧。文献史料表明，从公元7世纪，形成于青藏高原的吐蕃王朝便已经具有世界著名的金银器制造工艺。吐蕃王朝时期，随着与中原地区不同方式的密切交流，深受汉文化的影响，同时与周边各国的文化交流也不断增进，其经济文化的发展逐步达到了相当的水平，金属制作工艺成为吐蕃王国一个重要的手工业门类。汉、藏文献记载中的吐蕃金银器品种繁多，造型精美，纹饰华丽，其中一些可能是专门为上贡制作的珍奇礼物，而另一些则是显示吐蕃贵族身份等级的物品及社会生活当中的奢侈品。由吐蕃制作生产的金银器，更是经常作为向唐朝贡纳的礼品而见诸史料记载。从近年来青藏高原最新的考古发现证实，吐蕃金银器的发展历史实际上远远早于吐蕃王朝，早在汉晋时期，在西藏高原西部的"象雄"（汉文史书中也称为"羊同"）故地，就已经出土了黄金面具、金银首饰等器物，其他的早期金属器更是广泛涉及吐蕃社会生活的各个方面。这个重大的成就引起了世界关注，美国学者谢弗在其名著《撒马尔罕的金桃》（中译本名为《唐代的外来文明》）就曾指出："在对唐朝文化作出了贡献的各国的工匠中，吐蕃人占有重要的地位。吐蕃的金器以其美观、珍奇以及精良的工艺著称于世，在吐蕃献给唐朝的土贡和礼品的有关记载中，一次又一次地列举了吐蕃的大型金制品。吐蕃的金饰工艺是中世纪的一大奇迹。"这个评价我认为是不过分的。

吐蕃的金银器制造工艺，可以视为今天藏族金工艺术的主体来源之一。但是，对于这一曾经影响过世界的藏族传统工艺的现状，很少有人去做过认真的科学调查和资料整理，尤其是在全球现代化的浪潮冲击之下，如何继承历史传统，进行时代创新，更需要当代学者以科学的眼光、宽广的视野、扎实的基础工作，去推进这项事业。蔡光洁团队与白玉县的实际工作部门领导以及广大藏族干部群众密切联系，深入乡村，走乡串户，开展了细致而周密的田野调查，形成这部田野调查报告，不仅具有学术价值，更具有社会意义。

本书的特色十分丰富，相信每一位读者都会从中有所体会、有所收获。我只能以我粗浅的认识，来谈几点想法。

首先给我以较深印象的，是书中对白玉县河坡藏族金工技艺所做的实地调查，很具体、很详细，在田野工作方法上，选取一个具有代表性的地点进行深入考察，这种"以点代面"的做法也是可取的，这在过去关于藏族物质文化的一般性介绍中较为罕见。作者不仅对其产品门类有细致的划分和描述，对制作过程中的工具、材料也作了进一步观察，对其制作流程的每个步骤更是有记录，并附以图表加以辅助。作者还分门别类地选择了藏刀、马具、佛事用器等几个代表性的产品，对其制作流程进行了全程观察和记录，为我们留下一份十分珍贵的工艺文献。

　　其次，本书的另一个重要特点是对藏族金工中的表现纹饰进行了极其细致的观察和记录，记录的方式也充分体现了作者的学科特点，书中采用大量精美的照片和精细的线描图从不同的层面反映出藏族传统文化中的图像特点及其美学意义。如同作者所言："每一件河坡金属工艺品不仅符合藏族人民生产、生活实用功能需要，而且还满足了人们信仰和审美需求。"我对书中随文所附的大量线图十分钟爱，这可能与我从事的考古专业学术训练有关。因为通过一笔一画、丝毫不苟的线图，才能够真正把握器物上这些纹饰的特点、尺度和比例关系，加深对这些施之于器物表面的图案与器物本体之间相互关系的认识，但要做到这一步，比起拍几张照片而言，却要花费数以倍计的心劳之力。这些精美的线图，不仅为这部著作增色不少，更为重要的是，还为日后的研究者和社会各界热爱藏族美术的人们留下大量宝贵的图像资料，我从内心敬佩作者的专心和付出。

再次，这部著作还有一个值得称道的特点，那就是尽可能地将白玉县河坡乡的藏族金工放置于更为宏大的历史背景、时空框架之内来加以观察和思考。书中不仅对这个地点的金工工艺所涉及的区域历史、民族传统、文化发展脉络等各个方面加以初步的梳理和分析，指出其中的关联性；而且还对目前河坡乡藏族金工的生存现状（包括所面临的困境）作了探究，提出了若干富有建设性的发展建议，体现出作者深厚的人文关怀和时代责任感。这些意见和建议，我认为不仅仅对白玉县河坡乡这个点位具有启发意义，甚至对当前党和政府十分关注的民生工程、社会发展、文化传承、创新创业等诸多社会现实层面，也是具有宏观性的建设性意义。

如何实现我国各民族文化的历史传承与时代创新，是以习近平同志为核心的党中央深切关怀的时代主题之一，这对于铸牢中华民族共同体意识，对于发扬光大祖国多民族文化都具有重要的意义。我非常期待将来能有更多的像这样深入实际、科学客观、学风扎实的田野调查成果问世，为人类文明的传承与创新提供更多范本。

作为合作导师，我和光洁曾经有过学术合作的短暂历史，但从此建立起良好的学术关系和师生情谊。从她走上学院和社会的领导岗位之后，一方面要承担繁重的行政事务，一方面还要抓紧一切时间见缝插针地做点科研，高校里面将此类人等称为"双肩担干部"，我有时将其戏称为"业余革命家"，光洁和她所领导的团队能够在这个项目中取得如此成绩，实属不易。当然，在这个领域更进一步深入研究的空

间还很大，目前还只是做了一些基础性的工作，我相信她是
不会就此止步的。最后，我也预祝她带领她的团队不断进
步，努力前行，去实现更为远大的目标！

《中华羌族历史文化集成·羌区文物古迹卷》序言

　　由蔡清等诸位同仁编写的《中华羌族历史文化集成·羌区文物古迹卷》将要出版了，这是一项具有重要学术价值的工作，应向这些奋斗在基层文物战线上的考古文物工作者表示衷心的祝贺！

　　按照我的理解，所谓"羌区"，即是今天羌族生活、劳作的区域，主要指以岷江上游为中心的四川阿坝茂县、汶川、理县、松潘、黑水等县和甘孜州的丹巴、绵阳的北川、平武等羌族聚居区，但这一带同时也是一个历史文化区和民族走廊地带，包括今天羌族、藏族在内的中国西部各民族，都曾经在此过往和定居，彼此交流和融合，在这个区域内形成具有丰富文化内涵的文明样态。要真正认识和理解古代的中国，中国西部以古代"诸羌"为代表的文化不可缺失；而要真正深入中国西部古代文化的深层结构，并梳理其历史根源，岷江上游地区则是联系中国西北、西南和东北共同形成的"半月形文化传播带"的重要节点和纽带，具有不可替代的地位和作用。

　　以我对这一历史文化区粗浅的认识，早在史前时代，来自西北、东北和中原地区的原始文化及人群，便已经通过岷江走廊以及横断山脉各条南北向的山谷，往来于这个区域之间，或过往，或停驻，给这个区域留下了我国西部各族群交通、交流、交往的若干历史遗痕。从黄河上游新石器时代的马家窑文化，到商周秦汉时期的"石棺葬文化"，都是这个区域内重要的考古学文化遗存，折射出我国西北、东北，甚至更为遥远的北方欧亚草原文化向西南地区传播和影响的历史信息，对于成都平原及其周边地区产生的影响甚为深远，为后来的古代巴蜀和"西南夷"考古文化也注入了诸多新的文化因素。从某种程度上说，先秦时代中国西南文明面貌的塑形和这一区域有着极其密切的联系。

秦汉统一多民族国家形成的过程中，这个区域所起到的历史作用也不容低估。举一个例子来说，在晋人常璩《华阳国志》和刘宋范晔《后汉书》中，出现了一个与过去《史记》所载的"羌"与"胡"具有不同含义的新的族名——"羌胡"，这个被称为"羌胡"的古族集团曾在东汉时期活跃在甘、青、川一带，和汉民族交往甚密，在东汉时期我国西部民族关系上是一支不可忽视的重要力量。后来，这个民族集团也沿着岷江河谷进入成都平原，成为东汉三国时期西北"胡系"民族南下入川的代表，他们与西南地区原有的"夷系"和"濮系"民族集团相互融合，极大地改变了西南古代民族原有的分布格局和文化面貌。而"羌胡"的出现，正是来自西北的胡人部族和羌人部族相互融合而成的。其中进入成都平原和南方丝绸之路沿线的羌胡部族，所利用的主要通道，也就是今天我们所谈到的这个区域。

魏晋南北朝时期，由于中原战乱，原来主要通过西北陆路形成的汉代丝绸之路被阻隔，这个区域在中外交通史上的重要意义再次凸显。从长江中下游地区通过益州（今成都），再经岷江河谷至甘青一带与丝绸之路相接的"河南道"（也称为"甘青道"），成为当时中国最为重要的、也是唯一通向西域的交通线路，历史文献中一再出现的"岷蜀"，就是指成都至岷江河谷这条传统交通路线上的重要节点。无数来往于斯的佛教僧人、丝绸之路上的胡汉商贾、南朝官方的出使使节，都是从这个区域转辗去往"西天"，使汉代张骞所凿通的丝绸之路以曲折的方式得以继续发挥其功能，让中国与外部世界之间的联系不至于中断。

唐代以降，这个区域再次成为中国西部的一个多民族、多文化相互交错的焦点地带，直至宋元明清各代。从唐代吐蕃对这一地区的争夺，到元代蒙古族的南下，再到清王朝对这个地区的征服与治理，中国历史上许多有声有色的"重头戏"，都曾在这个地区上演，而多个民族都曾在这个历史舞台上扮演过重要的角色，为统一多民族国家的最终形成贡献过智慧和力量。

"更喜岷山千里雪，三军过后尽开颜"。在中国现代史上，红军长征这个人类历史上最为伟大的壮举，也曾在这里的雪山草地上留下红色的足迹，书写下中国革命的不朽篇章。进入社会主义的新时代，这个区域是民族团结、和谐相处、共同奋斗的典范，尤其是在震惊世界的汶川"5·12"特大地震灾害袭来之时，中国军民更是以令世人瞩目的勇气和力量，战胜了无数艰难险阻，在这里谱写出一曲气壮山河的社会主义抗震救灾的凯歌。

历史最终会凝固为永恒。这部《中华羌族历史文化集成·羌区文物古迹卷》的各个章节按照旧石器时代、新石器时代、商周至秦汉时代、魏晋至宋元时代、明清时代、近现代的历史发展脉络陈述，各章节之下分列遗址和遗物，内容广泛涉及古遗址、古墓葬、栈道、城址、石窟寺与摩崖造像、石刻与碑铭、古建筑与古桥梁、古寺院、碉楼、红色文物、博物馆与纪念馆等不可移动文物，以及石器、铜器、陶器、瓷器、金银器、造像与塑像等馆藏和传世文物，从不同的层面和角度反映了羌区历史文化的特点，图文并茂，简明扼要。其中，许多重要的考古发现，如茂县营盘山新石器时代遗址，牟托等地的石棺葬，岷江上游的南朝石刻造像，点将台等地的唐宋时期佛教造像，平武报恩寺等建筑遗存，桃坪、黑虎羌寨的石碉楼群落等，不仅是四川地区著名的历史文化遗产，也是中国古代民族优秀传统文化的代表，其价值和意义都十分重大。我相信这部著作的正式出版，一定会产生积极的社会影响，让更多的社会大众认识羌区、理解羌区文化。

参加编写工作的文物考古工作者大多来自这个区域内的基层文物考古部门，他们在常年参加当地文物普查和专项研究工作的基础之上，对自己家乡的历史文化遗产资源加以整理，体现出一种浓厚的家国情怀。从文字的撰写到图片的利用，虽然还有一些有待改进的方面，但是，当他们在参考资料十分缺乏、研究条件极为有限的情况下，最终完成了这部结构完整、内容丰富的大著，这种勇于担当、有所作为的精神，是令我非常钦敬的。我衷心期待他们能在此基础之上，进一步开展深入的研究工作，不断深化对于这个区域历史文化的认识，在今后推出具有更高水平的学术成果。

最后还需要指出的是，在本书的专家顾问名单中，我发现自己也忝列其中，这是令我很感不安和惭愧的。因为我从来没有真正"顾问"过此书的编写，也没有能很好地为阿坝州的这些兄弟们贡献过自己的建议和意见，实在是受之有愧。我唯有在今后的日子里，来弥补这些不足，以回报各位的厚爱。

后　记

　　承蒙浙江大学刘进宝教授的美意，约请我将这部小书奉献给读者，给了我一次极好的机会再度回望过去，小结一下人生，也为未来多一些思考。1978年我从云南边防部队考入四川大学历史系考古专业学习，至今已经走过四十多个年头了，不久前央视七频道（国防军事频道）对我做过一次专访，后来辑成一辑题为"从边防军人到考古学者"的专题片在"老兵你好"栏目中播出，引起许多人的关注，不少人都可能会想到一个问题：这人并非"书香门第"出身，咋就会成了一位考古学者呢？讲实话，这的确是有点"歪打正着"。我的父母都是军人，我在军营中长大，也在十八岁参军吃粮，从来感兴趣的是军事史和战争史（至今仍是我的"业余爱好"）。1978年改革开放后恢复高考，我从军队考回到故乡成都最著名的大学——四川大学，报考的正是历史系，满心希望这下可以如愿以偿学习军事史（最好是二战史）了，没想到川大历史系当年在云南却只招收考古专业学生，我就这样阴差阳错进了考古的门。

　　到了川大，我仍是以部队学员的身份入校的。学校领导知道这个特殊情况——毕竟还没有军人来学考古的——于是慎重考虑之后，通知我说：考虑到你是部队学员，将来还要回部队，所以特许你可以在川大现有的文科专业中任选一个专业可作调配。不过，恰恰是这个时候，我寻访了当时川大考古专业负责人（当时称为考古教研室）之一的马继贤先生，请他帮我出出主意。没想到，他的一席话便改变了我的初衷："学历史主要在书斋里读书就可以完成，但学考古又要读书，又要跑田野，还要学考古技术。"这番话让我不禁大为心动，古人最向往的"读万卷书，行万里路"这样豪放的读书人的生活方式不就摆在眼前了吗？于是，我决心留在考古专业学学再看。没想到这一留，就再没离开过考古了，一瞬间就过了几十年，一直留在四川大学，除了偶尔到国外访学之外，就再没有改过行。学考古，教考古，一辈子算是干考古了。

多年来，考古于我，真像是面临着浩瀚的深蓝色大海，从一开始，她就深深地吸引着我：她的宽阔，她的深沉，她的净洁，她随着阳光和白云可以转换呈现的无限风光，都让我痴迷不已。我对考古的兴趣和热爱，也与日俱增，从史前考古到历史时期考古，从汉唐考古到西藏考古，从美术考古到中外文化交流，考古学不同的研究领域都让我着迷，我都希望在其中能够有所收获，就像一个大山里来的孩子初见大海，充满了蔚蓝色的梦想，却始终感觉到她深不可测，难以潜入。更多的时候，只能伫立在海边听涛观海、岸边拾贝。——正因为如此，这本小书我取名为《考古拾贝》，这一方面源自我在早年曾读到过一本很深沉、很美感的著作，叫作《艺海拾贝》，这或许给了我一个隐喻和暗示。另一方面，倒也十分妥帖——我写下的这些文字，时间跨度前后延续了几十年，就如同我在考古这瀚海边上拾起的一串串海贝一样，虽然说不上贵重，但自认为透过这些海贝，也能折射出几缕大海的色彩与光芒，让人对考古的世界浮想联翩。

我把书中这些文字大致归成了四组，各为一编。第一编主要围绕长江上游地区的重镇成都及其周边地区的重要考古遗址、文化景观和生业经济等展开，这是我对自己家乡情有独钟的关注，文字浅显易懂，重在介绍。第二编则主要集中在汉晋时代长江上游地区从考古发现所体现出的中外文化交流，尤其是丝绸之路开通之后位于西南地区的四川成都、重庆等地可能与外界存在的交通路线、文物考古物证等的考察，收录了我在这个方面的几篇论文。第三编从时代上延续到了唐宋时代，也是以一组论文为主，内容既有唐代祖国内地的考古发现及相关研究，也延伸到了唐代青藏高原上新兴的吐蕃王朝，更远的还涉及日本发现的和唐代使节王玄策有关的佛足印等，宋代则涉及四川地区的宋墓石刻内容考订、民族走廊上的文化交流等。第四编收录了几篇我为学生和同事们的学术著作所写的序，他们都是学术界的新秀，虽然多数人并没有显赫的光环笼罩，但都各具特色，富有潜力，我认为值得为他们"站台"，把他们的新作推荐给社会大众。这类文字近年来虽然数量还不少，但收入本书的这几篇是我精心选择过的，自认为可以一读。

需要说明的是，书中各篇文章有的原来附有较为详尽的注释，但按照本书编辑的要求，因为读者对象主要不是针对专业读者，而是面向社会大众，经过我和本书责任编辑以及举荐人刘进宝教授之间的协商，同意我保留其中必要的一些注释，主要是为了让读者了解文中所涉及的其他一些相关考古资料的出处，如果读者有兴趣的话，还可以方便"按图索骥"地去进一步拓展阅读面。而对一些常见史料的出处和考订性的注释，则原则上都删去，只有个别影响到对正文理解和平常难以见到的外文资料，保留了一些必要的注释，争取最大限度地适应这套丛书的既有风格。

最后，我要感谢进宝兄，如果不是他的力荐，我大概在目前还真的没有准备把手头所拾得的这几枚"海贝"串在一块儿并且公诸于众的。同时也要感谢我的学术助理李慧女士，她一如既往地为我整理了文稿中的注释和图片，并且认真地对文字做了必要的修订和审校工作，没有她的帮助，我也很难在极短的时间内完成这本小书的汇集和技术处理，在此也向她致谢！如果文中出现任何错误，那都是我的责任。

书中的文字均是早年发表过的，此次结集出版时做了必要的文字处理，有的增加了插图，有的增写了必要的引言，以便更好地加深读者的理解。因为每篇文章相隔的年代各不相同，当时写作的背景也时过境迁，所以难免在全书文意的连续性、文风的统一性上无法体现出事先经过谋篇布局和深思熟虑的效果，粗陋草率之处，还望各位朋友海涵原谅！

霍 巍

2024年元月12日于四川大学江安花园